北京文化书系
红色文化丛书

北京的红色觉醒

中共北京市委宣传部
中共北京市委党史研究室　组织编写

刘晓宝　著

北京出版集团
北京出版社

图书在版编目（CIP）数据

北京的红色觉醒 / 中共北京市委宣传部，中共北京市委党史研究室组织编写；刘晓宝著. — 北京：北京出版社，2021.4

（北京文化书系. 红色文化丛书）

ISBN 978-7-200-14487-1

Ⅰ.①北… Ⅱ.①中… ②中… ③刘… Ⅲ.①革命史—北京 Ⅳ.①K291

中国版本图书馆CIP数据核字（2021）第060792号

北京文化书系　红色文化丛书
北京的红色觉醒
BEIJING DE HONGSE JUEXING

中共北京市委宣传部
中共北京市委党史研究室　组织编写

刘晓宝　著

*

北京出版集团
北京出版社　出版

（北京北三环中路6号）

邮政编码：100120

网　　址：www.bph.com.cn

北京出版集团总发行
新华书店经销
北京建宏印刷有限公司印刷

*

787毫米×1092毫米　16开本　20.25印张　304千字
2021年4月第1版　2024年4月第2次印刷

ISBN 978-7-200-14487-1

定价：97.00元

如有印装质量问题，由本社负责调换

质量监督电话：010-58572393

编辑部电话：010-58572835；发行部电话：010-58572371

"北京文化书系"编委会

主　　任　杜飞进

副 主 任　赵卫东

顾　　问　（按姓氏笔画排序）
　　　　　于　丹　刘铁梁　李忠杰　张妙弟　张颐武
　　　　　陈平原　陈先达　赵　书　宫辉力　阎崇年
　　　　　熊澄宇

委　　员　（按姓氏笔画排序）
　　　　　王杰群　王学勤　李　良　李春良　杨　烁
　　　　　余俊生　宋　宇　张　维　张　淼　陈　冬
　　　　　陈　宁　陈名杰　赵靖云　钟百利　唐立军
　　　　　谈绪祥　康　伟　韩　昱　程　勇　舒小峰
　　　　　翟立新

"红色文化丛书"编委会

主　　　编　李忠杰

执 行 主 编　李　良　刘　岳

执行副主编　陈志楣　范登生　张恒彬　运子微

编　　　委　邵维正　柳建辉　关海庭　黄如军　包国俊
　　　　　　杨凤城　王树荫　公方彬　周良书　赵小卫
　　　　　　李　方　秦德占　陈洪玲　刘晓宝　林小波
　　　　　　胡献忠　曹　英　张春丽　黄延敏　孙希磊
　　　　　　张守连　孟繁华　高杨文　张　彬

编委会办公室
　　　　　　主　任　刘　岳（兼）
　　　　　　副主任　曹　楠　宋传信
　　　　　　成　员　方东杰　黄迎风　高俊良
　　　　　　　　　　王桂环　祁　霄

本 书 作 者　刘晓宝

"北京文化书系"
序言

文化是一个国家、一个民族的灵魂。中华民族生生不息绵延发展、饱受挫折又不断浴火重生，都离不开中华文化的有力支撑。北京有着三千多年建城史、八百多年建都史，历史悠久、底蕴深厚，是中华文明源远流长的伟大见证。数千年风雨的洗礼，北京城市依旧辉煌；数千年历史的沉淀，北京文化历久弥新。研究北京文化、挖掘北京文化、传承北京文化、弘扬北京文化，让全市人民对博大精深的中华文化有高度的文化自信，从中华文化宝库中萃取精华、汲取能量，保持对文化理想、文化价值的高度信心，保持对文化生命力、创造力的高度信心，是历史交给我们的光荣职责，是新时代赋予我们的崇高使命。

党的十八大以来，以习近平同志为核心的党中央十分关心北京文化建设。习近平总书记作出重要指示，明确把全国文化中心建设作为首都城市战略定位之一，强调要构建涵盖老城、中心城区、市域和京津冀的历史文化名城保护体系，更加精心保护好世界遗产，加强对"三山五园"、名镇名村、传统村落的保护和发展，加强对文物、优秀近现代建筑、工业遗产、非物质文化遗产的保护，凸显北京历史文化的整体价值，强化"首都风范、古都风韵、时代风貌"的城市特色。习近平总书记的重要论述和重要指示精神，深刻阐明了文化在首都的重要地位和作用，为建设全国文化中心、弘扬中华文化指明了方向。

2017年9月，党中央、国务院正式批复了《北京城市总体规划（2016年—2035年）》。新版北京城市总体规划明确了全国文化中心建设的时间表、路线图。这就是：到2035年成为彰显文化自信与多元包容魅力的世界文化名城；到2050年成为弘扬中华文明和引领时代潮流的世界文脉标志。这既需要修缮保护好故宫、长城、颐和园等享誉中外的名胜古迹，也需要传承利用好四合院、胡同、京腔京韵等具有老北京地域特色的文化遗产，还需要深入挖掘文物、遗迹、设施、景点、语言等背后蕴含的文化价值。

组织编撰"北京文化书系"，是贯彻落实中央关于全国文化中心建设决策部署的重要体现，是对北京文化进行深层次整理和内涵式挖掘的必然要求，恰逢其时、意义重大。在形式上，"北京文化书系"表现为"一个书系、四套丛书"，分别从古都、红色、京味和创新四个不同的角度全方位诠释北京文化这个内核。丛书共计47部。其中，"古都文化丛书"由20部书组成，着重系统梳理北京悠久灿烂的古都文脉，阐释古都文化的深刻内涵，整理皇城坛庙、历史街区等众多物质文化遗产，传承丰富的非物质文化遗产，彰显北京历史文化名城的独特韵味。"红色文化丛书"由12部书组成，主要以标志性的地理、人物、建筑、事件等为载体，提炼红色文化内涵，梳理北京波澜壮阔的革命历史，讲述京华大地的革命故事，阐释本地红色文化的历史内涵和政治意义，发扬无产阶级革命精神。"京味文化丛书"由10部书组成，内容涉及语言、戏剧、礼俗、工艺、节庆、服饰、饮食等百姓生活各个方面，以百姓生活为载体，从百姓日常生活习俗和衣食住行中提炼老北京文化的独特内涵，整理老北京文化的历史记忆，着重系统梳理具有地域特色的风土习俗文化。"创新文化丛书"由5部书组成，内容涉及科技、文化、教育、城市规划建设等领域，着重记述新中国成立以来特别是改革开放以来北京日新月异的社会变化，描写北京新时期科技创新和文化创新成就，塑造北京人民勇于创新、开拓进取的时代风貌。

为加强对"北京文化书系"编撰工作的统筹协调，成立了以"北京文化书系"编委会为领导、四个子丛书编委会具体负责的运行架构。"北京文化书系"编委会由中共北京市委常委、宣传部部长杜飞进同志担任主任,中共北京市委宣传部常务副部长赵卫东同志担任副主任,由相关文化领域权威专家担任顾问,相关单位主要领导担任编委会委员。原中共中央党史研究室副主任李忠杰、北京市社会科学院研究员阎崇年、北京师范大学教授刘铁梁、北京大学文化资源研究中心主任张颐武分别担任"红色文化""古都文化""京味文化""创新文化"丛书编委会主编。

在组织编撰出版过程中,我们始终坚持最高要求、最严标准,突出精品意识,把"非精品不出版"的理念贯穿在作者邀请、书稿创作、编辑出版各个方面各个环节,确保编撰成涵盖全面、内容权威的书系,体现首善标准、首都水准和首都贡献。

我们希望,"北京文化书系"能够为读者展示北京文化的根和魂,温润读者心灵,展现城市魅力,也希望能吸引更多北京文化的研究者、参与者、支持者,为共同推动全国文化中心建设贡献力量。

"北京文化书系"编委会
2019年9月

"红色文化丛书"
序言

北京是千年古都，有着丰厚的文化积淀。1949年伴随着中华人民共和国成立的脚步，北京获得新生。改革开放以来，北京文化得到新的更大发展。党的十八大以后，以习近平同志为核心的党中央进一步明确了北京作为全国政治中心、文化中心、国际交往中心、科技创新中心的战略定位，不仅为整个首都建设，也为北京的文化建设指明了方向、增强了动力。

为了深入挖掘北京文化内涵、推进全国文化中心的建设，中共北京市委决定编纂"北京文化书系"。书系包括"古都文化、红色文化、京味文化、创新文化"4个系列。按照市委要求和市委宣传部部署，由市委党史研究室负责，由我当主编，组织有关部门和单位的专家学者编纂了"红色文化丛书"。这是整个书系的一个重要组成部分。

对本套丛书，首先需要做几点总体上的说明和介绍。

一、北京红色文化的内涵和外延

编纂"红色文化丛书"，首先要界定北京红色文化的内涵和外延，这样才能确定写什么、怎样写。

文化，作为人类改造客观世界和主观世界的活动及其成果的总和，始终伴随着人类的活动而生成、发展，从而不断展现出五彩斑斓的色彩。当代中国文化，源自于中华优秀传统文化，熔铸了中国共产党领导人民在革命、建设、改革中创造的革命文化和社会主义先进文化，到当代，本质上成为中国特色社会主义文化。如果以颜色作为象征，总体上可以说是一种以红色为基调的文化；而中国共产党培育、形成和展现的文化，则是一种比较完全意义上的红色文化。这是广义上的红色文化。

但在本套丛书中，我们对红色文化做了狭义上的界定，即将红色文化限定于主要在1949年前由中国共产党培育、形成和展现的革命文化。这样界定，主要是为了尊重文化自身内容的多样性和复杂性，避免过于宽泛造成内容上的庞杂，也为了更加突出不同时期文化的主要特点。否则，北京红色文化就会像一个硕大无比的筐子，什么都能往里装了。

因此，本套丛书所说的北京红色文化，主要是指1921年中国共产党成立至1949年中华人民共和国成立之间，中国共产党在北京地区领导人民群众为争取民族独立、人民解放而斗争所培育、形成和展现的革命文化。往前，回溯到五四运动前后红色文化的萌发；往后，延伸到新中国成立后到1966年前所创作的反映新民主主义革命的主要作品、建筑，如人民英雄纪念碑等。

无论广义还是狭义，红色文化都是中国共产党"为中国人民谋幸福、为中华民族谋复兴"的初心和使命的重要体现，都是在实现这一初心和使命的历程中培育、形成、发展和完善起来的重要成果。而北京红色文化，则是这一初心和使命在北京区域内的体现和反映。

北京红色文化与中共北京历史有着紧密的联系。北京红色文化，是中国共产党在北京的活动、工作、斗争中培育、形成和展现出来的。因此，写北京红色文化，当然要写中共北京历史。但党史又不能完全等同于文化。所以，本套丛书安排几本书梳理和介绍了北京地区党的组织和活动，展示了党在北京地区英勇和复杂的斗争。但撰写这些历史，不是简单地写历史，而是重在反映这些历史中的文化和精神，努力体现贯串其中的北京红色文化。因此，这些历史与标准的党史著作是有区别的。

二、北京红色文化的特殊地位

北京红色文化不是孤立的地域文化,而是党和国家整个红色文化中一个特殊的重要组成部分。

中国共产党这艘红船,在上海制造,在南湖起航。追根溯源,首先是在北京孕育的。北京地区的党组织,是中国共产党的地方组织,但在某些时期也超出了地方的范围。如李大钊领导的北方区委,曾负责当时北方十几个省、区、市党的工作。北京发生的许多事件,如五四运动、一二·九运动等,都对全国产生了重大影响,起到了引领作用。

特别是1949年1月北平和平解放后,中共中央决定定都北平,随即"进京赶考",从西柏坡迁驻香山,9月正式入驻中南海。在此期间,党中央、毛泽东运筹帷幄,指挥夺取了中国革命的最后胜利;筹备和召开中国人民政治协商会议,建立了中华人民共和国。北京的历史翻开了新的一页,中国的历史也翻开了新的一页。所以,从1949年初起,北平就实际上发挥了首都的作用。新中国成立之后,北京作为中华人民共和国的首都,围绕大局,服务中央,一直到今天,都发挥着特殊的作用。

所以,北京是地方的北京,但也是全国的北京。北京的红色文化,既具有地域性,也具有全局性。北京的红色文化,在党和国家整体的红色文化中,发挥着一定程度上全局性的作用;对全国的红色文化建设,也在一定程度上发挥着典型、示范和引领的作用。

所以,我们撰写"红色文化丛书",既坚持立足于北京,又坚持着眼于全党全国,把北京红色文化放在全局中来认识和撰写,不仅充分反映党中央对于北京党组织和北京地区革命斗争的领导,而且反映党中央在北京对于全国革命斗争的领导和指挥。同时,又充分反映北京地区革命斗争的实际,充分反映北京地区革命斗争在全局中发挥的特殊作用,从而正确地反映北京红色文化与党和国家整体红色文化的关系。

三、北京红色文化的形态和表现

文化有物质和非物质两类基本形态。所以，北京红色文化，既包括精神领域的红色文化，也包括物质形态的红色文化。这种物质形态的红色文化，就是指蕴含在这些物质形态之中，以物质形态表现出来的红色精神文化。比如中共中央在香山的办公旧址，表现为物质形态，但包含有丰富的文化内容。所以，我们将北京的红色遗存、红色地标等均纳入了北京红色文化的范围。

物质形态的北京红色文化，主要有3类。

第一类，是红色地标。在本套丛书中，我们提出了"红色地标"的概念。所谓红色地标，就是指北京区域内具有地标性的红色遗址遗迹和纪念建筑。一般来说，每个城市都会有自己的地标性建筑。但很多北京的地标，不仅是北京的地标，而且是全国性的地标。如北大红楼、卢沟桥、天安门广场、国家博物馆、毛主席纪念堂等，它们有些是原先就有的，有的是1949年之后建立起来的。这些地标性建筑，都具有特别重大的意义，甚至从某个角度可以代表中国共产党、代表中华人民共和国。

第二类，是红色遗址遗迹。主要是除红色地标外反映革命斗争历史和精神的大量遗址遗迹。红色地标不少也是遗址遗迹，但因为其特别重要，就单列出来了。除此之外的大量红色遗址遗迹，也蕴含着丰富的红色文化。所以我们也在本套丛书里做了研究、介绍和展示。其中不少已经被列入不同级别的文物保护名录，有的还没有被列入。北京党史部门曾对这些遗址遗迹做过调查，特别是曾按中共中央党史研究室的统一部署，做过一次大规模的全面普查，这次在本套丛书里进一步加以反映。所有这些遗址遗迹，都是北京红色文化的重要载体。

第三类，是可移动红色文物。包括红色文献，如党创办的很多杂志、出版的各种书籍；红色艺术品，如木刻、标语、宣传画、摄影作品等。1949年及之后设计的国旗、国徽也是红色艺术品。它们具有可移动性的物质形态，也是北京红色文化的重要载体。

其实还有一类，兼具物质形态和非物质形态。主要是红色的文学作品、音乐作品、戏剧作品、舞蹈作品、电影作品、民间文艺等。就其内容和表现形式而言，应该属于非物质文化形态，但它们也以一定的物质形态存留于世。其中有的是原生态的历史作品，也有的是1949年后创作的反映1949年前革命斗争的作品。

精神领域的北京红色文化，主要是指在长期革命斗争中表达和反映的思想、理论、路线、政策、主张、观点、口号、精神、规范、要求、价值取向、道德要求等等。它们总体上都可以归入红色文化的范畴。如果直接在北京区域内形成和表现出来的，就是北京红色文化。

这类北京红色文化，也是非常丰富的。本套丛书主要展示和论述了一系列革命精神，用以集中反映北京在精神领域的红色文化，如五四精神、抗战精神等。每一本书都有从不同侧面的展示，在《北京红色文化概述》里又做了集中的分析论述。

四、北京红色文化的作用和价值

文化是一个国家、一个民族的灵魂。文化的发展繁荣与国家民族的命运紧紧联系在一起。北京的文化建设不仅与北京的发展紧紧联系在一起，而且在全国的文化建设和中国特色社会主义的建设中都起着重要的作用。

北京红色文化是北京文化的重要组成部分，同样具有十分重要的作用和价值。

从时间长度上来说，北京红色文化，既在新民主主义革命的过程中具有重要的价值，发挥了重要的作用，又对1949年后的革命、建设、改革具有基础性、延续性、灵魂性的价值和影响，一直发挥并将继续发挥重要的作用。

从空间维度上来说，北京红色文化既对北京地区的革命、建设、改革有着重要的价值，发挥着重要的作用，又因为其居于首都地位，所以对党和国家的全局发挥着重要的作用，对全国的红色文化建设起着引领和示范的作用。

对于历史而言，本套丛书将北京红色文化的作用概括为：传播马列主义，解答中国问题；认知基本国情，选择革命道路；加强政治宣传，动员鼓舞群众；团结进步力量，壮大统一战线；引领革命洪流，助推全国胜利。

对于现实而言，本套丛书将北京红色文化的时代价值概括为：传承红色基因，弘扬社会主义核心价值观；挖掘红色文化，助力全国文化中心建设；厘清历史真相，反击历史虚无主义；开发红色资源，促进地区经济社会发展。

这些提炼和概括，是在《北京红色文化概述》作者和编委会认真研究的基础上形成的，代表了我们整个团队对北京红色文化作用和价值的认识。

五、北京红色文化与其他文化的关系

"北京文化书系"包括"古都文化、红色文化、京味文化、创新文化"4个系列4套丛书。因此，编纂"红色文化丛书"，除了界定北京红色文化的定义和范围之外，还必须厘清和处理好其与古都文化、京味文化、创新文化的关系。

古都文化，是一种传统文化，而且是一种以古都为特点的传统文化。古都文化当然不是红色文化。但是红色文化多少也吸收和传承了古都文化的某些因子。作为京城、古都，北京长期居于国家政治、文化的中心地位。因此，那种天下观念、家国情怀、宽广视野，对于许多革命家在北京出发、许多历史事件在北京发生、中国共产党在北京孕育、新中国在北京诞生，都起了重要的作用。作为中华人民共和国的首都，北京不仅是全国的政治中心，也是全国的文化中心。北京文化是首都文化。长期形成的都市建设理念，对北京红色地标的规划、布局和建设也产生了深刻的影响。所以，北京红色文化在很多方面传承了中国传统文化的精华，也包括古都文化中的某些思想养分。

京味文化，是兼具都城性、生活性和民间性的一种文化。北京红色文化，运用了京味文化的很多形式，如戏剧、书画、礼仪、节庆、

服饰、民俗、工艺、饮食等。中国共产党在革命、建设、改革中都利用其从事宣传、动员、教育（如统一战线、党的建设、武装斗争），产生了明显的效果。比如，党中央、毛泽东在到达北平的第一天，就会见了民主党派负责人和其他民主人士，并在颐和园设宴招待和餐叙，这既是饮食，也是礼仪，既是生活，也是政治。北京红色文化，在相当程度上渗入、影响和改造了京味文化。比如，1949年，中国共产党接管北平之后，在忙于一系列重大政治、军事事务的同时，立即着手整理市容、收容乞丐、封闭妓院，从而初步清除了传统京城的糟粕，改造了某些低俗的城市文化。

创新文化，是改革开放以来提出和突出强调的新型文化。作为中国共产党提出和确立的战略要求，创新文化甚至在广义上也是一种红色文化。两者在很多方面有着内在的联系、内在的共性。红色文化应该是一种富于创新的文化，创新文化也包含着红色文化的基因。但同时，我们也懂得，文化是一种庞大的社会历史现象，具有非常明显的多样性和复杂性。其中包含着非常众多的子文化、亚文化，也会有非常众多和不同的色彩。没有必要给所有的文化都贴上一个红色或非红色的标签。所以，北京红色文化与北京创新文化是并行不悖的。两者互相促进、互相交融，共同丰富和发展着北京文化，共同构成全国文化中心建设的重要内容，共同为北京"四个中心"与国际一流的和谐宜居之都建设发挥重要作用。

六、"红色文化丛书"的框架和特点

基于上述观点、分析和考虑，"红色文化丛书"一共包含12本著作，分别是《北京红色文化概述》《北京的红色觉醒》《北平抗战的红色脊梁》《迎接北平的红色黎明》《新中国在这里诞生》《北京红色先驱》《北京学府的红色文化》《北京红色地标》《北京红色遗存》《北京红色文艺》《北京红色出版》《北京红色设计》。

这12本书所写的内容和角度并不完全一样。《北京的红色觉醒》《北平抗战的红色脊梁》《迎接北平的红色黎明》《新中国在这里诞生》，主要按时间顺序，分4段介绍了不同时期党在北京的活动及其形成和发展的红色文化。今年是中华人民共和国成立70周年，这几本书连贯回答了中华人民共和国从何而来的问题。特别是《新中国在这里诞生》，集中介绍了中共中央在香山及到中南海筹划建立中华人民共和国的主要过程，对我们重温中共中央在香山的历史，从中汲取力量和智慧很有帮助。这4本书，均是以北京党史为基础，但又着重从文化的角度切入和贯通。党史叙事是研究和介绍北京红色文化的前提和基础。如果不说明党在北京的活动和工作，就无法说明北京的红色文化。当然，如果简单地重复党史而忽略红色文化的形成和发展，那就是党史而不是红色文化了。

《北京红色先驱》分别介绍了在北京革命斗争中涌现的著名人物和英烈模范。没有以他们为代表的共产党人和志士仁人，北京红色文化就无从产生。这些先驱，既有个体，也有群体，都是北京红色文化的创造者、体现者和代表者。

《北京学府的红色文化》集中介绍和展示了北京大、中、小学校中党的活动及其体现的红色文化。北京是学校特别是高校最集中的地区。北京学府在中共党史和中国革命史上发挥了特殊的作用。以往介绍各个学校的革命斗争史，都是一个一个学校单个研究和介绍的。但这次，我们首先把各个学校打通和整合起来，从整体上介绍北京学府红色文化的形成、发展、内容和特点。这种写法虽然要困难得多，但体现了北京学府红色文化的整体性和统一性。

《北京红色地标》《北京红色遗存》反映的是红色物质文化遗产。它们代表了北京红色文化的一个重要类别，着重介绍了具有地标意义的红色遗址遗迹、重要建筑和纪念设施。不仅介绍了有关这些建筑设施的红色历史，还从建筑学和美学的角度介绍和分析了建筑设计上的特点。突出红色地标，这是红色文化研究的一个创新，也是北京红色文化的一个重要特色。

《北京红色文艺》《北京红色出版》《北京红色设计》分别展示了北京红色文化的几个重要领域和类型。其中的红色出版和红色设计在党史研究中是个创举。迄今的党史著作，都是在叙述党史过程时提到这种或那种杂志、报纸或书籍。但它们的具体情况如何，中国共产党到底出版过哪些报纸、杂志和书籍，均语焉不详。《北京红色出版》首次做了集中研究和介绍。虽然只是北京地区的出版物，但仍然具有开创性的意义。《北京红色设计》更是一种新的探索和突破。它从艺术设计的角度介绍了一批建筑、雕塑、书刊、纪念物品、徽章标识中的红色文化，令人耳目一新，具有很强的知识性。

在这些单项著作的基础上，《北京红色文化概述》一书从整体上概述了北京红色文化的形成和发展、土壤和条件；物质形态的北京红色文化、精神层面的北京红色文化、北京红色文化的本质特点、北京红色文化的传承和发展、北京红色文化的时代价值、通过弘扬北京红色文化推进新时代新北京的建设等。这本书兼具历史概述和理论分析，集中回答了"北京红色文化是什么、有哪些"的基本问题。

所有这12本书，由于内容、角度不同，体例和风格上也有不同。我们一直努力保持体例和风格的统一，但很难完全统一，只能从实际出发，发挥各自的特色。不同角度、不同写法、不同风格，正好可以起到互补和整合的作用。

七、"红色文化"工程的实施和推进

编纂"红色文化丛书"，是北京市委的决定和部署，是贯彻落实习近平总书记对于北京首都建设和文化建设重要指示的重要举措。丛书编委会和所有作者，特别是负责单位市委党史研究室，都不断增强"四个意识"、坚定"四个自信"、做到"两个维护"，从政治和大局的高度对待这项工作，勇于担当负责，积极主动作为，努力完成市委交代的任务。

从接受任务开始，编委会就制订了严密的工作计划，以钉钉子精神抓工作落实，一环紧扣一环、一步紧跟一步，稳步有序地把这项工程推向前进。从设计方案到选择作者，从确定选题到拟订提纲，从写出初稿到反复修改，从多次审议到最后统稿，从专家审核到编辑介入，每一个环节都召开专门会议，提出要求，落实措施，明确要求，规定时间，有布置、有检查、有落实。市委党史研究室从主任到有关人员，全程参与和负责，及时推进工程，及时请示汇报，及时解决问题；为每一本书都确定了联络员，随时沟通联系。各位作者深入研究，认真写作，准时完成了不同阶段的写作和修改任务。编委会成员和有关专家多次审核每一本书，认真把关，提升质量。邵维正将军年事已高，但仍坚持参加了几乎每一次会议，并审稿把关。北京出版集团全程参与，及时配备了责任编辑，提前介入图书的审阅、编辑工作。正由于所有同志的共同努力，才使得这项工程按照市委的要求及时完成。全书形成第二、第三稿后，我们还专门将全套丛书报送给十几位有名望的学者型省部级领导，请他们审阅把关、提出意见。

"红色文化丛书"具有鲜明的政治性。所以，我们首先坚持正确的政治导向，坚持以党的两个历史决议的精神为准绳，在重大历史事实、基本观点和重大结论上，与党中央保持高度一致。同时，确保史实的准确性。尽力运用原始资料，认真核对比较，吸收最新成果，深入挖掘拓展，要求作者最大限度减少错漏和不准确之处。

"红色文化丛书"也具有很强的学术性。市委明确要求打造成精品工程。所以，本套丛书从一开始就把打造精品作为基本标准，一切按精品要求来设计、写作、审核、研究、修改、编辑，不断消除与精品不符的问题。每一本书都大改了3～5次，小改更多。都是希望全方位展示北京红色文化研究的成果，努力为北京人民提供内容丰富、权威准确的北京红色文化读物，也为北京红色文化建设提供一个重要的工作基础。当然，最后完成的书稿与精品工程可能还有一定的差距，这是我们深感遗憾的地方。

"红色文化丛书"也兼顾了读者的需求，力求增加一定的生动性、可读性。根据每本书的内容和任务，我们要求语言文字上形象一点、生动一点。但实现的情况不完全一样，生动性、可读性各有差异。除了语言文字外，每本书还配了适当的照片资料。

我们希望，"红色文化丛书"能够成为向中华人民共和国成立70

周年献上的一份礼物，能够从红色文化的角度清晰展示中国共产党在领导北京地区革命斗争过程中的初心和使命，也为全党和北京市开展"不忘初心、牢记使命"主题教育提供有益的参考读物。

  作为主编，我根据这套丛书研究和编纂的实际情况，对上述7个方面作出说明和介绍。希望各方面领导、群众和广大读者看了这些说明和介绍后，能够更加准确地理解北京红色文化，理解这套丛书的内容和特点。

  感谢参与这套丛书、以不同方式支持这套丛书的所有人员。

李忠杰

2019年6月7日

目 录

导语 1

第一章 文化启蒙，破除封建专制禁锢 1
第一节 世纪交替风云变幻 3
第二节 古都北京新风乍起 13
第三节 新文化阵营聚北京 21
第四节 为民主科学而呐喊 28
第五节 新文学打破沉闷空气 34

第二章 思想革命，反帝爱国推进觉醒 41
第一节 战胜国败在巴黎和会 43
第二节 五四风雷震撼神州 49
第三节 斗争怒潮席卷全国 62
第四节 新型社团风起云涌 74
第五节 思想文化百家争鸣 83

第三章 真理传播，确立马克思主义信仰 93
第一节 率先举起马克思主义大旗 95
第二节 率先组织起来传播理论 109
第三节 思想交锋坚定政治立场 115

第四节　一批先进分子脱颖而出　　　　　　　　　123
　　第五节　率先深入到民众中去　　　　　　　　　　130

第四章　率先酝酿，南北建党遥相呼应　　　　　　　139
　　第一节　率先酝酿建立中国共产党　　　　　　　　141
　　第二节　首次接待共产国际代表　　　　　　　　　149
　　第三节　北京的共产党早期组织建立　　　　　　　152
　　第四节　北京党组织活动走在前列　　　　　　　　157
　　第五节　北京代表出席党的一大　　　　　　　　　163

第五章　掀起高潮，领导北方工人运动　　　　　　　173
　　第一节　面向工人宣传马克思主义　　　　　　　　175
　　第二节　北京成为北方工人运动中心　　　　　　　182
　　第三节　指导北方各地成立工会组织　　　　　　　186
　　第四节　推动北方工人运动首掀高潮　　　　　　　191
　　第五节　发起和指导京汉铁路工人大罢工　　　　　195

第六章　红色星火，点燃北方半壁江山　　　　　　　203
　　第一节　从中共北京地委到北方区委　　　　　　　205
　　第二节　探索开展党员教育培训工作　　　　　　　212
　　第三节　推动北方中共组织加速发展　　　　　　　219
　　第四节　领导北方工农运动再掀高潮　　　　　　　226

第七章　联合战线，推动国共首次合作　　　　　　　237
　　第一节　积极推动国共合作的实现　　　　　　　　239
　　第二节　有力促进国民革命在北方发展　　　　　　249
　　第三节　团结左派与国民党右派做斗争　　　　　　257

第四节	掀起空前规模的倒段反奉斗争	263
第五节	发动北方民众策应和支援北伐	274
第六节	以伟大奋斗精神直面革命低潮	279

结语 291

后记 294

导　语

马克思主义是孕育和形成中国红色文化的活水源头。中国共产党从红色觉醒中走来，从无到有、从小到大、从弱到强，一路砥砺前行、高歌猛进，日益绽放着璀璨夺目的光华。

北京作为新文化运动的主阵地、五四运动的爆发地、马克思主义早期在中国的主要传播地、中国共产党的孕育地，以及北方革命运动的指挥部和推动首次国共合作的策源地，在酝酿创建中国共产党、推动中国革命历史进程中地位独特、作用重大，凝聚形成了独具特色的红色文化。

新文化运动高举民主与科学的旗帜，唤醒民众觉悟，为中国共产党的创建起到重要思想启蒙作用；五四运动中，工人阶级登上政治舞台，拉开了新民主主义革命的序幕；马克思主义在中国的传播，形成以北京为中心并辐射全国的崭新局面，直接催生了中国共产党的诞生；深入劳工，广泛宣传马克思主义，北京成为北方工人运动中心，全国工农运动高潮迭起；积极推动和实现国共合作，成为中国共产党统一战线政策的首次成功实践，对中国革命进程产生深远影响……

老一辈无产阶级革命家和无数革命先烈，为实现民族独立、人民解放而上下求索，孕育了复兴民族的爱国主义精神、敢为人先的追求真理精神、救国救民的奋斗牺牲精神、海纳百川的开放包容精神，成为北京红色文化的重要组成部分，完善了中国红色文化的精神谱系，是一笔十分宝贵的精神财富。

文化自信首先来自于理论自信。中国特色社会主义进入新时代，我们更需要坚持以马克思主义为指导，深入学习贯彻习近平新时代中国特色社会主义思想，不断推动马克思主义中国化大众化，在理论觉醒中强化理想信念，在传承红色文化中牢记初心使命，进一步坚定道路自信、理论自信、制度自信、文化自信。

第一章

文化启蒙,破除封建专制禁锢

北京，是新文化运动的主阵地。

自从鸦片战争失败后，近代中国进入半殖民地半封建社会的漫漫长夜，民族危机深重，人民饱受苦难，北京成为西方列强注目的矛盾中心。1911年10月以孙中山为首的资产阶级革命团体同盟会领导了推翻清王朝统治的辛亥革命，但革命成果迅即被封建军阀袁世凯篡夺，中国仍然没有摆脱半殖民地半封建的状态。

20世纪初叶，面对封建文化的禁锢和西方文化的涌入，在民族危机中，以陈独秀、李大钊、胡适、鲁迅等为代表的一批先进分子，在北京以《新青年》杂志为阵地，将新文化运动推向高潮。他们高举民主与科学的大旗，批判封建专制独裁和纲常礼教，开展白话文运动，猛烈抨击封建文化，从而唤醒了民众的觉悟，为五四运动的发动做了准备，为中国共产党的创建起到了重要的思想启蒙作用。

第一节　世纪交替风云变幻

中国是一个历史悠久的东方大国。中华民族以自己的勤劳和智慧，曾经创造出辉煌灿烂的古代文明，对人类的发展做出过重大贡献。然而，自1840年鸦片战争发生后，西方列强纷至沓来，发动了一次又一次侵略战争，中国逐渐丧失独立的地位，成为半殖民地半封建国家。作为中国长期封建统治的中心，北京见证了中国一步步沦为半殖民地半封建社会的屈辱历史。

1860年，英法联军武装侵入北京城，烧杀劫掠，纵火焚毁了中国皇家园林建筑艺术的精华——圆明园，并将园藏历代文化珍宝洗劫一空。

1895年，日本以攻占北京为要挟，强迫清政府签订了丧权辱国的《马关条约》。中国被迫割弃台湾，并向日本支付2.3亿两白银的巨额赔款。谭嗣同的这句"四万万人齐下泪，天涯何处是神州"①，是那时中国有识之士悲愤中的呐喊。

1901年，当世界各国在欢庆新世纪到来的时候，中国却是在八国联军洗劫北京城、被迫与列强签订空前不平等条约——《辛丑条约》的悲惨境遇和巨大屈辱中，进入20世纪的。

近代中国社会的主要矛盾，即帝国主义同中华民族的矛盾、封建主义同人民大众的矛盾，以及由这两个主要矛盾所影响、衍生出来的各种矛盾，在北京都有集中的表现。

随着帝国主义的经济入侵和洋务派兴办军事工业，在北京地区出现了一批由外国资本家和中国封建官僚开办的近代资本主义企业，以及第一代中国产业工人。1879年开办的门头沟通兴煤矿，1883年开办的神机营机器局，20世纪初开办的长辛店机车修配厂和南口铁路工厂，以及北京丹凤火柴公司、京华印书局、京师华商电灯公司、清河

---

① 谭嗣同：《有感一首》，《谭嗣同全集》，中华书局1981年版，第540页。

溥利呢革公司、度支部印刷局等，都采用了机械化的生产手段。到辛亥革命前，北京近代产业工人有数千人。第一次世界大战期间，中国的资本主义有了进一步的发展。一时间，北京地区双合盛啤酒厂、振兴制革厂及面粉、食品、造纸、织布、地毯等大小企业陆续开办，产业工人也迅速增加，到1919年有2万人左右。

资本主义生产方式，是作为封建生产方式的对立物出现的。它所创造的社会生产力、组织的社会化大生产及发展的科学文化，都是以往封建社会所没有过的。资本主义经济在北京的发展，使新的阶级力量——工人阶级和资产阶级不可避免地成长着。

经济基础和阶级力量的变化，孕育和推动着社会变革。

封建主义的超经济剥削，帝国主义的残酷掠夺，各项不平等条约带来的耻辱与压迫，促使一些有识之士开始在中西文化的交流碰撞中产生新思想、新观念。

在鸦片战争前后中西方文化的碰撞中，以魏源为代表的有识之士呼吁了解外部世界的广阔性和先进性，编撰出版了《海国图志》等一批介绍世界地理历史知识的图书，提出了"师夷长技以制夷"的主张。1860年到甲午战争前，先由冯桂芬等早期维新派人物，在《校邠庐抗议》等书中提出要从"师其技"跨入到"采其学"；其后，以黄遵宪撰写的《日本国志》为代表，直接介绍资本主义先进制度文化，探讨国家富强之道，为变法运动提供了借鉴。戊戌变法前后至20世纪初叶，近代西方进化论思想在国内迅速传播，成为国人观察分析历史和探索民族前途的指导思想。这些都为近代中国社会变革运动奠定了思想文化基础。

与此同时，面对近代中国严重的民族危机和深刻的社会危机，为了探索救国救民的新出路，无数仁人志士不屈不挠、前仆后继，进行了可歌可泣的斗争，进行了各式各样的尝试，但终究未能改变旧中国的社会性质和中国人民的悲惨命运。

在太平天国运动、百日变法维新、义和团运动相继失败之后，随着中国资本主义经济的发展，中国资产阶级逐渐成为一支独立的政治

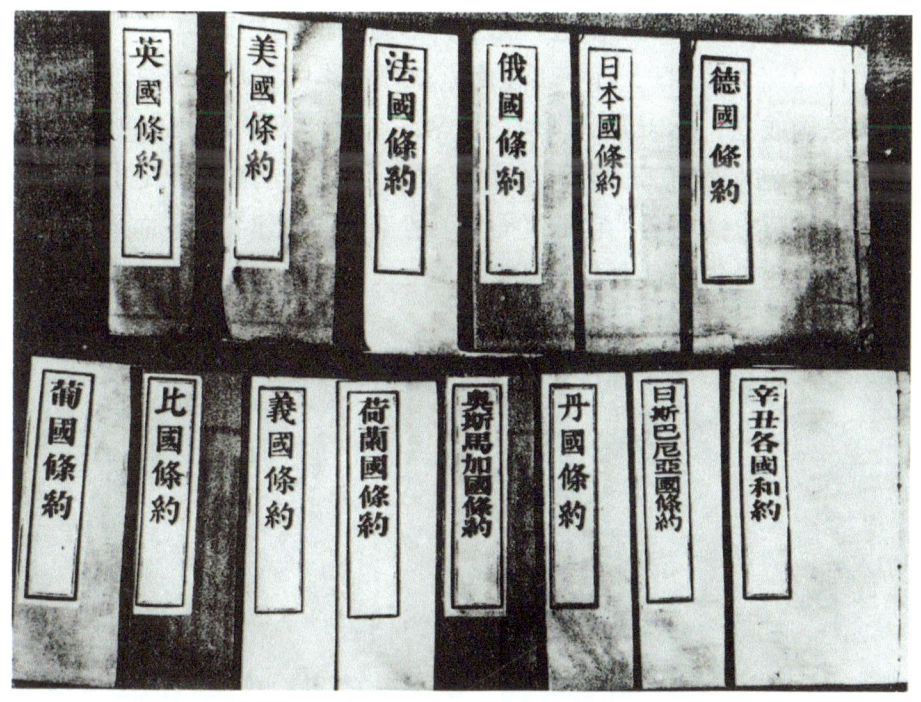

西方列强逼迫清政府签订的部分不平等条约

力量。伟大的革命先行者孙中山于1894年在美国檀香山成立兴中会，第一次响亮地喊出了"振兴中华"的口号。1905年，孙中山发起成立中国同盟会，比较完整地提出了以建立一个资产阶级共和国为目标的政治纲领，在中国开创了完全意义上的近代民族民主革命。在以后几年间，孙中山领导的革命党人在全国各地发动一次又一次的武装起义，也曾试图在北京发动"中央革命"。这些起义虽然都失败了，但在全国民众中逐渐扩大了革命的影响。

1911年（农历辛亥年）10月10日，湖北革命团体文学社、共进会在同盟会的推动下，以湖北新军为主力发动武昌起义，并迅速获得成功。各省纷纷响应，进而掀起席卷全国的革命风暴。

消息传来，北京人民欢欣鼓舞，清王朝则惶惶不可终日。帝国主义各国看到清王朝大势已去，也想换一个更得力的工具，因此，靠献媚外国和屠杀人民起家的袁世凯得以出任清朝内阁总理大臣。11月

13日，袁世凯率大批卫队进入北京，掌握了军政大权。

1912年1月1日，孙中山在南京就任中华民国临时大总统，宣告中华民国成立，标志着中国历史上第一个资产阶级共和国的诞生。2月12日，清朝宣统皇帝溥仪在北京被迫退位。这是20世纪中国发生的第一次历史性巨变，它不仅推翻了清王朝的封建统治，而且结束了统治中国几千年的君主专制制度。

辛亥革命后，孙中山主持中华民国临时政府第一次内阁会议

辛亥革命令全国人民耳目为之一新，精神为之一振，"打开了中国进步闸门，传播了民主共和理念，极大推动了中华民族思想解放，以巨大的震撼力和影响力推动了中国社会变革"①。

辛亥革命不仅打破了封建皇权的"正统"地位，而且使保皇派"忠君保皇，否认民族压迫""革命会招致外国瓜分中国，导致亡国

---

① 习近平：《在纪念孙中山先生诞辰150周年大会上的讲话》，《人民日报》2016年11月12日，第2版。

灭种""民智未开，没有享受民主权利和当共和国国民的资格""平均地权，是危害国本"等谬论现出原形。有人曾撰文说："数年以来，革命论盛行于国中……其旗帜益鲜明，其壁垒益森严，其势力益磅礴而郁积，下至贩夫走卒，莫不口谈革命，而身行破坏。"[1]

辛亥革命时期，革命党人以资产阶级文化对抗封建文化，使革命观念深入人心，涉及社会生活的各个方面。北京作为文化古都，对于思想文化方面的新变化尤其敏感。

民国建立后，除原有的北京大学外，北京陆续办起一些较有影响的新式学校，如高等师范学校、清华学堂、协和医学院、燕京大学、工业专门学堂、医学专门学堂、京师政法大学堂、法律学堂、测绘学堂等。1912年北京有中等学校20所，1916年发展到36所；1911年北京有小学156所，1916年发展到277所，1917年达到331所。这些学校逐渐采用较为先进的教学方法传授科学知识。当时世界上的许多思想流派、治国方略、名人事迹等陆续在报刊上有所介绍，为北京思想文化领域带来清新空气。

然而，由于帝国主义和封建势力在中国统治的力量异常强大，加之中国民族资产阶级力量软弱，政治上不成熟，辛亥革命未能形成一个能够领导这场革命进行到底的坚强有力的革命政党，未能提出一个能够广泛动员民众的反帝反封建政治纲领，没有能够改变旧中国半殖民地半封建的社会性质，没有改变中国人民的悲惨命运，没有完成实现民族独立、人民解放的历史任务。在帝国主义的干涉下，以孙中山为临时大总统的南京临时政府仅仅存在了3个月，辛亥革命的胜利果实很快就被袁世凯所攫取。

1912年2月13日，孙中山被迫辞去临时大总统。3月10日，袁世凯在北京就任临时大总统，组建了北洋派占主导地位的临时政府，同时迫使南京临时参议会同意迁都北京。北京临时政府的建立，标志着

---

[1] 国防大学党史党建政工教研室：《中国旧民主主义革命80年》，解放军出版社1987年版，第381—385页。

北洋军阀统治的开始。

随着国家政治中心北移，加之当时北洋政府还保留着资产阶级民主政治的体制，资产阶级革命党人还掌握着临时参议院的立法权和教育、司法、农林等部的行政权，辛亥革命后新成立的各个政党本部纷纷迁入北京。8月25日，中国同盟会与统一共和党等联合改组为国民党，在北京虎坊桥湖广会馆举行成立大会，孙中山莅临大会并发表演说。12月上旬，中国历史上第一次国会选举开始，至1913年3月基本结束，国民党取得了多数席位。正当国民党代理理事长宋教仁踌躇满志，奔走于南方各省，积极准备建立国民党责任内阁的时候，却被袁世凯派人暗杀于上海火车站。

1913年10月6日，国会召开总统选举会，袁世凯派出军警保卫会场，还有千余军警身穿便服自称公民团，将国会团团围住，迫使议员选袁世凯为总统。袁世凯一登上正式大总统的宝座，便于11月4日下令解散国民党，取消国民党议员资格。1914年1月10日，又公然宣布停止全体国会议员职务，从而扼杀了民国第一届国会。

爬上正式大总统宝座的袁世凯，一心想当专制独裁、权力世袭的皇帝。1914年5月1日，袁世凯废除《临时约法》，炮制了《中华民国约法》（又称《袁记约法》）。这部《袁记约法》全篇贯穿着皇权思想，取消一切对总统权力的制约，完全否定了民国以来的民主主义精神。同日，袁世凯改组政府机构，撤销国务院，在总统府内设立相当于前清军机处的政事堂，把一切行政权力集中到自己手里。为换取日本帝国主义对他颠覆共和、恢复帝制的支持，袁世凯政府还于1915年5月9日接受了日本政府提出的旨在灭亡中国的"二十一条"，使中华民族的生存受到重大威胁，遭到全国人民的坚决反对。

残酷的现实说明，通过暴力手段推翻一个政权容易，但改造一代人的思想却困难又漫长。中国资产阶级的软弱，决定了他们在思想文化上实行的革命也是不彻底的。辛亥革命虽然赶走了龙椅上的皇帝，但封建思想和帝王意识仍盘踞在人们的头脑中。

更为可怕的是，一场不彻底的革命过后，往往会有一股反动逆流接踵而来。

为了复辟帝制，袁世凯在文化上大搞尊孔复古。中国思想文化界出现了一股尊孔读经、复古倒退的逆流。一些清朝遗老、封建文士相继组建了"孔教会""孔道会""孔圣会""孔社"等团体，还发行《不忍》等刊物，大肆攻击民主共和，宣扬孔孟之道和封建伦常。他们利用社会上对辛亥革命后局势的失望情绪，诋毁共和制度，诽谤民主思想，要求定孔教为国教。

在此大背景下，北京的思想文化领域为封建主义所把持，鼓吹封建主义文化，宣扬神鬼迷信，反对科学；维护皇权，反对民主、共和的言论仍然十分猖獗。这些东西严重束缚着人们的思想，扼杀了民族的生机。

1915年夏秋，袁世凯独裁称帝活动日益嚣张，他指派亲信党羽制造舆论，收买各方，策动实行君主制的请愿风潮。一时间，北京出现了许多形形色色的请愿团。12月12日，袁世凯宣布接受"中华

袁世凯复辟帝制

帝国大皇帝"的头衔,恢复君主制,改民国五年(1916)为洪宪元年,史称洪宪帝制。但在全国反对帝制的讨袁怒潮中,袁世凯只做了83天的短命皇帝,就不得不于1916年3月22日下令取消帝制,恢复中华民国。

袁世凯恢复帝制失败后,各地军阀纷起,割据一方,混战连年不绝,北京成为军阀、官僚、政客争夺的中心目标。几经角逐,北京政府的实权落到皖系军阀段祺瑞手中。段祺瑞是个亲日派,为了扩充自己的实力,竟以国家主权为抵押,在1917年8月至1918年9月仅一年多的时间内,就向日本帝国主义借款5亿元用于军费开支。

北洋军阀政府对人民的独裁统治,与清政府相比毫不逊色,他们强化警政,扼杀进步舆论,大肆逮捕和滥杀无辜。1914年3月,军阀政府公布了《治安警察条例》,同年底公布了《出版法》。第二年4月又公布了《报纸条例》,其中规定,凡涉及"混淆政体""妨害治安"之内容,一概不准登载,违者重罚。一批革命派的报刊,包括一些富有正义感的改良派报刊都遭到查封,使北京的报刊由民国建立初期的100多种锐减至20多种。军阀政府还建立了严密的特务网,稽查、暗探遍布大街小巷。在袁世凯称帝前后,仅被其特务机关在北京军政执法处非法刑讯和屠杀的民众就有数百人。因此,军政执法处被北京民众称为"鬼门关""杀人场"。

与此同时,在关税受帝国主义控制、大量洋货倾销的形势下,加上北洋军阀政府苛捐杂税的盘剥,军阀连年混战的摧残,北京大批民族资本主义工商企业纷纷破产。根据北京《市政通报》统计,自1917年10月至1918年5月的8个月的时间内,北京倒闭歇业的大小商号达2247家。城市贫民与日俱增,据外城内城20个区的调查,无米为炊、亟待救济的极贫户达15689户,计65434人。[①]

北洋军阀政府卖国独裁的反动统治,给北京人民带来了深重的灾

[①] 中共北京市委党史研究室:《中国共产党北京历史》第一卷,北京出版社2011年版,第5页。

难，激起了北京人民进一步的反抗和斗争。当时北京流传着很多反袁歌谣，如"钟楼高，钟楼矮，假充万岁袁世凯""铜子改老钱，铁杆打老袁"等。1913年11月，北京约200名邮政工人因"送信次数忽增一倍，且冬令日短，无论如何捷足，亦不能办，要求退减次数"而举行罢工。①1915年，北京人民与全国人民一道掀起了反对灭亡中国的"二十一条"、抵制日货和爱国储金运动。1916年，北京人民为支援天津人民反对法国强占老西开地区的爱国义举，开展了抵制法币、法货斗争，北京中法银行几乎在挤兑下倒闭；同年3月，北京政府财政部印刷局300余名工人因频繁"加添夜工""异常劳累"，要求加薪却被拒而举行罢工。②1919年3月16日，北京丹凤火柴公司100余名工人反对公司强迫工人无偿加班而举行罢工。这些罢工斗争说明，北京工人阶级的力量在不断壮大，斗争精神和觉悟程度在不断提高。

然而，此时的民族资产阶级由于既失去了政治领导权、没有革命武装，又不能号召广大群众参加革命，再加上内部的不团结，处于一个组织涣散和软弱无力的状态。在军阀割据、内战加剧的政治局势下，20世纪初叶的中国，几千年的封建意识仍然禁锢着人们的思想，僵化的封建体制依旧束缚着社会的生机。实践证明，民族资产阶级不仅在政治斗争上，而且在思想文化战线上都难以对抗国内封建残存势力和国外侵略势力的联合进攻。对此，毛泽东曾深刻指出：

> 因为中国资产阶级的无力和世界已经进到帝国主义时代，这种资产阶级思想只能上阵打几个回合，就被外国帝国主义的奴化思想和中国封建主义的复古思想的反动同盟所打退了，被这个思想上的反动同盟军稍稍一反攻，所谓新学，就偃旗息鼓，宣告退却，失了灵魂，而只剩下它的躯壳了。③

---

① 《民声》第4号，1913年12月27日。
② 《时报》1916年3月9日。
③ 《新民主主义论》(1940年1月)，《毛泽东选集》第二卷，人民出版社1991年版，第697页。

民族资产阶级和辛亥革命没有完成的任务由谁来接续奋斗？

一批经历了辛亥革命失败痛苦的激进的民族主义者和先进的知识分子，在深刻反思中认识到，辛亥革命的失败，根本原因在于没有唤醒多数国民的思想觉悟；没有唤醒多数国民思想觉悟的根本原因，就在于没有破除封建思想文化的桎梏，没能树起新思想、新文化的大旗。

辛亥革命失败后，中国的社会矛盾进一步激化。历史呼唤新的革命风暴，人民期待出现挽救中国危亡的新途径。

第二节　古都北京新风乍起

每当社会即将发生重大变革的时候，总会出现一个与之相适应的思想文化运动，为之做思想启蒙、文化宣传，以达到政治动员的目的。

辛亥革命失败后，一批先进的中国知识分子在反思中深刻认识到，如果不唤起广大民众从思想上觉悟、在行动上参与，仅仅靠西方政治制度的移植不足以救中国，空喊宪法、国会也没有实际意义。因此，必须发起一场抨击封建文化、唤起民众觉悟的新文化运动。

1915年6月，陈独秀从日本回国，对北洋军阀政府与日本刚刚签订的"二十一条"卖国条约十分愤怒。但与众不同的是，他认为中国的当务之急并不是进行政治革命，因为进行政治革命须"从思想革命开始"，首先"要革中国人思想的命"[①]；"要改变思想，须办杂志"[②]。

1915年9月15日，陈独秀创办的《青年杂志》第一卷第一号在上海正式出版发行。该杂志最初是面向青年的一个综合性学术刊物，每号约100页，6号为一卷。

在创刊号上，陈独秀发表了《敬告青年》一文，以进化论的观点，抨击中国腐朽的封建伦理道德和落后的社会制度，满怀激情地讴歌青年，热诚呼唤青年振奋精神，

《青年杂志》

[①] 刘仁静：《回忆党的"一大"》（1979年3月14日、17日），中国社会科学院现代史研究室、中国革命博物馆党史研究室选编：《"一大"前后——中国共产党第一次代表大会前后资料选编》（二），人民出版社1980年版，第214页。

[②] 任建树：《陈独秀大传》，上海人民出版社2012年版，第85页。

"自觉其新鲜活泼之价值与责任"。他说：

> 青年如初春，如朝日，如百卉之萌动，如利刃之新发于硎，人生最可宝贵之时期也。青年之于社会，犹新鲜活泼细胞之在人身。新陈代谢，陈腐朽败者无时不在天然淘汰之途，与新鲜活泼者以空间之位置及时间之生命。人身遵新陈代谢之道则健康，陈腐朽败之细胞充塞人身则人身死；社会遵新陈代谢之道则隆盛，陈腐朽败之分子充塞社会则社会亡。[①]

他号召广大青年"奋其智能，力排陈腐朽败者以去"，为国家之"改弦更张"而努力。

1916年1月15日，面对袁世凯称帝的历史逆流，陈独秀在《青年杂志》第一卷第五号上发表了《一九一六年》一文，猛烈地批判儒家的"三纲"和"忠、孝、节、义"等封建道德。他在文章中分析指出："君为臣纲，则民于君为附属品，而无独立自主之人格矣；父为子纲，则子于父为附属品，而无独立自主之人格矣；夫为妻纲，则妻于夫为附属品，而无独立自主之人格矣。率天下之男女，为臣，为子，为妻，而不见有一独立自主之人者，三纲之说为之也。"忠、孝、节，"皆非推己及人之主人道德，而为以己属人之奴隶道德也"[②]。因此，他大声疾呼，必须废除奴隶道德，以争取独立人格。

2月15日，陈独秀在《青年杂志》第一卷第六号上发表《吾人最后之觉悟》一文，强调"吾国欲图世界的生存，必弃数千年相传之官僚的专制的个人政治，而易以自由的、自治的国民政治也"；国民政治能否实现，"纯然以多数国民能否对于政治，自觉其居于主人的主动的地位为唯一根本之条件"；国民要"自觉其居于主人的主动的地

---

① 陈独秀：《敬告青年》（1915年9月15日），《陈独秀文章选编》（上），生活·读书·新知三联书店1984年版，第73页。
② 陈独秀：《一九一六年》（1916年1月15日），《陈独秀文章选编》（上），生活·读书·新知三联书店1984年版，第103页。

位",建立真正的共和制,就必须破除三纲教义,因为"三纲之根本义,阶级制度是也"。所以,他"断言曰:伦理的觉悟,为吾人最后觉悟之最后觉悟"①。总之,对封建伦理道德,如"不攻破,吾国之政治、法律、社会道德,俱无由出黑暗而入光明"②。

陈独秀一针见血地指出三纲思想与共和制水火不容,必须将国民脑子里的所有反对共和的封建旧思想洗刷干净,才能彻底铲除复辟帝制的思想土壤,巩固共和成果。正是基于这样的认识,陈独秀在批判封建礼教的同时,与封建复古逆流展开了坚决斗争。

在《青年杂志》创刊之前,上海基督教青年会办了个周报,名叫《上海青年》。《青年杂志》创刊后不久,该会写信给《青年杂志》当时的主办方——群益书社,说《青年杂志》与《上海青年》"名字雷同,应该及早更名,省得犯冒名的错误"③。因此,从1916年9月1日出版的第二卷第一号起,《青年杂志》正式更名为《新青年》。

《新青年》在创刊后的一年多时间里,好像不十分关心现实政治问题。曾有人写信给陈独秀,要他在杂志上与公开支持恢复帝制的筹安会讨论变更国体的问题,"著论警告国人,勿为宵小所误"。陈独秀在回信里虽然对筹安会冷嘲热讽,但却说"欲本志著论非之,则雅非所愿。盖改造青年之思想,辅导青年之修养,为本志之天职,批评时政非其旨也。国人思想倘未有根本之觉悟,直无非难执政之理由"④。

陈独秀认为变更国体、复辟帝制的主要原因,是当时国人普遍受到封建思想的束缚,因此把对国人进行思想启蒙作为杂志的首要职责。这在当时无疑具有非常深刻的见地和深远的意义,也是陈独秀慧

---

① 陈独秀:《吾人最后之觉悟》(1916年2月15日),《陈独秀文章选编》(上),生活·读书·新知三联书店1984年版,第107—109页。
② 陈独秀:《答吴又陵(孔教)》(1917年1月1日),《陈独秀文章选编》(上),生活·读书·新知三联书店1984年版,第169页。
③ 汪原放:《回忆亚东图书馆》,学林出版社1983年版,第31—32页。
④ 陈独秀:《通信》,《青年杂志》第一卷第一号,1915年9月15日。

眼独具的地方，但也使杂志有些曲高和寡，在全国的知名度并不是很高，影响也有限。鲁迅就曾说，《新青年》在开始的时候，"不但没有人来赞同，并且也还没有人来反对"①。

陈独秀

李大钊

与此同时，先陈独秀一步来到北京的李大钊，积极参加新文化运动。特别是受陈独秀主编的《新青年》杂志影响，李大钊于1916年8月、9月间和1917年初在北京先后参与创办了《晨钟报》《宪法公言》《甲寅》日刊，积极宣传新思想。与陈独秀的《新青年》形成了南北呼应之势，向复古思潮和封建伦理道德展开了深刻而猛烈的抨击。

1916年7月，应进步党人汤化龙的邀请，李大钊离开上海来到北京，参与创办《晨钟报》，并担任编辑主任。据说，报纸的名字也是由他定下来的。②经过一个月紧张准备，8月15日，《晨钟报》正式面世。

---

① 王奇生：《新文化运动是如何"运动"起来的》，《同舟共进》2009年第5期，第14页。

② 李大钊年谱编写组：《李大钊年谱》，甘肃人民出版社1984年版，第27页。

这份报纸为日报，每号共6版，在每号第2版评论栏印着一幅标有"晨钟之声"的古钟图案。古钟图案中间专门用于刊登中西方谚语或名言警句，且内容每日更新，如第3号为王守仁的"但求同于理，不求异于人"，第5号为顾炎武的"天下兴亡，匹夫有责"等。

李大钊以《晨钟报》为阵地，积极宣传新思想，鼓舞青年自觉奋斗。

《晨钟报》创刊纪念版的第一篇文章，就是李大钊写的《〈晨钟〉之使命——青春中华之创造》。和陈独秀一样，李大钊在这篇类似"创刊宣言"的文章中，以进化论的观点，大力宣传"青春中华"的主张。他以无比激昂的笔触写道：

> 故青年者，人生之王，人生之春，人生之华也。青年之字典，无"困难"之字，青年之口头，无"障碍"之语；惟知跃进，惟知雄飞，惟知本其自由之精神，奇僻之思想，锐敏之直觉，活泼之生命，以创造环境，征服历史。①

他号召青年抓住袁世凯死后青春中华之创造"实已肇基"的时机，做青春中华的种子，以"断头流血"的意志，"百尺竿头，更进一步，取由来之历史，一举而摧焚之，取从前之文明，一举而沦葬之。变弱者之伦理为强者之人生，变庸人之哲学为天才之宗教，变'人'之文明为'我'之文明，变'求'之幸福为'取'之幸福……以破坏与创造、征服与奋斗为青年专擅之场，厚青年之修养，畅青年之精神，壮青年之意志，砺青年之气节，鼓舞青春中华之运动，培植青春中华之根基"。

他激励青年"人人奋青春之元气，发新中华青春中应发之曙光"，敲响"晨钟"，唤起"吾民族之自觉的觉悟"，从而积极担当起"青春中华之创造"的历史使命。

---

① 《李大钊全集》第一卷，人民出版社2006年版，第167—168页。

然而,《晨钟报》创刊不久,支持李大钊办报的进步党人汤化龙与孙洪伊却因政治分歧出现矛盾。同时,李大钊在《晨钟报》上坚决反对封建独裁,大胆揭露和抨击军阀间钩心斗角、争权夺利的丑恶行径,大力宣扬民主主义精神,渐渐为官僚政客所不容。

1916年9月5日,李大钊发表启事,宣布脱离与《晨钟报》的关系,并辞去编辑主任一职。

恰在这一天,重新恢复的旧国会组织的宪法会议正式开幕,继续进行曾一度中断的制宪工作。制定宪法是奠定民主国家法律基础的重大工作,密切关心国家政治的李大钊和他的朋友们对此极为重视。

为此,李大钊在当日《晨钟报》上发表了他在该报的最后一篇短评:《祝九月五日》。他写道:"宪法者,国命之所由托。宪法会议者,宪法之所由生也。有神圣之宪法会议,始有善良之宪法。有善良之宪法,始有强固之国家。然则今年之九月五日,实为再造之中华新纪元。"[①]

为继续参与制宪工作的舆论宣传,李大钊和白坚武、高一涵、秦立庵(秦广礼,民国成立后成为众议院议员)、田克苏等商议创办一个新刊物《宪法公言》。

《宪法公言》的费用主要靠募捐。当年北洋政法学校学生召开会议支持国会请愿活动时断指写血书的秦立庵一人捐了2000元,此外捐款较多的有:孙文500元,唐绍仪300元,孙洪伊、李庆芳各100元,彭介石每月50元,等等。李大钊是主要撰稿人。

10月10日,中华民国成立5周年纪念日,《宪法公言》正式出版。创刊号《著译》栏中的第一篇文章是李大钊的《国庆纪念》。他在这篇文章中强调了宪法与革命志士流血奋斗之间的关系,指出:"宪法者自由之保证书,而须以国民之血铃印,始生效力者也。"[②]中

---

① 《李大钊全集》第一卷,人民出版社2006年版,第201页。
② 《李大钊全集》第一卷,人民出版社2006年版,第204页。

国宪法的根苗孕育于黄花岗七十二烈士的英魂芳骨,其精神酝酿于辛亥革命、二次革命、护国战争中。

在随后发表于该刊的几篇文章中,李大钊就制宪的基本原则、省制与宪法的关系、宪法与思想自由的关系发表了意见。特别是针对康有为在致总统总理书中请求在制宪过程中尊孔教,行跪拜礼、祭祀礼等,李大钊在《宪法公言》第7期上发表了《宪法与思想自由》一文。此文开宗明义地指出:"不自由毋宁死"的西方格言说明,"自由为人类生存必需之要求,无自由则无生存之价值"。在宪法中明文规定,自由是"立宪国民生存必需之要求"。在他看来,宪法用"国民教育以孔子之道为修身大本"代替"教授自由、言论自由、出版自由、信仰自由",从而取消思想自由,无异于残杀民族生命、民族思想,其危害流毒"将普遍于社会,流传于百世"。因此,在中国,"其为吾人自由之敌者,惟皇帝与圣人而已";"自我之解放,乃在破孔子之束制"①。

由于经费困难,《宪法公言》在1917年1月10日出版第9期后被迫停刊。李大钊试图通过制宪达到再造中华的愿望没有能够实现,但他并没有气馁。当年1月28日,李大钊受章士钊之邀,与高一涵共同担任主笔,在北京创办了《甲寅》日刊,以该刊为阵地,继续对复古思潮展开批判。

李大钊在1月30日的《甲寅》日刊上发表《孔子与宪法》一文,指出:"孔子者,历代帝王专制之护符也;宪法者,现代国民自由之证券也。专制不能容于自由,即孔子不当存于宪法。"②当然,李大钊对孔子并不是持全盘否定的态度。在不久后发表的《自然的伦理观与孔子》一文中,他强调:"余之掊击孔子,非掊击孔子之本身,乃掊击孔子为历代君主所雕塑之偶像的权威也;非掊击孔子,乃掊击专制政治之灵魂也。"③

---

① 《李大钊全集》第一卷,人民出版社2006年版,第228—231页。
② 《李大钊全集》第一卷,人民出版社2006年版,第242页。
③ 《李大钊全集》第一卷,人民出版社2006年版,第247页。

值得注意的是，李大钊的"批孔"并不是一概否定，而是坚持辩证看待，具有选择性，既深刻揭露封建主义腐朽思想文化的糟粕，又充分肯定孔子在他所生活的时代曾做出的重要贡献，并对孔子遗留下来的传统道德伦理思想精华持保留和肯定态度。

这些激烈的文字和深刻的见解，根本目的就是要彻底打破封建文化束缚中国民众思想的一切旧主宰和旧偶像，努力使人们在新思想、新文化的指引下，成为掌握自己命运的新国民。

历史巧合的是，在俄国十月革命即将爆发的1917年初，随着陈独秀由上海赴京就任北京大学文科学长，陈独秀与李大钊两位新文化运动的领军人物齐聚北京。

一时间，古都北京新风乍起，新思潮涌动，逐步成为推动和引领新文化运动发展的中心。

第三节　新文化阵营聚北京

《新青年》杂志发展史上的一个重要转折点，是陈独秀应北京大学校长蔡元培聘请，担任北大文科学长，《新青年》编辑部随之由上海迁至北京。

北京大学的前身是京师大学堂，创立于1898年（清光绪二十四年）戊戌维新变法时期。辛亥革命后，模仿西方教育制度，于1912年3月改名为北京大学，但换汤不换药，依然是个旧式学校。学校行政由封建官吏所把持，教师大半是出身举人或进士的老学究，满脑子的封建思想，校风也很陈腐。1916年，当时在法国的蔡元培，接教育部电，促其回国担任北京大学校长。

1917年1月，蔡元培出任校长伊始，就对保留着浓厚封建教育传统和陈腐校风的北京大学进行了一系列具有重要意义的改革。他提出的办学方针是"'循思想自由'原则，取兼容并包主义，……无论各种学派，苟其言之成理，持之有故，尚不达自然淘汰之运命者，虽彼此相反，而悉听其自由发展"[①]。同时，他大力推行民主办学，鼓励学术研究、出版刊物和开展社团活动。这些改革举措的实施，开创了一代新风，使北大成为当时全国思想活跃、学术兴盛的最高学府。

蔡元培校长求贤若渴，到任后抓的第一件大事，就是不拘一格地聘请有真才实学的人协助他治校办学。正当蔡元培校长物色文科学长时，陈独秀恰在北京筹划开办书局招股的事。于是，他们共同的朋友沈尹默、汤尔和[②]，都向蔡元培推荐陈独秀出任文科学长。沈尹默回忆说："有一天我从琉璃厂经过，忽遇陈独秀，故友重逢，大喜。……我回北大，即告诉蔡先生，陈独秀到北京来了，并向蔡推荐

---

① 蔡元培：《致〈公言报〉函并答林琴南函》，《北京大学日刊》1919年3月21日。
② 沈尹默时为北京大学教授，汤尔和时任北京医学专门学校校长。

陈独秀任北大文科学长。"①

蔡元培和陈独秀早在1905年参加秘密反清革命活动时就已认识。但使蔡元培"最不能忘的,是陈君在芜湖与同志数人合办一种白话报(指《安徽俗话报》),他人逐渐地因不耐苦而脱离了,陈君独力支持了几个月,我很佩服他的毅力与责任心",对陈"有一种不忘的印象"。当蔡元培拜访汤尔和谈及文科学长人选时,汤也推荐了陈独秀,并将10余本《新青年》交与蔡元培。蔡元培"翻阅了《新青年》,决意聘他"②。

然而,陈独秀起初并不想受聘。于是,"蔡先生差不多天天要来看仲甫,有时来得很早,我们还没有起来。他招呼茶房,不要叫醒,只要拿凳子给他坐在房门口等候。后来我和仲甫商量,晚上早睡,早上要起早些才好"③。在这种"三顾茅庐"式的诚邀之下,陈独秀只好说自己"要回上海办《新青年》"。蔡元培就说"把《新青年》杂志搬到北京来办吧"。就这样,陈独秀最终"慨然应允"④。

正是这一历史机缘,促成了陈独秀进入北京大学,并获文科学长的殊荣。北京大学是全国最高学府,文科学长相当于后来的人文学院院长,这为陈独秀开展新文化运动提供了极为有利的社会地位和客观条件。

不久,一批学有专长并具有浓厚民主主义思想的名流学者被请来执教,特别是聘请李大钊、胡适、鲁迅、钱玄同、刘半农等一批具有新思想、提倡新文化的新派人物执教北大,使北大成为不同政治倾向、不同学术流派荟萃之地,为各种新思想的传播创造了有利条件。

1917年1月,陈独秀来到北京就职,居住在城东的箭杆胡同9号

---

① 沈尹默:《我和北大》,《五四运动回忆录》(续),中国社会科学出版社1979年版,第165—166页。

② 蔡元培:《我在北京大学的经历》,《五四运动回忆录》(上),中国社会科学出版社1979年版,第174页。

③ 汪原放:《回忆亚东图书馆》,学林出版社1983年版,第36页。

④ 沈尹默:《我和北大》,《五四运动回忆录》(续),中国社会科学出版社1979年版,第166页。

（今箭杆胡同20号）。这是一座普通的小四合院，陈独秀租住了3间北房，中间用雕花木隔扇分开，两边做卧室，中间会客。

陈独秀到北大任文科学长后，有职有权。有关文科的"人事、行政，一切由陈独秀先生主持，（蔡元培）不稍加干涉"[①]。陈独秀上任后做的第一件大事，就是聘请名教授，如写信给远在美国的胡适，劝他早日回国，来北大讲授哲学或文学。于是，一批提倡新文化运动的知名人士，荟萃于北大文科。

在此背景下，陈独秀邀请一批北大师生为《新青年》杂志撰稿，使作者队伍迅速壮大，稿源和稿酬也发生了重大变化。

原来，《新青年》杂志第一至三卷的销量并不是很好，每期1000本的印数甚至不够成本，以致出版方群益书社一度打算停办。这时候，经常为《新青年》撰稿的北大师生们不甘心放弃这块正在兴起的文化阵地。于是，大家主动与出版方交涉，改变《新青年》的编刊性质，从原先陈独秀一人主编的刊物，变成了一份大家共同承担写作、分担经济压力的"同人刊物"。历史地看，北大师生们在困境中挽救了《新青年》杂志，也就意味着挽救了刚刚开始发轫的新文化运动。

1918年1月，《新青年》成立了编委会；3月，《新青年》第四卷第三号刊登《本志编辑部启事》称："本志自第四卷第一号起，投稿简章已取消，所有撰译，悉由编辑部同人共同担任，不另购稿。……此后有以大作见赐者，概不酬。"此前，《新青年》由陈独秀独自主编时，作者多为他的安徽同乡，稿酬每千字2～5元。这则启事一方面说明了编辑部同人的自信与担当，更充分体现了他们做事谋义不谋利的高尚品格和爱国情怀。

同时，《新青年》从第四卷第一号起实行改版，改为白话文，使用新式标点，刊登新体诗，带动其他刊物推进白话文运动，这使《新青年》的影响迅速地扩大了。据当时北大文科学生张国焘的回忆：他的同学原来知道这个刊物的人"非常少"，但自改用白话文后，"才

---

① 罗章龙：《椿园载记》，生活·读书·新知三联书店1984年版，第24页。

引起同学们广泛的注意","每期出版后,在北大即销售一空"①。

由此,《新青年》以全国最高学府北京大学为依托,由一个以安徽读书人为中心的地方性刊物,转变为以北京大学师生为主体、具有全国性影响的刊物;由一个经营性刊物,转变为新文化运动的重要阵地。

正因为《新青年》与北京大学的这种密切关系,还出现了一件趣事。《新青年》杂志由于编辑部设在北京大学内,绝大多数稿件又是由北京大学师生撰译,以至外界一度误以为《新青年》是北京大学校刊,《新青年》为此还在第六卷第二号上专门发了个启事予以澄清。②这件事,充分说明了北京大学在《新青年》发展进程中的巨大影响力。

《新青年》主要编者(於俊杰 绘)

---

① 任建树:《陈独秀大传》,上海人民出版社2012年版,第102页。
② 《编辑部启事》,《新青年》第六卷第二号,1919年2月15日。

1919年1月,《新青年》自第六卷第一号起,实行轮流编辑;第六卷从第一号到第六号分别由陈独秀、钱玄同、高一涵、胡适、李大钊、沈尹默编辑,同时吸收鲁迅、周作人等参与编辑事务,新文化运动一时出现最强大的阵营。①鲁迅回忆:"《新青年》每出一期,就开一次编辑会,商定下一期的稿件。"②编委聚会的地点,常常是在陈独秀的寓所,于是北京城东的箭杆胡同9号无形中就成了新文化运动的指挥部。

　　《新青年》编辑部迁至北京后,不断适应当时中国革命斗争的需要,积极指引中国文化发展的方向,在那个时代的青年人中风靡一时,最高发行量达到15000余份,撰稿人有300余人,从而影响和培育了整整一代人。③

　　时为北京大学中文系学生的杨振声后来回忆说:

> 　　像春雷初动一般,《新青年》杂志惊醒了整个时代的青年。他们首先发现了自己是青年,又粗略地认识了自己的时代,再来看旧道德、旧文学,心中就生出了叛逆的种子。一些青年逐渐地以至于突然地,打碎了身上的枷锁,歌唱着冲出了封建的堡垒,确实感到自己是那时代的新青年了。④

　　时为北京女子高等师范学校学生的程俊英、罗静轩后来回忆说:

> 　　有的同学把《新青年》杂志从第一期读到最后一期,这使我们文风为之一变,再也不写堆砌词藻、空疏无物的古

---

① 朱文华:《陈独秀传》,红旗出版社2009年版,第60页。
② 鲁迅:《忆刘半农君》,《五四运动回忆录》(上),中国社会科学出版社1979年版,第156页。
③ 任建树:《陈独秀大传》,上海人民出版社2012年版,第90页。
④ 杨振声:《回忆五四》,《五四运动回忆录》(上),中国社会科学出版社1979年版,第260页。

文了。①

仿效《新青年》，1919年初在武汉组织"新声社"并出版《新声》杂志的进步青年恽代英和林育南等人，曾致函《新青年》说：

> 我们素来的生活，是在混沌的里面，自从看了《新青年》，渐渐地醒悟过来，真是像在黑暗的地方见了曙光一样……我们既然得了这个觉悟，但是看见我们的朋友还有许多都在黑暗沉沉的地狱里生活，真是可怜到万分了。所以我们"不揣愚陋"，就发了个大愿要作那"自觉人"的事业，于是就办了《新声》。②

时为湖南省立第一师范学校学生的毛泽东后来回忆说：

> 《新青年》是有名的新文化运动的杂志，由陈独秀主编。我在师范学校学习的时候，就开始读这个杂志了。我非常钦佩胡适和陈独秀的文章。他们代替了已经被我抛弃的梁启超和康有为，一时成了我的楷模。③

这使得毛泽东"有很长一段时间，每天除上课、阅报之外，看书，看《新青年》；谈话，谈《新青年》；思考，也思考《新青年》上所提出的问题"④。

在《新青年》杂志的影响和带动下，《每周评论》《新潮》《新生

---

① 程俊英、罗静轩：《五四运动的回忆点滴》，《五四运动回忆录》（上），中国社会科学出版社1979年版，第278页。

② 《武昌中华大学新声社——致编辑》，《新青年》第六卷第三号，1919年3月15日。

③ ［美］埃德加·斯诺：《西行漫记》，董乐山译，生活·读书·新知三联书店1979年版，第125页。

④ 周世钊：《湘江的怒吼——五四前后毛主席在湖南》，《五四运动回忆录》（上），中国社会科学出版社1979年版，第418页。

活》《新社会》《曙光》等各种进步刊物如雨后春笋般在中国各地涌现出来,使新文化运动在全国范围内得以兴起和迅猛发展。

　　由此可见,《新青年》编辑部由上海迁至北京后,迅速形成了一个以《新青年》编辑部为核心的新文化阵营,壮大了力量,巩固了阵地,社会影响力也急剧扩大,成为广大青年的导师。《新青年》杂志成为新文化运动的重要阵地。

第四节　为民主科学而呐喊

愚昧与专制相依为命，民主与科学相辅相成。民主是专制的克星，科学是愚昧的对头。

新文化运动举起民主和科学两面大旗，即"德先生"和"赛先生"①，就是要从根本上铲除封建专制和迷信愚昧的滋生土壤。

民主与科学这两个口号的提出，在当时具有很强的现实针对性。提倡民主，是为了反对北洋军阀的封建专制，反对仍然在中国占支配地位的封建主义的专制思想、等级观念和伦理原则；提倡科学，是为了反对封建复古的潮流和迷信盲从的倾向，都具有重大的历史进步作用。

民主与科学这两个口号对于北京更具有重要意义，一方面，是因为作为古都的北京，受封建专制和独裁统治的毒害最深，所以对其危害的认识最深刻；另一方面，作为文化中心的北京，高等学府云集，文化氛围最浓，因而追求人人平等、社会公正、民生幸福的意识最为强烈。

陈独秀在《青年杂志》创刊号上发表的《敬告青年》一文中，向青年们提出6点希望：自主的而非奴隶的，进步的而非保守的，进取的而非退隐的，世界的而非锁国的，实力的而非虚文的，科学的而非想象的。他说："国人而欲脱蒙昧时代，羞为浅化之民也，则急起直追，当以科学与人权并重。""科学者何？吾人对于事物之概念，综合客观之现象，诉之主观之理性而不矛盾之谓也。"②陈独秀鲜明地提出了"人权"和"科学"的口号，树起民主和科学的两面大旗，

---

① 德先生，即"Democracy"，音译为德谟克拉西，意为"民主"，指民主思想和民主政治。赛先生，即"Science"，音译为赛因斯，意为"科学"，指近代自然科学法则和科学精神。

② 陈独秀：《敬告青年》（1915年9月15日），《陈独秀文章选编》（上），生活·读书·新知三联书店1984年版，第77—78页。

直指封建腐朽文化的要害，展现了前所未有的坚决彻底反封建的革命精神。

在陈独秀、李大钊等新文化运动的领军人物看来，所谓民主，就是要坚决反对封建专制和军阀独裁，提倡民众个性解放，摆脱被奴役的地位，成为自主自由之人。所谓科学，就是要坚决反对封建迷信、偶像崇拜、蒙昧无知、主观臆断和盲从，大力倡导科学精神，宣扬唯物论、进化论和无神论，以科学的观点和态度对待一切社会问题。

陈独秀认为，民主和科学是推动中国社会前进的两个车轮。1919年1月15日，陈独秀在《新青年》第六卷第一号上发表《〈新青年〉罪案之答辩书》一文，明确指出：

> 本志同人本来无罪，只因为拥护那德谟克拉西（Democracy）和赛因斯（Science）两位先生，才犯了这几条滔天的大罪。要拥护那德先生，便不得不反对孔教、礼法、贞节、旧伦理、旧政治。要拥护那赛先生，便不得不反对旧艺术、旧宗教。要拥护德先生又要拥护赛先生，便不得不反对国粹和旧文学。

最后，他旗帜鲜明地宣告：

> 我们现在认定只有这两位先生，可以救治中国政治上、道德上、学术上、思想上一切的黑暗。若因为拥护这两位先生，一切政府的压迫，社会的攻击笑骂，就是断头流血，都不推辞。[1]

20世纪初叶，在几千年的封建统治和近80年的半殖民地半封建

---

[1] 陈独秀：《〈新青年〉罪案之答辩书》（1919年1月15日），《陈独秀文章选编》（上），生活·读书·新知三联书店1984年版，第317—318页。

的统治下，中国形成了封建专制主义政治制度和意识形态。中国人民为争取民主，曾进行了各式各样的尝试和长期艰苦的斗争，先是以英国为师，如早期改良主义者介绍西方的议会制度；接着是以日本为师，如康有为、梁启超发动的戊戌变法，就是试图学习日本的明治维新；再到后来，作为资产阶级革命派的孙中山，试图仿照"欧美之法"，"创立合众政府"，"建设一个驾乎欧美之上的真民国"[①]。

陈独秀最为推崇的是法国的人权学说，所谓"人人于法律之前，一切平等"。这种说法在当时十分流行，也深深地吸引着中国的启蒙思想家。

早在1915年12月，陈独秀就在《东西民族根本思想之差异》一文中指出："法律之前，个人平等也。个人之自由权利，载诸宪章，国法不得而剥夺之，所谓人权是也。"[②]陈独秀以人权说做武器，要求仿效法国、美国等资产阶级革命，实现中国的共和。他说：美利坚力战八年而获得独立，法兰西流血数十载而建成共和，他们都是中国人奋起争取民主而应当学习的榜样。

要树立民主观念，就必须与封建专制思想进行彻底的斗争。因此，新文化运动的思想家们把斗争的矛头直接指向统治中国千年的封建伦理道德。

1916年秋，康有为在《时报》上发表了致总统总理书，说什么"今万国之人，莫不有教，惟生番野人无教。今中国不拜教主，岂非自认为无教之人乎？则甘认与生番野人等乎？"主张定孔教为国教，并列入宪法。对此，陈独秀在《新青年》连续发表了《驳康有为致总统总理书》《宪法与孔教》等文章，以进化论为武器进行批驳，指出"孔教绝无宗教之实质与仪式，是教化之教，非宗教之教"，"孔

---

① 《孙中山选集》，人民出版社2011年版，第547页。
② 陈独秀：《东西民族根本思想之差异》(1915年12月15日)，《陈独秀文章选编》(上)，生活·读书·新知三联书店1984年版，第98页。

教与帝制,有不可离散之因缘"①,康有为尊孔的目的,不过是为了复辟帝制罢了。

在《驳康有为致总统总理书》中,陈独秀尖锐地指出孔教和帝制的关系:"别尊卑,重阶级,事天尊君"等孔教思想,为历代帝王所利用,成为奴役人们思想的工具。袁世凯称帝虽然失败了,可是康先生却很怕人们丢掉"帝制根本思想",所以仍然"锐意提倡"。陈独秀根据西方国家信教自由的原则,驳斥了康有为建议定孔教为国教的各种理由。他说:"信教自由,已为近代政治之定则。强迫信教,不独不能行之本国,且不能施诸被征服之属地人民。"②

在《宪法与孔教》一文中,陈独秀指出,现在的宪法是根据欧洲法治之精神制定的,而这种精神又是以平等人权为基础的;如果宪法上定了尊孔条文,那么其他条文都可以不要了。这事实上是指出了专制与民主的本质差别。

李大钊对封建伦理道德也予以抨击。1916年5月,他在《民彝与政治》一文中指出:"盖民与君不两立,自由与专制不并存,是故君主生则国民死,专制活则自由亡。"③随后,李大钊在《自然的伦理观与孔子》一文中,以现代唯物论的观点,说明了旧道德不能并存于现代社会。他指出,宇宙是无始无终自然的存在,由此而产生的一切自然现象和社会现象都是发展变化的,道德也一样发展和变化着,因此,为了新道德的确立,对于一切不合时宜的旧道德,必须加以人为力量,促使其迅速崩溃,"虽冒毁圣非法之名,亦所不恤矣"④。

科学,是新文化运动的另一个口号。弘扬科学精神,就必须与封建迷信做斗争。这是新文化运动的思想家们提倡科学精神的一大着

---

① 陈独秀:《驳康有为致总统总理书》(1916年10月1日),《陈独秀文章选编》(上),生活·读书·新知三联书店1984年版,第137—139页。
② 陈独秀:《驳康有为致总统总理书》(1916年10月1日),《陈独秀文章选编》(上),生活·读书·新知三联书店1984年版,第137—138页。
③ 《李大钊全集》第一卷,人民出版社2006年版,第163页。
④ 《李大钊全集》第一卷,人民出版社2006年版,第247页。

力点。

辛亥革命失败之后,随着复古思潮的兴起,封建迷信活动也在当时社会上泛滥开来。1918年1月,上海灵学会创办的《灵学丛志》创刊号上,刊登了丁保福的文章《我理想中之鬼说》。作者在文中振振有词地说,人死了变鬼,鬼是有形有质的,人的眼睛虽然看不见,但禽兽是能看见的。这显然是封建迷信的无稽之谈。

《新青年》编辑部迁至北京后,从1918年5月15日《新青年》第四卷第五号起,陈独秀、陈大齐、钱玄同、刘半农等人便奋笔疾书,向有鬼论者展开了猛烈攻击。

陈独秀撰写的《有鬼论质疑》,全文700余字,提出6个令有鬼说者难以回答的问题。例如,陈独秀说"吾人感觉所及之物,今日科学,略可解释";而有鬼论者却说鬼"非感觉所及,非科学所能解",那么你们又怎么能看见鬼之形,听见鬼之声?又如"人若有鬼,一切生物皆应有鬼",为什么你们"只见人鬼,不见犬马之鬼耶"[①]?陈独秀以唯物论的一元论,反对物灵二元论,其质问犹如连珠炮一般射向有鬼论者,使其无言以对。

北京大学心理学教授陈大齐在《辟灵学》中质问说:禽兽能见鬼,你丁先生是怎样知道的呢?动物有心理作用,并不是人能直接知道的,而是靠观察动物的外形动作而推知其心理状态的。因此,禽兽见鬼,并不是你丁先生所能知道的,你怎么能做出这样荒唐的结论呢?这一嘲笑的质问令宣扬迷信者无法回答,陷入尴尬境地。

刘半农批判《灵学丛志》是"奸民作伪,用以欺人牟利",骂提倡所谓灵学的人是妖孽。钱玄同在指出扶乩活动荒唐可笑的同时,激昂地向青年发出号召:"青年啊!如果你还想在二十世纪做一个人,你还想中国在二十世纪算一个国,你自己承认你有脑筋,你自己还想研究学问,那么赶紧鼓起你的勇气,奋发你的毅力,剿灭这种最野蛮

---

① 陈独秀:《有鬼论质疑》(1918年5月15日),《陈独秀文章选编》(上),生活·读书·新知三联书店1984年版,第264—265页。

的邪教和这班兴妖作怪胡说八道的妖魔！"①

易白沙也在《新青年》第五卷第一号上发表《诸子无鬼论》，介绍中国历史上的无鬼论者王充等人的学说。他警示人们"鬼神之势大张，国家之运告终"，从夏商周到清，一部中国史，尽显此规律。自古以来，"但有以笃信鬼神亡国者，未闻可以救亡者也"②。

鲁迅也是弘扬科学精神的斗士。他从1903年开始，就先后写了多篇关于科学的作品，如《说鈤》《中国地质略论》《中国矿产志》《月界旅行》《人之历史》《科学史教篇》等。

1918年10月，鲁迅在《新青年》第五卷第四号上，以《随感录》的形式，为科学与迷信的斗争做了总结。他说："现在有一班好讲鬼话的人，最恨科学，因为科学能教道理明白，能教人思路清楚，不许鬼混，所以自然而然的成了讲鬼话的人的对头。"他还说："据我看来，要救治这几至国亡种灭的中国，那种'孔圣人、张天师传言由山东来'的方法，是全不对症的，只有这鬼话的对头的科学——不是皮毛的真正科学。"③

经过新文化运动主将们的坚决斗争，宣扬封建迷信的灵学研究受到沉重打击，不再猖獗地兴风作浪了。

---

① 钱玄同：《随感录》（八、九），《新青年》第四卷第五号，1918年5月15日。
② 《通信》，《新青年》第五卷第一号，1918年7月15日。
③ 《随感录》（三十三），《新青年》第五卷第四号，1918年10月15日。

第五节　新文学打破沉闷空气

旧文学与旧道德，往往相依为命。

长期以来，在封建文人眼中，只有用文言文创作的古文、诗、词、赋等才是文学的正宗，是属于上等社会人的；而用白话俚语创作的戏曲、小说等则是旁门左道，是属于下等社会人的。因此，在批判封建礼教的斗争方兴未艾之际，陈独秀与胡适等便发起文学革命，以白话文为工具传播民主科学，把思想解放运动引向更广阔的领域。

文学革命是新文化运动的重要内容。文学革命包括内容和形式两个方面。形式上，主要是提倡通俗易懂的白话文，反对文言文；内容上，主要是用民主主义的新文学反对封建主义的旧文学。

文学是社会思想和社会生活的反映，是社会意识形态的一种表现形式。让文学以大众易于接受的方式反映新的思想，是推动社会意识形态革新、启迪民众全新政治意识的重要途径。因此，新文化运动的倡导者们一开始就把文学革命当成了新文化运动的重要内容。

提倡白话文并不是新文化运动中才提出的。梁启超早在《新民丛报》上就大力提倡"新文体"，也叫"新民体"，倡导"小说界革命"。谭嗣同、黄遵宪都提倡过"诗界革命"，主张用平实、质朴的语言表达思想，即"我手写我口"。革命派陈天华曾用极通俗的白话文体写出著名的小册子《猛回头》和《警世钟》。

但是，新文化运动之前的白话文提倡者，多数存在着折中思想，即把社会分成两部分人：一部分属于"上等社会"的人，可以做古文古诗，难懂也不在乎；另一部分属于"下等社会"的人，虽然他们无知，也要写点通俗文章给他们看。因此，无论是维新派，还是资产阶级革命派，都不能鲜明地提出反对封建旧文学的口号，也未能产生根本性影响。

胡适作为新文化运动的倡导者之一，在文学革命的推动方面尤其努力。早在1916年10月留学美国期间，胡适就在《新青年》第二卷第二号上发表文章，提出改造旧文学、提倡新文学应从"八事"入手。

1917年1月，《新青年》编辑部刚刚迁至北京，胡适便将上述"八事"加以修改和完善，以《文学改良刍议》为题在《新青年》第二卷第五号上发表，着重宣扬文体改革，提出"一曰须言之有物。二曰不摹仿古人。三曰须讲求文法。四曰不作无病呻吟。五曰务去烂调套语。六曰不用典。七曰不讲对仗。八曰不避俗字俗语"。他主张"言文合一"，以"白话文学"为"文学之正宗"①。

2月，陈独秀在《新青年》第二卷第六号上发表《文学革命论》，正式举起"文学革命"的大旗。

在这篇文章中，他从革命需要的角度出发，揭示发动文学革命的原因和初心，指出"盘踞吾人精神界根深底固之伦理、道德、文学、艺术诸端，莫不黑幕层张，垢污深积"，"今欲革新政治，势不得不革新盘踞于运用此政治者精神界之文学"。对于怎样进行文学革命，他提出了文学革命的三大主义，一是"推倒雕琢的阿谀的贵族文学，建设平易的抒情的国民文学"；二是"推倒陈腐的铺张的古典文学，建设新鲜的立诚的写实文学"；三是"推倒迂腐的艰涩的山林文学，建设明了的通俗的社会文学"②。

陈独秀主张对旧的文学必须实行"革故更新""朝代鼎替"。他批评韩愈等人所倡导的"文以载道"和八股家的"代圣贤立言"，指出文学并非为道而设。他说，以往所谓载道的文学，无非是抄袭孔孟以来极空泛的门面语，传达的是封建的旧道德。他号召中国的文学要像欧洲文坛那样，出现一批雨果、左拉、狄更斯那样的写实文学家，做反对旧文学的战士，他自己则愿意"拖四十二生的大炮，为之

---

① 胡适：《胡适作品集》第1卷，安徽教育出版社2003年版，第15页。
② 陈独秀：《文学革命论》（1917年2月1日），《陈独秀文章选编》（上），生活·读书·新知三联书店1984年版，第172、174页。

前驱！"①

陈独秀以坚定的态度呼吁："改良中国文学，当以白话为文学正宗之说，其是非甚明，必不容反对者有讨论之余地，必以吾辈所主张者为绝对之是，而不容他人之匡正也。"②

《文学革命论》一文，旗帜鲜明，气势磅礴，语言犀利，态度坚决，为批判旧文学提供了理论武器，为建设新文学指明了前进方向，堪称文学革命的宣言书，使陈独秀一跃成为文学革命的主将。

《文学革命论》的发表，吹响了向封建旧文学进攻的号角，在当时引起了文学界的高度关注，钱玄同、刘半农等人立即响应并投入战斗，积极支持这场文学革命。

文学革命兴起后，一时讨论到许多问题，从注音、标点符号和国语的规范统一，到文字排版由竖排到横排，以及旧体诗与旧戏的改革等，但最迫切需要的是创作出高质量的白话文作品。

为适应这一现实要求，《新青年》杂志从1918年1月第四卷第一号起，大部分的文章改用白话文，从第二号开始陆续刊登胡适、沈尹默、刘半农创作的白话诗，以实际行动推动文学领域破旧立新，开创新风。

然而，真正创作出在中国文学史上具有划时代意义作品的，是后来被毛泽东誉为"中国文化革命的主将"和"骨头是最硬的"鲁迅。1918年5月，37岁的周树人首次用"鲁迅"为笔名，发表了中国现代文学史上第一篇用现代体式创作的短篇白话文小说《狂人日记》。这是鲁迅的第一篇白话文小说，也是他射向封建礼教的第一枪。

在《狂人日记》中，鲁迅借着"狂人"之口，愤怒地揭穿延续几千年的封建礼教的真面目：

---

① 陈独秀：《文学革命论》（1917年2月1日），《陈独秀文章选编》（上），生活·读书·新知三联书店1984年版，第175页。

② 陈独秀：《答胡适之（文学革命）》（1917年5月1日），《陈独秀文章选编》（上），生活·读书·新知三联书店1984年版，第208页。

> 我翻开历史一查,这历史没有年代,歪歪斜斜的每页上都写着"仁义道德"几个字。我横竖睡不着,仔细看了半夜,才从字缝里看出字来,满本都写着两个字是"吃人"!

对那些维护封建礼教的卫道士,鲁迅予以警告说:

> 你们立刻改了,从真心改起!你们要晓得将来是容不得吃人的人。①

《狂人日记》是在新文化运动倡导民主、科学的时代精神感召下而创作诞生的,是一篇振聋发聩的讨伐封建礼教的战斗檄文。此后,鲁迅在《新青年》上陆续发表了《孔乙己》《阿Q正传》《药》等许多优秀白话文作品,批判封建旧道德,反映国民性弱点,用以唤起民众的觉悟,以自己的作品为文学革命树立了典范,为中国新文学的发展奠定了稳固基础。在鲁迅等人的影响下,中国涌现出一大批新文学作家。

在创作白话文作品的同时,鲁迅与那些嘲笑和鄙视白话文的"文人雅士"也展开了坚决的斗争。他在《新青年》第六卷第五号上发表的《现在的屠杀者》一文中说:

> 高雅的人说,"白话鄙俚浅陋,不值识者一哂之者也"。
> 中国不识字的人,单会讲话,"鄙俚浅陋",不必说了。"因为自己不通,所以提倡白话,以自文其陋"如我辈的人,正是"鄙俚浅陋",也不在话下了。最可叹的是几位雅人,也还不能如《镜花缘》②里说的君子国的酒保一般,满

---

① 鲁迅:《狂人日记》,《鲁迅全集》(第一卷),人民文学出版社1981年版,第425、431页。
② 《镜花缘》,长篇小说,清代李汝珍著,一百回。这里所引酒保的话,见于该书第二十三回《说酸话酒保咬文　讲迂谈腐儒嚼字》。"君子国"应为淑士国。

口"酒要一壶乎,两壶乎,菜要一碟乎,两碟乎"的终日高雅,却只能在呻吟古文时,显出高古品格;一到讲话,便依然是"鄙俚浅陋"的白话了。四万万中国人嘴里发出来的声音,竟至总共"不值一哂",真是可怜煞人。

鲁迅说,这样的人分明是:

> 做了人类想成仙;生在地上要上天;明明是现代人,吸着现在的空气,却偏要勒派朽腐的名教,僵死的语言,侮蔑尽现在,这都是"现在的屠杀者"。杀了"现在",也便杀了"将来"。——将来是子孙的时代。[①]

在嬉笑怒骂之后,鲁迅尖锐地指出,文学必须彻底改变这种僵腐的语言,用人民的生动的语言写文章。不仅如此,鲁迅还更为深刻地指出,文学革命的目标并不只是提倡白话文,还要改良思想。"倘若思想照旧,便仍然换牌不换货",所以"改良思想,是第一事"[②]。鲁迅这种集形式革新与内容革新于一体的思想,将新文化运动的文学革命推向更深层次。

20世纪初叶的新文化运动,是中国近代历史上一次伟大的思想解放运动,被誉为"中国的文艺复兴和启蒙运动"。它以前所未有的姿态和力度冲击着旧思想、旧观念、旧体制、旧传统,突破了持续两千多年的封建禁锢,打破了中国社会的沉闷空气,有力地打击和动摇了封建正统思想的统治。

新文化运动高举民主和科学的大旗,对中国封建传统文化进行勇猛冲击,掀起了一股思想解放的大潮,使人们的思想得到一次大解

[①] 鲁迅:《随感录》五十七,《鲁迅全集》(第一卷),人民文学出版社1981年版,第350页。

[②] 鲁迅:《渡河与引路》,《鲁迅全集》(第七卷),人民文学出版社1981年版,第34—35页。

放，使中华民族的精神面貌为之一振。

尽管初期新文化运动存在着主观主义、片面性和形式主义的偏向，如对以孔子为代表的中国传统文化批判与继承的关系处理不当等，但这一前所未有的启蒙运动，在促进广大民众思想觉醒，尤其是启发青年的民主主义觉悟方面发挥了巨大作用，唤醒了一代进步青年。在新文化运动的旗帜下，聚集了一支中国进步的社会力量，这不仅为五四运动的发动做了准备，而且为五四运动后马克思主义的传播创造了重要的条件。

北京，作为新文化运动的主阵地，在近代中国社会进步过程中起到了不可替代的重要作用，更因此积淀了深厚的文化底蕴。

第二章

思想革命,反帝爱国推进觉醒

北京，是五四运动的爆发地。

1919年5月4日，北京掀起了一场反帝爱国运动，史称五四运动。这是中国近代史上一次彻底的不妥协的反帝爱国运动。中国工人阶级以独立的姿态登上政治舞台，拉开了中国新民主主义革命的序幕。

正如习近平总书记指出的："五四运动，爆发于民族危难之际，是一场以先进青年知识分子为先锋、广大人民群众参加的彻底反帝反封建的伟大爱国革命运动，是一场中国人民为拯救民族危亡、捍卫民族尊严、凝聚民族力量而掀起的伟大社会革命运动，是一场传播新思想新文化新知识的伟大思想启蒙运动和新文化运动，以磅礴之力鼓动了中国人民和中华民族实现民族复兴的志向和信心。"[①]

北京作为五四运动的爆发地，以其强烈的爱国情怀和坚决的革命精神，在近代中国革命史上发挥了划时代的伟大作用。

[①] 习近平：《在纪念五四运动100周年大会上的讲话》，《人民日报》2019年5月1日第2版。

第一节　战胜国败在巴黎和会

五四运动的直接导火索，是巴黎和会上中国外交的失败。

1914年7月，史无前例的第一次世界大战爆发。这场世界大战是两个帝国主义集团，即以英、法、俄为首的协约国集团（日本、美国、中国等国随后加入）与以德、奥、意（后退出）为首的同盟国集团，为争夺和重新瓜分殖民地进行的一场非正义的战争。战争的结果是，德、奥两国惨败，被迫投降；英、法、俄三国的实力大为削弱；只有美、日两国在战争中得到不少好处。

这场战争改变了各帝国主义国家在中国的利益格局。特别是当欧洲列强忙于战场厮杀、暂时放松对中国的侵略时，早已觊觎中国的日本岂肯放过这种趁乱取利的大好机会。日本驻华公使日置益当时就大呼："战则大妙！"1914年8月23日，日本打着"承担日英同盟的义务""保卫东亚和平"的幌子，加入协约国对德宣战，随即日军两万多人在山东龙口登陆，进攻德国在胶州湾租借地青岛的驻军。北洋政府虽然对日本占领山东并非全然无所预料和担忧，但基于实力关系也无可奈何，只能划出所谓特别区域对日军的军事行动予以配合。11月7日，日军占领德国租借地胶州湾，德军对日投降。

按理说，日军是为对德作战而登陆山东半岛的，德国投降之日，就应当是日本撤军之时，但日本人的目的远非如此。1915年1月18日，以支持袁世凯称帝图谋为诱饵，日本驻华公使日置益向袁世凯政府提交了企图独霸山东半岛，进而吞并整个中国的"二十一条"，并要求袁世凯政府"绝对保密，尽速答复"。"二十一条"共分为五号，其中第一号就是关于山东的问题，要求北洋政府承认日本继承德国在山东的一切权益，山东省不得让与或租借他国；其余内容则是从政治、军事、财政、工业等方面对全中国进行控制的问题。显然，日本人的"二十一条"暴露出独霸中国的野心。

山东问题起始于1897年德国人强占胶州湾。胶州湾，位于山东半岛的南部，又称胶澳，是伸入内陆的半封闭性海湾和良好的不冻港，历来是军事要冲。德国地理学家李希霍芬3次到中国考察，称之为"中国最重要之门户"。1897年11月，两名德国传教士在山东巨野的教堂被杀，成为轰动一时的"巨野教案"。虽然清政府尽力配合德国政府的要求查案惩凶，但德国仍以保护德侨民为由出兵占领胶州湾，并以武力相威逼，强迫清政府签订《中德胶澳租界条约》。由此，德国垄断了山东的经济命脉和重要资源，山东全省成为德国的势力范围。

袁世凯心中非常明白，签订"二十一条"，虽然可以让日本支持其称帝，却会引起中国百姓的民族情绪，还会引起其他帝国主义国家的不满。因此，在谈判之初，一再请求日本政府"原谅中国政府实在为难情形，勿过坚持"，"请留亲善余地"。

3月7日，日本驻华公使日置益因坠马受伤而不能到原定地点去谈判。按照常理，日方应当重派代表参加谈判或暂时中止谈判，但日方却深恐谈判拖得太久会遭英、美等国干涉，因而向北洋政府提出：日公使受伤不能下床，请外交次长曹汝霖[①]和外交总长陆徵祥到日本使馆，在日本驻华公使日置益的床前设桌谈判。这种无礼要求显然是对中国的欺压与污辱，但北洋政府却答应了日本人的要求！因此，"二十一条"的谈判实际上是在日本驻华公使的床前达成的。

5月7日，日本政府向袁世凯政府下达最后通牒：如果北洋政府不迅速答应"二十一条"中的一、二、三、四号各项，及第五号中的福建问题，日本将可能采取非常手段。在日本的威逼利诱之下，5月9日，称帝心切的袁世凯下令中方代表除对第五号条款声明"容日

---

① 曹汝霖（1877—1966），字润田，上海人。曾任北洋政府外交次长、交通总长、财政总长等职，为"新交通系"首领。1915年在袁世凯授意下，与外交总长陆徵祥一起同日本谈判并签订丧权辱国的"二十一条"。后又与驻日公使章宗祥等按照段祺瑞的旨意，以出卖中国主权为代价，向日本政府大举借款。1919年五四运动后被免职。1966年死于美国底特律。

后协商"外，对日本的其余要求均予承认；5月25日，中日完成了签字换文。虽然袁世凯称帝的梦想很快破灭，他本人也一命呜呼，但"二十一条"却已成事实。后来，中国人就把"五七"或"五九"作为国耻纪念日。

袁世凯死后，段祺瑞任国务总理兼陆军总长，组织责任内阁，并力主加入协约国一方参战。1917年8月，北洋政府向德国宣战，成为第一次世界大战的参战国。段祺瑞亲自担任参战督办，向日本多次借款，由日本提供军火和教官，编练了3个师的参战军。参战军名义上是为参加第一次世界大战而建，但这支队伍并未实际参战。段祺瑞的真正目的是发展一支自己的嫡系军队，既可以巩固皖系军阀的统治，又可用来对付孙中山的南方军政府。

1918年11月，德国签约投降，第一次世界大战结束。虽然中国军队并没有卷入实战，但有约14万的中国劳工在欧洲战场上为协约国军队服务。中国理所当然是战胜国。

因此，当第一次世界大战结束的消息传来，北洋政府宣布放假3天，上万人上街提灯庆祝，上海等不少城市的人们举行了各种形式的庆祝活动。从1840年以来，中国人还没有过这样胜利的感受。

美国总统威尔逊在战争结束当天发表的演说，更令中国人兴奋不已。在演说中，威尔逊提出谋求世界和平的14条，内容包括"不得秘密外交""尊重殖民国家和被殖民国家的意见""国无大小一律享有平等之权利"，要以"公理"取代"强权"等。

美国人所展示出来的平等与友好的观念，让中国人对民族的未来充满了希望。中国将不再受欺凌，终于可以与列强平起平坐了！国内新闻界、出版界连篇撰文，宣称：中国由此转机，将废除不平等条约，"挽百十年国际上之失败""与英、法、美并驾齐驱"了。北京的一些学生兴高采烈地跑到美国大使馆门前高呼："威尔逊大总统万岁！"

但是，中国人的梦想很快就被无情的现实击得粉碎。

1919年1月18日，第一次世界大战的战胜国在巴黎凡尔赛宫召开和平会议。巴黎和会标榜"保证国际的和平与安全",实际上却是一次帝国主义国家重新瓜分世界的分赃会议。参加会议的有27个国家,代表共1000多人。和会最初成立一个"十人会议",由美、英、法、意4国首脑和外长及日本两个特别代表组成。后来,又成立"四人会议"(由美、英、法、意四国首脑组成)和"五人会议"(由美、英、法、意4国外长和日本代表组成),成了会议的决策机构,一切重大问题皆由他们决定,其他国家只有在讨论到和其有关的问题时,才能列席。[①]从这种机制可以看出,操纵会议的是美、英、法等国家。

中国在开会前就受到打击。按照英、法两国对中国的承诺,战后将按大国对待。听说参会国分三等,分别派5名、3名和2名代表参会,中国政府想当然地认为,中国是大国又是战胜国,理应有5位代表参加会议,因此派了外长陆徵祥、驻美公使顾维钧、驻英公使施肇基、驻比公使魏宸祖、南方军政府代表王正廷5人如期抵达巴黎,陆徵祥为首席代表。但到了巴黎却接到通知,说中国只能有2个代表名额。这令外交总长陆徵祥很是沮丧也很为难,虽力争却无任何结果,最后只好决定5位代表轮流出席会议。

巴黎和会一开始,中国代表团就向会议提出3项提案:一是针对帝国主义国家在华特权,提出7项希望条件,包括废弃势力范围、撤退外国军队和巡警、裁撤外国邮局及有线无线电报机关、撤销领事裁判权、归还租借地、归还租界、关税自由权;二是要求取消1915年日本与袁世凯签订的"二十一条";三是要求归还日本在大战期间抢占的原德国在山东的租借地、铁路、矿山等各种权益。

当时,中国人对巴黎和会寄予了很高的期望,希望可以借此一揽子解决鸦片战争以来一系列不平等条约带给中国的不公正后果,期待世界真的能够通过这次会议达到公理战胜强权的目标。

---

① 沙健孙主编:《中国共产党史稿(1921—1949)》第一卷,中央文献出版社2006年版,第130页。

巴黎和会会场

然而，期望越高，失望就越大。中国代表团的前两项提案一经提交，就遭到拒绝。和会最高会议的会议长、法国总理克里孟梭在给中国代表的信中说："充量承认此项问题之重要，但不能认为在和平会议权限以内。"①

这样，中国代表所能争取的，只有山东问题了。

1月27日，在讨论山东问题时，中国代表顾维钧据理力争，阐述中国对山东半岛的权益，要求将德国在山东侵占的一切权利直接归还中国。这位才华出众的哥伦比亚大学高才生情理并具的阐述，当时引起各国代表的强烈共鸣，但遭到日本代表的坚决拒绝。日本代表声称"胶州湾租借地以及铁路并德人在山东所有他种权利，应该无条件让与日本"，并强词夺理地援引1918年与北洋政府签订的关于山东问题的换文，当作他们永久霸占山东的依据。日本代表还态度强硬地威胁

---

① 沙健孙主编：《中国共产党史稿（1921—1949）》第一卷，中央文献出版社2006年版，第131页。

说，如果在中国山东的利益不能保证，他们将不在和约上签字，甚至离会而去。4月17日，美国代表提出一个折中方案：日本在山东半岛的利益可暂由五国共管，但这一建议也遭到日本拒绝。

考虑到自身在远东的利益，英、美、法在日本的强硬态度下妥协，于4月30日最后议定了巴黎和约关于山东问题的条款。其中，第156条规定，德国将"所获得之一切权利所有权及特权，其中以关于胶州领土铁路矿产及海底电线为尤要，放弃以与日本"；第157条规定，"在胶州领土内之德国国有动产及不动产""均为日本获得"；第158条规定，"德国应将关于胶州领土内之民政军政财政司法或其他各项档案、登记册、地图、证券及各种文件，无论存放何处，自本约实行起3个月内移交日本"①。上述条款满足了日本的要求，完全牺牲了中国的权益。和会决定把上述内容作为正式条款写入大会签署的《凡尔赛和约》。

至此，中国在巴黎和会上的外交努力完全失败。

中国以战胜国的资格参加会议，得到的却是战败国的待遇，中国人民遭受了空前的奇耻大辱。然而，当陆徵祥将这一情况上报北洋政府后，北洋政府竟通电中国代表准备在和约上签字。

这样的结果，太出乎人们意料了。

中华民族昔日的辉煌同任人宰割的现实、作为战胜国民众的正当要求与软弱无能的军阀政府之间所形成的强烈反差，使每个有血性的中国人对这种屈辱和不幸格外感到无法忍受。

当巴黎和会外交失败的消息传来，激起了全国人民的极大愤慨，蕴藏在人民心里的反帝怒火像火山一样爆发出来。

于是，一场注定将影响中国历史发展方向的反帝爱国运动，就这样在北京拉开序幕。

---

① 王芸生编著：《六十年来中国与日本》第7卷，生活·读书·新知三联书店1981年版，第310页。

第二节　五四风雷震撼神州

1919年5月1日，北京的《中国时报》刊出中国外交代表团发回国内的报告，陈述了巴黎和会外交失败的原因。上海的英文报纸《大陆报》也刊出消息："关于索还胶州租借之对日外交战争，业已失败。"

也是在这一天，一直关注中国命运与巴黎和会进展的李大钊，在北京《晨报》副刊发表了《"五一节"（May Day）杂感》一文，提出，"五一节"是"世界工人的惟一武器——'直接行动'（Direct Action）造成的日子！"① "直接行动"的含义，就是不经当局同意批准，自发组织和行动起来进行反抗，以达到革命的目的。在五四前夕，李大钊第一次将"直接行动"的口号公开而鲜明地提了出来，为即将来临的五四运动革命风暴发出了战斗讯号！

5月2日，古都北京风和日丽，是一个看似很平静的日子。但是，就在这表面的平静之下，正酝酿着一场大风暴。

一大早，身着长衫、手提公文包的北大校长蔡元培急匆匆地来到校长办公室。他吩咐校工把一部分学生班长和学生社团负责人找来，给他们看北京《晨报》上刚刚发表的一篇文章，题为《外交警报敬告国民》。文章说："昨得梁任公先生巴黎来电略谓青岛问题，因日使力争，结果英法颇为所动，闻将直接交于日本云云。""今果至此则胶州亡矣，山东亡矣，国不国矣。"②

这篇文章的作者叫林长民，他是大总统徐世昌的顾问，又是外交委员会委员兼事务长。文章向人们传达了梁启超从巴黎传来的惊人消息：中国在巴黎和会上的努力最终失败，德国在山东的全部权益将不会交还中国，而是"让与"日本。证实了前一天《大陆报》刊载的

---

① 《李大钊全集》第二卷，人民出版社2006年版，第335页。
② 邵维正主编：《日出东方——中国共产党创建纪实》，人民出版社2011年版，第1页。

中国在巴黎和会外交失败的消息。

看到这一消息，学生们都震惊了！

"这是什么和会？"
"分明是强权战胜公理！"

在场的学生们义愤填膺，立即表示："我们必须立即请愿，阻止政府在协议上签字！"

当天下午，北京各校国民杂志社的100多名成员在北大西斋饭厅召开紧急会议。蔡元培在会上讲述了巴黎和会上帝国主义国家互相勾结、牺牲中国主权的情况，号召学生们奋起救国。听了蔡元培的讲话，学生们愤怒异常，他们决定把这个消息告诉所有北京大专院校的学生，然后采取集体行动。

5月3日，北京的报纸纷纷刊登了中国外交失败的消息，北京各中高等院校的校园内也贴出了壁报，通知当晚7点在北河沿的北大法科礼堂召开中等以上院校学生紧急大会，并邀请北京高师、工专、农专、法专等学校派代表或热心分子参加，讨论行动对策。当天晚上，1000多名北大学生和十几所北京高校的学生代表，陆续会集到北河沿的北大法科礼堂。晚上7点，会场人头攒动，气氛悲壮。

大会由前日推选出的临时会议主席、国民杂志社的易克嶷主持。《京报》著名进步记者邵飘萍[①]首先向到会学生报告了巴黎和会外交失败的情况，号召爱国学生挺身而出，"救亡图存，奋起抗争"。紧接

[①] 邵飘萍（1886—1926），原名镜清，笔名阿平，浙江东阳人。1905年考入浙江高等学堂。1912年被聘为《汉民日报》主编。1914年赴日本留学。1916年回国后被聘为《申报》驻北京特派员，并创办新闻编译社。1918年创办《京报》，自任社长，并倡议成立了中国第一个新闻学研究团体——北京大学新闻学研究会。1919年热烈支持五四运动，揭露曹汝霖等人的卖国罪行，后京报馆被反动当局查封。1920年复刊《京报》，发表了大量介绍宣传马克思主义学说和俄国十月革命的文章。1926年北京三一八惨案发生后，连续在《京报》发表评论，后遭奉系军阀逮捕；同年4月26日被以"宣传赤化"罪名枪杀。

着，张国焘、许德珩①、丁肇青、夏秀峰等人一个接一个地上台发言，痛批列强的虚伪面孔和侵略本质，斥骂北洋政府的软弱与卖国。讲到激昂之处，义愤填膺，声泪俱下。北大法科学生谢绍敏当场咬破中指，撕下衣襟，用鲜血写下"还我青岛"4个大字，高高举起，把会场气氛推向了悲壮激烈的高潮。鼓掌声、口号声此起彼伏，学生们的悲愤情绪达到了极点。学生们开始高呼：

"公理不是战胜强权了吗？"
"威尔逊总统的14条不是说各国平等吗？都是骗人的鬼话！"
"决不能让山东沦入侵略者之手！"
"还我青岛！还我山东！"
"我们要赶快行动起来阻止卖国的行径！"

当即有人在会上提议：

"必须惩罚当年签订'二十一条'的卖国贼曹汝霖和陆宗舆！"②
"绝不能饶过那个签订山东换文的章宗祥！"③
"章宗祥从日本回国时，留日学生把小旗子扔进他的车

---

① 许德珩（1890—1990），字楚生，江西德化（今九江）人。早年加入中国同盟会，参加过辛亥革命及讨袁运动。1919年参加五四运动，是著名青年学生领袖之一。五四运动后，任《全国学生联合会日刊》总编辑。1920年初赴法国勤工俭学。1927年曾任国民革命军总政治部代主任，后改任秘书长。1946年九三学社成立，被推选为理事，主持社务活动。中华人民共和国成立后，任第二至第七届九三学社中央主席、国务院水产部部长等职。1990年2月8日在北京病逝。

② 陆宗舆（1876—1941），字闰生，浙江海宁人。曾任北洋政府财政部次长、驻日全权公使等职。在袁世凯、段祺瑞授意下，多次办理向日本借款，出卖国家主权。1915年在东京与日本换文批准丧权辱国的"二十一条"。1919年五四运动爆发后被免职。1941年病死于北平。

③ 章宗祥（1879—1962），字仲和，浙江吴兴人。曾任北洋政府司法总长、驻日公使，多次与日本政府签订秘密协定，出卖国家主权。1962年病死于上海。

厢，我们也要把旗子扔进那三个卖国贼的家里去！"

这些提议立即得到全场学生的热烈赞同。
在热烈的气氛下，大会当场做出4项决定：

（一）联合各界一致力争；
（二）通电巴黎专使，坚持不在和约上签字；
（三）通电各省市于5月7日国耻纪念日举行群众游行示威活动；
（四）定于星期日（即4日）齐集天安门举行学界大示威。

这4项决定赢得全体学生的热烈响应。为了筹集游行经费，学生们开始自发捐款。银圆、钞票、铜圆以及手表、戒指、手巾、帽子等纷纷被掷到台上。会场上的爱国热情达到高潮，一直到晚上11点钟才结束。

会后，许多北大学生继续通宵达旦筹备第二天的活动，外校的学生代表回校组织第二天的示威活动。住在北大西斋学生宿舍的同学忙了一夜，他们有的准备宣言、电报、传单，计划游行的路线，有的准备大旗、小旗、标语，还有的同学把自己的白床单撕了写标语。

许德珩后来回忆说：

> 我于宣言写好后把自己的白布床单撕成条幅，书写标语，一直搞到天亮。有的同学咬破手指，血书标语。那时还没有"打倒帝国主义"的口号，集会的主要目的在收回山东主权，收回青岛，反抗日本，反对列强以及惩办卖国贼和军阀官僚，所有标语大都是写着："收回山东权利""惩办卖国贼""拒绝在巴黎和会上签字""内除国贼，外抗强权""中国是中国人的中国""废除二十一条""抵制日货"

等等句子。①

当晚,还有一些学生在进行着一个秘密的行动计划。大约12点多,工学会的秘密会议在北京高等师范学校操场旁边的一个小屋子里召开。他们从北大开会回来后,决定再讨论一下工学会在这次行动中应当发挥什么样的作用。北京高等师范学校的匡互生②和周予同等几个同学都主张,应当采用更为激烈的手段对付那几个卖国贼。

为了保证所有学校的学生都知道游行的计划,5月4日上午10点钟,北大学生又召集各校代表十几个人在法政专门学校开会,安排后几天的活动,尤其是当日下午的游行。会上,学生们讨论了游行示威的进行办法,提出"外争主权,内除国贼"的口号,推举北大新潮社的段锡朋、傅斯年为天安门集会主席和游行总指挥。

当一切就绪后,学生代表们各自回校。下午,一场声势浩大的反帝爱国大游行,正式拉开了帷幕。

1919年5月4日,北京大学学生游行队伍向天安门进发

---

① 许德珩:《五四运动六十周年》,《五四运动回忆录》(续),中国社会科学出版社1979年版,第52页。

② 匡互生(1891—1933),字人俊,号务逊,又号日休,湖南邵阳人。自小习文练武,有一身好功夫。1915年入北京高等师范学校学习。1919年积极参加五四运动。1920年参加湖南各界驱逐都督张敬尧运动。1933年4月在上海病逝。

5月4日下午1点30分，北京13所大中专学校3000多名学生，按照约定齐集天安门前。学生们举着旗帜和标语，上面写着"誓死力争""保我主权""诛卖国贼曹汝霖、陆宗舆、章宗祥""头可断，青岛不可失""取消二十一条"等。其中，前一天晚上谢绍敏写下的血书"还我青岛"格外显眼。最引人注目的是金水桥南竖起的一面长方白布旗，上面写着一副挽联：

卖国求荣，早知曹瞒遗种碑无字
倾心媚外，不期章惇余孽死有头
——北京学界泪挽曹汝霖陆宗舆章宗祥遗臭千古[①]

这副挽联是用曹操（阿瞒）来骂曹汝霖是卖国的奸臣之后。章惇是被司马光骂为"大奸"的北宋大臣，这里显然是在骂章宗祥是章惇的后代。

各校学生聚齐后大会召开。一些学生代表登上事先放好的桌子进行演讲。虽然当时没有扩音设备，但在场的人都能感受到发言者激昂的情绪。他们多是声讨日本人的侵略以及当时负责签署"二十一条"的曹汝霖等人的卖国行径，号召同学们与山东共存亡。在演讲的过程中，学生们还散发了许多传单。

北大国民杂志社的《北京学生界宣言》是用文言文写的，由许德珩起草，宣言中写道："山东亡，是中国亡矣！我国同胞处其大地，有此山河，岂能目睹此强暴之欺凌我，压迫我，奴隶我，牛马我，而不作万死一生之呼救乎？"[②]

新潮社的《北京学界全体宣言》是用白话文写的，由罗家伦起草，宣言中写道：

---

① 邵鹏文、郝英达：《中国学生运动简史（一九一九—一九四九年）》，河北人民出版社1985年版，第43页。
② 《五四爱国运动资料》，科学出版社1959年版，第181页。

现在日本在万国和会要求并吞青岛，管理山东一切权利，就要成功了！他们的外交大胜利了！我们的外交大失败了！山东大势一去，就是破坏中国的领土！中国的领土破坏，中国就亡了！所以我们学界今天排队到各公使馆要求各国出来维持公理，务望全国工商各界，一律起来设法开国民大会，外争主权，内除国贼，中国存亡，就在此一举了！今与全国同胞立两个信条道：

中国的土地可以征服而不可以断送！
中国的人民可以杀戮而不可以低头！
国亡了！同胞起来呀！①

　　天安门前围观的群众越聚越多，都为学生们的爱国情绪所感染。会后，浩浩荡荡的游行队伍开始向位于东交民巷②的使馆区行进。学生游行途中，有许多市民、工人、商人自动加入游行队伍，同呼口号，激愤异常。

　　很快，游行队伍来到了东交民巷。这儿的使馆区四周筑起高墙，墙上布满炮位、枪眼，墙内设有美、法、英、德、俄、意、日七国兵营，墙外操场上竖着"保卫界内，禁止穿行"的标牌，非常醒目，俨然是中国人不得随意通行的"国中之国"。

　　当学生队伍游行至东交民巷西口，就被铁栅栏挡住了，使馆区显然已经有了充分的准备。学生们推选了罗家伦等4人为代表，进入使馆区准备向美、英、法、意四国公使当面递交事先写好的关于山东问题的意见书，希望各国能主持正义，支持中国人民收回山东权益，但

---

① 《每周评论》，1919年5月11日。
② 东交民巷原名叫东江米巷，全长近3千米，西起天安门广场东路，东至崇文门内大街。第二次鸦片战争后，各国相继在北京派驻使节，就在此处设立使馆。渐渐地，这里洋房林立，形成北京的使馆集中区。自1901年《辛丑条约》签订后，规定各国各自驻兵护卫使馆，中国人一概不准在界内居住。1901年5月，列强又与清政府签订《北京各国使馆界址四至专章》，划定使馆区的具体范围，建立正式的使馆区。

四国使馆的工作人员都说公使外出了，不能接收意见书。学生代表们跑了一圈，无功而返，就同巡捕交涉，要求让游行队伍从使馆区通过，使馆区的巡捕却说，必须有大总统的同意才行。然后，说要用电话去和总统府联系一下，但去了两个小时也没见回来。

学生们在东交民巷西口顶着烈日站了两个多小时，情绪开始越来越激动："自己国家的领土自己竟无权通过，这是什么道理！什么王法！""我们到使馆区来递交意见书，公使'一个都不在'，巡捕还防范森严，不让游行队伍通过。这明摆着就是警局事先通风报信了。"

说到这里，学生们个个义愤填膺，怒火万丈。不知谁开始喊：到曹汝霖家去！这一提议立即得到广泛响应。

游行的人群开始向曹汝霖家的方向行进，从东交民巷西口转走户部街，再向东穿过富贵街、东三座门大街走上长安街，再经米市大街、石大人胡同、大羊宜宾胡同，直奔位于赵家楼胡同的曹汝霖家。在行进的过程中，学生们沿街散发传单、高呼口号，激励同胞们行动起来，挽救危亡的中华，不少围观的市民积极响应和支持，也加入了游行队伍。

曹汝霖在袁世凯时代任外交次长，是中日"二十一条"谈判的主事人。这个政坛不倒翁早先是留日学生，与日本金融界和政界往来密切。当天曹汝霖并不在家，大总统徐世昌为刚刚归国的驻日公使章宗祥接风，曹汝霖作陪。正吃饭时，学生上街游行并要求惩办卖国贼的消息就传到了总统府。当时席间其他人都劝曹汝霖暂时不要回去，先躲避一下，但曹汝霖却认为，一群赤手空拳的学生不能把他怎么样，还邀了章宗祥去他家一叙。

大总统徐世昌对学生发起游行的态度，在一定程度上是乐见其成的。一方面，巴黎和会上的外交失败令他感到沮丧，在列强的压力下虽然选择了妥协，但他又不甘心就这样命令巴黎的中国专使在协议上签字。学生一闹，他至少可以对列强有个托词。另一方面，徐世昌早对皖系把持军政大权有所不满。学生们起来进行反日游行，必然对一贯亲日又全权经手对日系列借款协定的段祺瑞一派构成打击。再说，学生毕竟是学生，就是闹一闹。近几年学生的爱国游行已经有过不少次，也没出过什么大乱子。

于是，他让当时也在场的北洋政府国务总理钱能训打电话给警察厅的吴炳湘总监，命令他解散游行队伍，但同时也说要尽量文明对待游行的学生。

下午3点多钟，曹汝霖和章宗祥回到曹府。他们所以敢坦然地回到曹府，是因为他们认为学生只是请愿抗议而已，不会有什么太激烈的行动，对付起来应该不成问题，况且大总统已下令解散游行队伍。为了保障曹府的安全，吴炳湘还加派了200名军警在曹宅院内外把守。4点多钟，游行的学生高喊着"打倒卖国贼"等口号到达赵家楼胡同。

曹汝霖的住宅是一座中式的平房院落，共有东西两院，中间由月亮门连接，高高的院墙上有装着铁栅栏的窗户。学生们高呼着口号到达赵家楼胡同时，曹宅门窗紧闭。

不一会儿，愤怒的学生就挤满了赵家楼胡同。他们高喊着："卖国贼曹汝霖滚出来！"在同学们和军警吵嚷之际，高师学生匡互生打碎围墙窗户上的玻璃，用力拉弯窗栅上的钢筋，翻进院子，打开大门，学生们拥了进来。

正在客厅里的曹汝霖等人听到学生们闯进来了，一下慌了神。曹汝霖情急之中躲进卧室旁边的箱子间，章宗祥被一个仆人拉着藏进曹家的地下锅炉房。学生们拥进曹宅，却不见曹汝霖，就烧了曹宅，这就是"火烧赵家楼"事件。而躲在锅炉房里的章宗祥看到浓烟，立刻从地下室里跑了出来，被学生们痛打一顿。大批军警赶到后，捕走32名学生。

32名同学被捕了，接下来该怎么办？

5月4日晚，各校学生召开大会，讨论营救被捕同学的办法。有的同学提出以集体"自首"的办法营救被捕的同学。当晚，北大学生干事会成立，上百名同学踊跃参加。他们分别担任起总务、会计、文书、交际、演讲、纠察等事务。邓中夏①和黄日葵②等都参加了文书组的工作,负责编辑《五七》小报。清华留美预备学校二年级学生闻一多连夜抄录岳飞的《满江红》,贴在饭厅门口,表示收复失地的决心。

5月5日上午,北京各大专院校学生代表召开会议,决定自即日起各高校学生全体罢课,并通电社会各方面请求支援。下午,各校学生又在北大法科礼堂召开全体联合大会,传达了上午会议的情况,并报告了营救被捕同学以及坚持要求罢免曹汝霖、章宗祥、陆宗舆3人职务的办法。会上,许多学生发表了慷慨激昂的演说,并积极地展开捐献。学生们从会上得知,他们的行动得到全社会的同情与声援,越发团结一致,斗志昂扬。有一个学校的学生代表,血书"杀卖国贼"4个大字,悬挂在会场上。5月6日,北京中等以上学校学生联合会宣告成立。

学生被警方逮捕,校方没有坐视。北大校长蔡元培5月4日当晚就参加了北大的学生大会,他劝学生不要再接连开会,应继续正常上课,营救被捕同学的事情由他来负责。但学生们坚决地表示,要营救被捕的同学,达到这次行动的目的,就必须进一步组织起来。

5月5日上午,教育部向各校校长下达命令,要求他们把为首"闹事"的学生全部开除,十几所学校没有一个校长照办。

下午,十几个学校的校长和蔡元培一起,参加了学生在北大法科礼堂的大会,并组成了以蔡元培为首的校长团。校长们都认为,此次

---

① 邓中夏(1894—1933),原名邓康,湖南宜章人。1917年入北京大学学习。1919年发起组织北京大学平民教育讲演团,并参加五四运动,任北京学生联合会总务干事。1920年发起并参加北京大学马克思学说研究会,后加入北京的共产党早期组织。1921年创办长辛店劳动补习学校。1922年任中国劳动组合书记部主任。1923年发动和领导了京汉铁路工人大罢工。1927年在中共五大上当选为中央委员。1933年在上海被国民党政府逮捕,9月21日在南京就义。

② 黄日葵(1898—1930),又名一葵、野葵,广西桂平人。1917年赴日本留学。1918年回国入北京大学学习。1919年参加五四运动,曾任《全国学生联合会日刊》编辑委员、《少年中国》杂志编辑部副主任。1920年参与发起成立北京大学马克思学说研究会,后加入北京的共产党早期组织。1923年任中共北京地方执行委员会宣传委员。1927年参加南昌起义。1930年12月24日在上海病逝。

事件不应让少数学生负责。学生虽有过激行为，但均出于爱国之心，政府应当立即释放被捕学生。

会后，校长团开始为解救被捕学生而奔走。他们集体去见大总统、总理、教育总长以及警察总监，要求释放学生，表示如果学生得不到释放，所有学校的教职员工就全体罢职。

学生被捕的消息传开后，其他各界也纷纷对政府的做法表示不满。北京《晨报》于5月6日报道说：

> 学生被拘之事，北京各界对之皆极不平。昨日商会农会等团体皆开会议决通电各省，宣告情形并请联络，一致作山东问题之后援。又国民外交协会昨日开特别会议，举定代表往谒当局，请将学生释放云。又旅京鲁省同乡，昨午后邀同山东国会议员及现在来京之山东省议会议长，在英子胡同开会，亦对于此事有所讨论，议决下四项：（一）参众两院议员中派二人同山东省议会二议长，谒见总统，求速释被捕学生；（二）到警厅与步军统领衙门安慰被捕学生……

无论是真正同情爱国学生，还是担心学生再闹出更大的乱子，社会舆论都倒向了要求释放学生一边，就连安福国会的议员，也有不少人表示要因此而弹劾政府。他们在向政府提交的质问书中说，"若必将逮捕少数学生，按寻常违法治罪，则恐惹起绝大风潮而后患将不堪设想"，故"为息事宁人计，必有适当措置，然后可以弭患于无形"。

面对这种事态，北洋政府也在谋划着对付学生的办法。由于军阀之间存在着各种利益冲突和矛盾，对待学生运动的态度也很不一致。操纵实权的段祺瑞、徐树铮、京畿警备总司令段芝贵及曹汝霖、章宗祥等人，主张送交司法部门审理；而没有实权的大总统徐世昌、教育总长傅增湘等人，则担心事情闹大，"后果不堪设想"，主张采取怀柔、软化的政策。

5月6日晚上，警察总监吴炳湘向蔡元培提出两个释放学生的条件：一是第二天不许学生参加原定各界要在国耻日举行的群众大会；二是各校5月7日必须复课。蔡元培答应了这两个条件。

第二天，各校学生在校长们的劝说下复课了。当同学们来接他们出狱时，许多被捕的学生认为，"我学生多拘一天，则国民多一次刺激，甚至我三十二人被杀，其刺激甚大，坚不肯出"。后来，经同学们再三劝慰才返校。①

十几所高校的学生们像迎接英雄一样把32位同学接回学校，庆祝斗争的胜利。蔡元培和北大的全体学生隆重迎接获释返校的同学。当年的北大学生许德珩后来回忆当天的情景说：

> 我们是在五月七日上午十一时许被释放的。北大全体学生都在汉花园红楼北面的广场上等候我们的归来。不知道从什么地方借来了三辆小汽车，我们就是分别坐着这三辆小汽车回来的。广场上放着五张方桌，我们被捕的北大同学大约十二三人，都站在方桌上和同学们见面。蔡校长也在场。大家的情绪都万分激动，被捕同学没有一人说话，蔡元培校长讲了几句安慰并勉励的话，大家激动得热泪交流。②

北京高等师范学校的师生也热烈地欢迎了被释放的同学。一位当时的被捕学生陈荩民后来回忆说：

> 我们北京高师被捕的学生共有八人，五月七日由警察厅派两辆车子送我们回校。刚到校门口，就被欢迎的同学和临近的居民围住。我们一下车，就给戴上大红花，把我们一个个抬起来，高高举起，并为我们拍摄了两张照片（这两张照片，我一直珍藏到现在）。群众的爱国热情倾注在我们被捕

---

① 《释放学生之经过》，上海《民国日报》，1919年5月10日。
② 许德珩：《五四运动六十周年》，《五四运动回忆录》（续），中国社会科学出版社1979年版，第56—57页。

获释者的身上。我们能获释返校,这是群众的力量,这是全国人民的胜利,使我受到深刻的教育,终生难忘。①

五四运动中高师被捕学生释放后合影

被捕的学生获释了。这是广大学生和社会各界的共同胜利。但是,事情还远未结束,更大的革命浪潮接踵而来。

---

① 陈荩民:《回忆我在五四运动的战斗行列里》,《五四运动回忆录》(续),中国社会科学出版社1979年版,第94页。

第三节　斗争怒潮席卷全国

五四运动在北京爆发后，如同燎原之火，迅速席卷全国，各地纷纷响应，先后以不同规模和各种形式，展开了反帝爱国斗争。

最先起来响应的是天津、山东和上海等地。

天津毗邻北京，是北方最大的商埠，对政局和社会动向比较敏感。5月5日，天津报纸就登出了北京游行示威和学生被捕的消息，北洋大学的学生当天就给北京大学发电报，声援他们的斗争，并表示采取一致行动；中等以上学校的学生5000人在南开学校集会，商议营救北京被捕学生的办法。7日，各校为不忘国耻而集会，并举行了反帝爱国游行示威。

山东是直接受帝国主义侵略和迫害的地方，各界群众对中国在巴黎和会上的外交失败有切肤之痛。早在4月中旬，山东各界就召开过有数万人参加的国民请愿大会，并向北京派出了常驻的请愿代表，甚至推选代表前往欧洲直接向中国代表团和巴黎和会请愿，要求收回山东主权。五四运动爆发的消息传到山东，青年学生立即上街宣传，广大群众的斗志更为振奋。5月7日，山东各界62个团体3万人在济南召开国耻纪念大会，并向全国发出通电，坚决要求收回主权，惩办卖国贼，释放爱国学生。

上海是新思潮十分活跃的地区，具有光荣的革命传统。北京爆发五四运动的消息传到上海，许多学校发出通电，支持北京学生的爱国运动，谴责北洋政府庇护卖国贼、镇压学生的行为。5月7日，上海各学校、各团体在公共体育场召开了有2万多人参加的国民大会，各界代表做了慷慨激昂的发言，抗议青岛沦入日本人之手，痛斥政府逮捕爱国学生，全场齐呼"还我青岛""废除密约"等口号。大会当场决定，通电巴黎的中国代表团拒绝签字。会后，全体参会人员一起上街游行。

在各地反帝爱国运动相继兴起之时，北京学生的斗争仍在深入发展。

此时，以北洋政府为代表的反动势力，既对五四爱国运动的爆发感到十分恐惧，又不甘心在爱国学生面前败退。在被迫释放被捕学生的同时，宣称要将被释放学生送交法庭讯办，并把责任归咎于北大校长蔡元培。

5月9日，北洋政府以为风潮已过，便连下3道命令：一是查办北大校长（又中途收回）；二是将学生送交法庭；三是整饬学风。同日，蔡元培被逼辞职，南下出走。

蔡元培辞职的消息不胫而走，引起教育界很大震动。北京各校师生立即掀起挽留蔡元培的斗争，各大专学校的校长也为挽留蔡元培而一致提出辞呈。在学生们再一次总罢课的威胁和社会舆论的压力下，政府不得不答应师生们的要求。

5月14日，徐世昌被迫以大总统的名义下达了慰留蔡元培的命令。蔡元培看到政府的挽留信后表示，不愿再回到北大，后经多方劝说，终于答应几个月后再回北大任职。

但是，让师生们没有想到的是，北洋政府同时还下达了另外两个命令：一个是对曹汝霖等人挽留的命令；另一个是镇压学生运动的命令，严令军警在以后"遇到纠众滋事不服弹压者"，要"依法逮捕"，各学校要约束学生不得干预政治，有不听劝诫滋事者开除。这两项命令，使政府的反动本质暴露无遗。

对政府的上述行为，师生们感到非常愤怒。5月17、18日，北京中等以上学校学生联合会连续开会，决定19日起全体罢课，抗议政府的上述两项命令。

在此期间，郭钦光事件，又引发一波抗议新浪潮。

郭钦光是北大的预科生，5月4日当天，抱病参加了游行示威活动。他曾患过肺病，在5月7日病愤交织，吐血身亡，成为五四运动期间的第一位烈士。5月18日，5000多名各校学生在北大法科礼堂举行郭钦光追悼大会。

在北大法科礼堂郭钦光的遗像两旁，写着"力争青岛　死重泰山"8个大字，社会各界送来了3000多副挽联。北大学生代表、留日学生总代表、妇女团体代表以及其他各校爱国师生代表，都参加了追悼会并上台演讲。最后发言的一位妇女代表在演说之际放声痛哭，引得全场人泪如雨下。一位学生代表演讲结束时，把自己所戴的当时最流行的东洋草帽当众扯碎。顿时，有数百人扔掉了自己的日式帽子，高呼"抵制日货"等口号，全场口号声响成一片。

郭钦光去世的消息传开后不久，全国各地相继举行悼念活动。广州50余所学校5000多名学生，在广东高等师范学校冒雨举行郭钦光追悼大会。上海学生及工商界也相继会集在西门公共体育场，悼念郭钦光。一位爱国学子故去，激励了千万人奋起，推动着反帝爱国斗争进一步高涨。

5月19日，北京25000名学生举行总罢课，并组织时事演讲团。学生们每10人一组，号称"十人团"，上街宣讲青岛问题和中国政治形势。学生们的演讲受到各阶层民众的欢迎，每次听众都会越聚越多。有许多人边听边感动得流泪，还有不少百姓为他们送茶慰问。

在实行总罢课的同时，北京学生界联合商界成立了国货维持会，向群众宣传爱国用国货，迅速波及全国。上海、杭州、武汉等地都举行规模超过万人的焚烧日货的集会。北京总商会还召开全体大会，共同决定"一律停止贩运日货，违者从重议罚"、"不用日钞"、"不阅读日本人办的报纸"和"不在该报登广告"等。北京的学生出版了《五七日刊》，还成立了护鲁义勇队，在校内进行操练，准备武力保卫山东。清华的学生还聘请了教官讲授枪法、战术等军事学理论。

天津、上海、南京、杭州、重庆、南昌、武汉、长沙、厦门、济南、开封、太原等地学生，在北京各校学生罢课以后，先后宣告罢课，支持北京学生的斗争。

学生的爱国行动，赢得了全社会民众普遍的支持，也引起北洋政府和外国列强的恐慌。

5月21日，日本公使向北洋政府提出居高临下、蛮横无理的照会，说北洋政府若放任学生的反日风潮，将"不仅酿成贵国内政上意外之扰乱,且引起两国国家上重大之交涉,深堪忧虑。兹特照请贵国政府,于此时深加考量,速筹适当之处置"。陈独秀在《每周评论》上说,这一照会"不是对等国的口气,简直是中央政府对于地方长官申饬的命令,未免太不客气了"。

在学生运动初期,英美抱着隔岸观火的态度对运动给以同情。当运动进一步扩大时,它们开始担心自身利益受损。很快,它们也开始要求北洋政府与美国公使会同调查,提出在抵制日货中其侨民的人身与财产安全状况"如有损失,应予赔偿"。

5月22日,京师警察厅决定对《晨报》《国民日报》等进行新闻检查,并查禁了《五七日刊》等一批报刊。23日,北洋政府内务部训令京师警察厅取缔"京师地方排日风潮"。

从5月25日这一天开始,北洋政府以大总统名义向全国下了一道严厉镇压爱国运动的命令。军警的马队天天在街上严加巡逻,再次开始逮捕演讲、集会的学生。学生们并没有屈服,不能上街演讲,他们就去街上卖国货抵制日货。许多学生在公园、市场里边,手拿布袋,写着"提倡国货"4个字。游客之中,10个总有8个买的,学生的爱国行动感染了许多民众。

6月1日,北洋政府为了彻底取缔学生运动,以大总统名义接连下了两道命令。第一道命令是为曹汝霖、章宗祥、陆宗舆3个亲日派公然辩护;第二道命令是强令取缔爱国活动,要求教育部切实查禁学生组织的义勇队、联合会,对"纠众滋事,扰及公安者",要依前令逮捕法办。

这分明是黑白颠倒,卖国有功、爱国有罪!反动当局的倒行逆施,激起爱国学生更大的抗争。学生们决定,从6月3日起恢复一度中断的街头演讲。如果被捕,就加倍出动,直至反动军警把全体学生都捕完。

6月3日,2000多名学生涌上街头,开展大规模的公开演讲活动。他们慷慨激昂地向民众宣传救国、救山东的道理,晓之以理,动之以情,感染了许多民众。军警对学生的行动采取了严厉的措施,不但手持武器冲散聚集的人群，还当街逮捕了170多人。北大法科礼堂被当作临时监狱，学校附近还驻扎着大批军警，戒备森严。4日，又有4000多名学生上街演讲，被军警逮捕700多人，北法科礼堂容纳不下，又将位于马神庙的北大理科宿舍也用来关押学生。

6月4日下午，北京学生被捕的消息传到当时全国最大的工业城市上海，具有光荣革命传统的上海工人阶级对北京学生的爱国行动表示深切的同情和支持。在关键时刻，上海工人挺身而出，自动举行声援学生的罢工，加入了反帝爱国斗争的行列，发动了意义深远的六五政治大罢工。

6月5日，上海日资纱厂2万多名工人首先实行罢工，声援北京学生的反帝斗争，接着印刷、面粉、机器、铁路、电车等各行业工人以及海员、店员相继罢工。6月10日，参加罢工的工人达六七万人。上海商界也于6月5日宣布罢市。

很快，工人大罢工、学生罢课、商人罢市的"三罢"斗争，像野火燎原般蔓延到全国20多个省区100多个城市。沪宁铁路和沪杭铁路工人、京汉铁路长辛店工人、京奉铁路①唐山工人、天津人力车夫、杭州工人、九江工人等大小近百个城市的工人先后举行罢工。商人罢市也迅速波及天津、济南、安庆、唐山、南京、宁波、扬州、厦门、杭州等大中城市。

北京产业工人的数量虽然不多，到1919年仅有2万人，但在官办的铁路和铁路工厂里比较集中。其中，长辛店铁路工厂就有工人3000人，他们成为五四运动中北京工人阶级参与爱国斗争的主力。五四运动爆发当天，当时设在长辛店铁路工厂的留法预备班半工半读的学生，与工厂艺员养成所（即技工训练班）、车务见习所（即行车人员训练班）的学生，一起赶到城内参加了游行。回到工厂后成立了"救国十人团"，并迅速扩大为学生和工人的联合组织，有500余工人

---

① 京奉铁路由北京前门东站至奉天（今辽宁沈阳）站，系由1881年的唐（山）胥（各庄）铁路先后向西、向东两端延伸，于1912年最后筑成全线通车，并与南满铁路接轨。干线全长842千米。

参加。上海工人大罢工的消息传到长辛店后,长辛店大街上即出现了工人游行。

就这样,五四运动突破了青年学生和知识分子的狭小范围,斗争的主力逐渐由学生转变为工人,运动的范围由北京扩大至全国,从而推动工人阶级成为运动的主力,开始以独立的姿态登上中国政治舞台。轰轰烈烈的五四运动进入了一个新的阶段。

这时,上海、天津的地方大员都急电北洋政府,建议迅速满足学生和民众要求,否则社会将出现大乱,无法收场。政局动荡震慑了北洋政府,6月10日,北洋政府迫于压力公开宣布罢免曹汝霖、章宗祥、陆宗舆。至此,五四爱国斗争取得了阶段性胜利。

6月11日,天津学生团为庆祝初步胜利合影留念

对外反对帝国主义的侵略,对内反对军阀政府、争取民主,是五四运动的两项主要任务。

当五四运动进入关键时刻,在青年中拥有很高声望的陈独秀不仅积极号召而且直接行动起来,投入到反帝爱国的行列中。6月上旬,陈独秀亲自起草拟定了《北京市民宣言》,并请胡适将它译成英文。

《北京市民宣言》中说：

中国民族乃酷爱和平之民族。今虽备受内外不可忍受之压迫，仍本斯旨，对于政府提出最后最低之要求，如左：

（1）对日外交，不抛弃山东省经济上之权利，并取消民国四年七年两次密约。

（2）免徐树铮、曹汝霖、陆宗舆、章宗祥、段芝贵、王怀庆六人官职，并驱逐出京。

（3）取消步军统领及警备司令两机关。

（4）北京保安队改由市民组织。

（5）市民须有绝对集会言论自由权。

我市民仍希望和平方法达此目的。倘政府不愿和平，不完全听从市民之希望，我等学生、商人、劳工、军人等，惟有直接行动，以图根本之改造。特此宣告，敬求内外士女谅解斯旨。

（各处接到此宣言，希即复印传布。）[①]

一天夜里，陈独秀和高一涵"到嵩祝寺旁边一个小印刷所去印刷这个《北京市民宣言》。因为这个印刷所是为北大印讲义的，夜里只有两个印刷工人在所内，工人们警惕性很高，把宣言印成后，又将底稿和废纸一概烧得干干净净"。

6月11日，陈独秀身先士卒，领着几个人出去散发《北京市民宣言》。据北大教授高一涵后来回忆，陈独秀带着他们一起到中央公园（今中山公园），趁着茶座上的人短暂离开时，"我们就把印好的《北京市民宣言》一张小传单放在没有人的茶桌子上，用茶杯压好，等到吃茶的人回到原桌子上来，看到传单，读后大声叫好，拍手欢呼"。

[①] 陈独秀：《北京市民宣言》（1919年6月9日），《陈独秀文章选编》（上），生活·读书·新知三联书店1984年版，第425页。

到了傍晚时分，陈独秀与高一涵、邓初去新世界游艺场散发《北京市民宣言》传单。他们在新世界的屋顶花园，看到下一层露台上正放映露天电影，于是趁着夜色把传单从上面撒下去。"那知道，我们正在向下撒传单时，屋顶花园的阴暗角落里走出一个人来，向陈独秀要传单看，陈独秀实在天真、幼稚，就从衣袋里摸出一张传单给那个人，那个人一看，马上就说：'就是这个。'即刻叫埋伏在屋顶花园暗地里的一伙暗探，把陈独秀擒住。"①

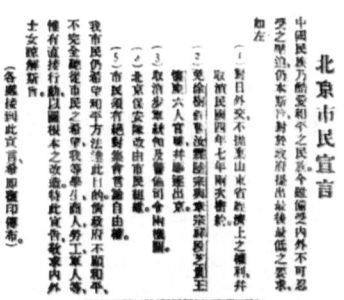

《北京市民宣言》

陈独秀被捕的消息迅速传遍各地，引起了社会各界的关注和义愤。

北京学生界致函"警察总监"和通电上海新闻界、教育界，呼吁对"提倡近代思潮最力之人"设法进行营救。李大钊在《每周评论》第30号上发表了《是谁夺了我们的光明？》，该文采用了读者来信的形式。有一位爱读本报的人来信说："我们对于世界的新生活，都是瞎子。亏了贵报的'只眼'②，常常给我们点光明。我们实在感谢。现在好久不见'只眼'了。是谁夺了我们的光明？"③

与此同时，国内其他团体如"国民大会上海干事部""安徽协会""中国工业协会"等，以及社会知名人士如胡适、章士钊、岑春煊乃至孙中山等，也以各种形式声援和营救陈独秀。

---

① 高一涵：《回忆李大钊同志》，《五四运动回忆录》（续），中国社会科学出版社1979年版，第117—118页。

② "只眼"是陈独秀当时所用的一个笔名。

③ 《李大钊全集》第二卷，人民出版社2006年版，第367页。

在被关押98天后，陈独秀被释放了出来。为庆祝陈独秀出狱，北大同学会当天召开了欢迎会，《新青年》第六卷第六号上发表了李大钊等写作的白话诗，其中李大钊的《欢迎独秀出狱》第一首写道：

> 你今出狱了，
> 我们很欢喜！
> 他们的强权和威力，
> 终竟战不胜真理。
> 什么监狱什么死，
> 都不能屈服了你；
> 因为你拥护真理，
> 所以真理拥护你。①

在营救陈独秀的同时，北京人民又与全国人民一道开展了拒签和约的斗争。

6月17日，北洋政府正式通电巴黎的中国代表团，令中国专使在和约上签字。这件事被报纸披露出来后，立即引起全国震动。全国各界再次涌现出以拒签和约为目标的爱国运动高潮，北京、山东、上海等全国各地都举行了不同规模的集会、游行活动。全国各地的电报纷纷飞向北京和巴黎。据《每周评论》报道，代表团曾收到7000多封来自国内各界的电报。东京、巴黎、旧金山、秘鲁、古巴等地的侨民也都相继组织集会和游行，支持国内人民的斗争。

6月28日，是《凡尔赛和约》的签字日。这一天天还没亮，中国驻巴黎的各专使寓所就被旅法的中国工人和留学生们团团围住了。工人和学生们不准专使出门，并说："如果有专使要出门，不管是不是赴会，将立即被杀。今天绝不允许有一个中国代表出现在巴黎和会的签字现场。"为了防止有人临场退缩，他们事先开会签好一份名单。

---

① 《李大钊全集》第五卷，人民出版社2006年版，第258页。

如果真的有专使出来被杀，他们就按名单签字的顺序去抵命。每一个专使的命用3个人的命去抵偿。这种气势和决心，最终把中国专使都留在了巴黎和会的签字会场之外。

6月28日下午2点，在巴黎凡尔赛宫镜厅的签字会场，代表们发现中国全权代表的席位空着。到午后3点和约签完，那两个座位仍然空着。就在对德和约签字的时候，一份说明中国代表拒签原因的声明被送到各国代表手中。在各国代表收到这份声明的同时，巴黎的各大报馆也收到了同样的文件。中国代表拒绝签字的举动立即引起了全世界的轰动。

中国自进入近代以来，在帝国主义的威迫之下，签订了一个又一个不平等条约，列强提出的丧权辱国的条件，中国代表只能接受，而绝不允许降低，更不能拒绝。这次巴黎和会签字仪式上，中国代表拒绝到会、拒签和约，是反抗帝国主义霸权的壮举。

北京学生的爱国斗争得到了全国学生和社会各界的支持，工人阶级开始以独立的姿态登上政治舞台。图为上海商界罢市，举行声援学生的游行

从5月4日以北京学生斗争为先导的五四爱国运动爆发,到6月5日上海工人自动举行声援学生的罢工,进而掀起全国范围的罢工、罢课、罢市的"三罢"高潮,迫使北洋政府于6月7日释放被捕学生和6月10日罢免曹汝霖、章宗祥、陆宗舆,再到6月28日中国代表在巴黎和会上拒签和约,五四爱国运动取得了一个又一个胜利。

这场由北京爆发的五四运动,以星火燎原之势,燃遍祖国大地,运动的中心由北京转移到上海,斗争的主力由学生逐渐转变为工人,从而突破了知识分子的狭小范围,成为有工人阶级、小资产阶级和资产阶级参加的全国规模的群众运动,汇聚形成波澜壮阔的革命洪流。

这场由北京爆发的五四运动,一扫辛亥革命后中国社会的沉闷气氛,带着辛亥革命不曾有的姿态,进行了一场彻底的不妥协的反对帝国主义和彻底的不妥协的反对封建主义的斗争,一批爱国青年挺身而出,全国民众奋起抗争,奏响了浩气长存的爱国主义壮歌。

正如孙中山在五四运动后,曾满怀革命豪情地高度评价这场运动时所说的:

> 自北京大学发生五四运动以来,一般爱国青年无不革新思想为将来革新事业之预备。于是蓬蓬勃勃,发抒言论。国内各界舆论,一致同倡。各种新出版物,为热心青年所举办者,纷纷应时而出。扬葩吐艳,各极其致,社会遂蒙绝大之影响。虽以顽劣之伪政府,犹且不敢撄其锋。此种新文化运动,在我国今日,诚思想界空前之大变动。推其原始,不过由于出版界之一二觉悟者从事提倡,遂至舆论大放异彩,学潮弥漫全国,人皆激发天良,誓死为爱国之运动。倘能继长增高,其将来收效之伟大且久远者,可无疑也。①

更为重要和影响深远的是,这场由北京爆发的五四运动,以彻底

---

① 《孙中山选集》(上),人民出版社2011年版,第500页。

反帝反封建的革命性、追求救国强国真理的进步性、各族各界群众积极参与的广泛性，推动了中国社会进步，促进了马克思主义在中国的传播，促进了马克思主义同中国工人运动的结合，为中国共产党成立做了思想上、干部上的准备，为新的革命力量、革命文化、革命斗争登上历史舞台创造了条件，是中国旧民主主义革命走向新民主主义革命的转折点，在近代以来中华民族追求民族独立和发展进步的历史进程中具有里程碑意义。

北京，因孕育了以爱国、进步、民主、科学为主要内容的伟大五四精神，使这座古都增加了浓厚的革命文化和青春气息，更因拉开了新民主主义革命的序幕而辉耀史册！

第四节　新型社团风起云涌

五四时期，民众的觉醒和新思想的传播、内外矛盾的加剧和社会的动荡，为各种社团的产生提供了主客观条件。作为一种独特的文化现象，中国思想学术界出现了组建社团的热潮，尤以北京为盛。

社团，是由一批具有共同志趣的人，为实现其共同理想而自愿组成，并按照一定的章程开展活动的社会团体。它是有别于政党的一种群众性组织，不同的社团所使用的名称不尽相同，有的称为"社"，有的称为"团"，有的称为"学会"，等等。无论名称如何，其性质都是代表群体意识和群体行为的团体组织。

中国近现代史上第一次社团活动的高潮，是戊戌时期的学会运动，当时有强学会、新学会、实学会、农学会、算学会、译书公会、蒙学公会等共计68个学会，是"国人组织学会的发端"[①]。那时正处于西学东渐的历史阶段，这些学会热衷于西方的政治、文化、教育、科技等学术问题，主要研究万国法律、万国政教理法、化学、物理、生物、地质、医药、水陆军事学等当时中国所需要的时务；学会成员主要是资产阶级维新派，但因尚处于封建王朝的专制统治下，组会者为了增强本学会的声势和影响，往往拉拢一些京城官僚或地方官绅参与到学会中；学会活动方式主要是集会、办报、译书印书、开办学堂，目的是通过各种途径传播新知识，致力于推动方方面面的具体事务变革维新。

在新文化运动前，中国，特别是北京的思想界被封建复古思想所笼罩，加之北洋军阀的专制独裁和西方列强的侵略掠夺，使人们对现实政治彻底失望，思想信仰出现空前危机。随着新文化运动的深入发展，特别是俄国十月革命的影响，各种新思潮的冲击在北京的思想界激起了阵阵涟漪。中国社会的苦难现实，迫切需要新思想、新力量去

[①] 张玉法：《戊戌时期的学会运动》，《历史研究》1998年第5期。

认识和改造。

正是在这一历史大背景下，五四运动前后，北京高校的青年学生掀起了一股组团结社的热潮，各种社团如雨后春笋般大量涌现。

少年中国学会 它是五四时期各种社团中历史最长、成员最多、分布最广，又是分化最明显的一个社团。少年中国学会于1918年6月30日由王光祈①、李大钊、曾琦等7人发起筹备，1919年7月1日在北京宣武门外的回回营召开了正式成立大会。

学会的信条是"奋斗、实践、坚忍、简朴"，宗旨是"本科学的精神，为社会的活动，以创造少年中国"。学会的总部设在北京，至1920年春，又在上海、成都、南京、东京、巴黎等地建立了分会或小组。学会的主要会务有：每年7月1日召开全体会员大会；出版图书；编辑发行《少年中国》《少年世界》等刊物。其中，《少年中国》由北京总会负责编辑，注重"文化运动、阐发学理、纯粹科学"，主要发表有关人生观、世界观和各种社会问题的论著与译文，是当时有较大影响的刊物之一。

学会的会员成分比较复杂，思想倾向也不一致，主要包括3种不同类型的知识分子：以李大钊、毛泽东、邓中夏、黄日葵、恽代英等为代表的具有初步共产主义思想的

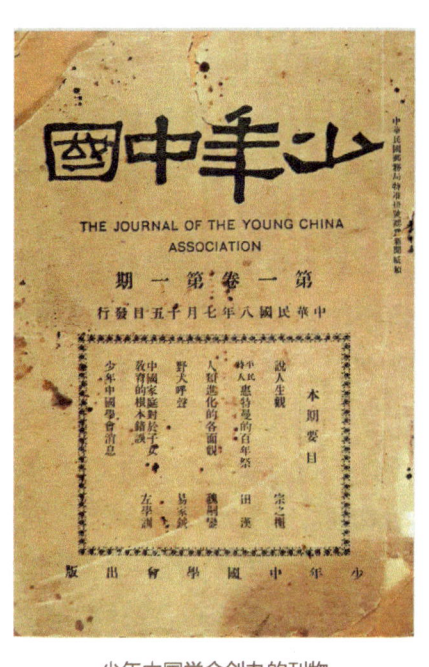

少年中国学会创办的刊物

---

① 王光祈（1892—1936），字润玙，四川温江人。1914年到北京入中国大学攻读法律。1917年，成为《每周评论》的主要撰稿人之一。1919年参加五四运动，并参与发起成立少年中国学会，任该会执行部主任。同年底，在北京、上海发起组织"工读互助团"。1920年4月赴德国研究经济，同时担任北京《晨报》、上海《申报》《时事新报》的驻德特约通讯员。1936年1月12日在德国波恩病逝。

先进知识分子；以王光祈为代表的小资产阶级无政府主义者；以曾琦、左舜生、李璜等为代表的资产阶级知识分子。因此，其内部的分化和斗争十分明显。这主要表现在学会召开的历次年会上，斗争围绕着是否明确遵循某种主义，以及信仰何种主义的问题进行。共产主义者是希望通过这个组织团结广大进步青年，把马克思主义确定为学会信仰，积极从事反帝反封建的革命斗争；右翼资产阶级知识分子则反对马克思主义，反对参加革命实践活动，主张国家主义；占会员大多数的小资产阶级知识分子，一直希望把学会建成一个兼容并包的纯学术团体，他们反对确定主义为学会的宗旨，主张通过不流血的手段来改造社会，建设幻想中的"少年中国"。

由于这些分歧无法调和，1925年底，少年中国南京年会后，少年中国学会停止了活动。学会共存在了6年多的时间，会员从创办时的7位发起人，发展到120多人，其中有许多是代表各种思潮的有影响的人物。学会的分化和演变，是五四时期青年知识分子思想急剧变化的生动写照。

学生救国会与国民杂志社　1918年5月，中国留日学生为反对日本帝国主义侵占山东，在东京举行示威游行，却遭到了日本当局的干涉和武力镇压，10余名学生被打伤。这一事件激起全体留日学生的愤怒，1000多名留学生一致决定罢课回国。5月中旬，留日学生代表李达、黄日葵等到达北京，邓中夏、高君宇[①]、许德珩等到前门火车站欢迎。5月20日晚，北京大学学生在西斋饭厅召开大会，留日学生代表在会上发表演说，控诉日本当局的暴行；北京大学学生表示要与留日学生一致行动，并决定次日去总统府请愿。21日，北京大学联

---

① 高君宇（1896—1925），名尚德，字锡三，号君宇，山西静东峰岭底村（今属娄烦）人。1916年入北京大学理科预科学习。1918年发起组织学生救国会。1919年升入北京大学地质系本科学习。同年积极参加五四运动，并以北京学生联合会代表的身份，到天津、山西指导学生运动。1920年参与发起成立北京大学马克思学说研究会，后加入北京的共产党早期组织。1920年，组建了北京社会主义青年团。1921年8月至1922年7月任中共北京地委委员。1922年7月，在党的二大上被选为中央委员。1925年3月5日在北京病逝。

络北京高等师范学校、北京工业专门学校、北京法政专门学校等校学生2000多人，前往新华门总统府请愿，强烈要求废除军阀政府与日本政府签订的、以苏俄为敌的《中日陆军共同防敌军事协定》。这是中国学生在俄国十月革命的鼓舞下进行的一次反帝爱国运动，可以说是后来发生的五四运动的一次预演。在这次斗争中，各校学生组织联合成立北京学生爱国会，并派代表到南京、上海等地联络，成立了全国性的学生爱国组织，后改名为"学生救国会"。该会总部设在北京，许德珩、邓中夏等被推举为负责人。

为了便于开展工作，学生救国会决定出版《国民》杂志。1918年10月20日，国民杂志社在北京正式成立。社员大多是北京大学学生，人数多时曾达到180余人。国民杂志社得到了蔡元培、陈独秀、李大钊、邵飘萍等人的支持。该社的宗旨是"增进国民人格，灌输国民新知识，研究学术，提倡国货"。《国民》杂志，主张关心国事，公开谈论政治，坚决反对日本帝国主义的侵略，发表了不少政论性文章。这些言论在当时的爱国知识分子中产生过一定的影响，对于五四运动的准备和发展起到了促进作用。五四运动后，《国民》杂志采用白话文，积极参加关于社会改造问题的讨论，歌颂劳工神圣，并开始刊载介绍俄国十月革命和宣传马克思主义的文章。

国民杂志社社员的成分比较复杂，既有具有初步共产主义思想的知识分子，也有无政府主义者、国家主义者和基尔特社会主义者，在反帝爱国的旗帜下，他们可以在一定程度上结成统一战线。但五四运动后，随着政见的进一步分歧，加之社中一些骨干分子相继离去，国民杂志社日趋涣散，最终于1919年底解体。

北京大学新闻学研究会 1918年夏，在京报社社长邵飘萍的倡议下，经北大师生酝酿筹备，北京大学新闻学研究会于10月14日正式成立。北大校长蔡元培任会长，邵飘萍、徐宝璜任讲授导师。李大钊、高一涵等在成立大会上发表了演讲。该会宗旨起初为"灌输新闻知识，培养新闻人才"，后改为"研究新闻学理论，增长新闻经验，以谋新闻事业之发展"。

研究会的主要活动是每周组织3～5次讲习。1919年10月21日研究会毕业大会上，得听讲一年之证书者23人；得听讲半年之证书者32人，其中包括早期共产主义者毛泽东、高君宇、谭植棠、罗章龙①等。研究会以其进步的民主的宗旨和章程，及组织的进步活动享誉当时，是五四时期北京著名社团之一。该研究会活动于1921年停止。

新潮社 受《新青年》杂志影响，1918年11月19日，北京大学文科学生傅斯年、罗家伦、徐彦之等人创办了新潮社，以出版《新潮》杂志为主要任务，经费由学校拨款支持，社址设在北大红楼一层22号。新潮社共有社员40余人，绝大多数是北大学生。1919年1月，《新潮》正式创刊面世。它以《新青年》为榜样，积极参加反对封建文化思想的斗争，抨击封建礼教，宣传新文学，提倡白话文，产生了很大的社会影响，对新文化运动起到了积极促进作用，当时曾得到蔡元培、胡适、李大钊、鲁迅等人的支持。

五四运动后，由于受到胡适的影响，新潮社具有明显的资产阶级改良主义倾向，对群众运动有抵触情绪，对民族文化遗产采取虚无主义态度，对西方文明十分崇尚，很多社员相继出国留学。所以，尽管后来陆续出版了一些宣传新文化的丛书，但实际上它已成为传播资产阶级文化思想的团体。

北京大学平民教育讲演团 在"教育救国"思想影响下，1919年3月7日，北京大学学生邓中夏、黄日葵、许德珩等发起创立了"北京大学平民教育讲演团"，并在《北京大学日刊》上刊出《北京大学平民教育讲演团征集团员启事》和《北京大学平民教育讲演团简

---

① 罗章龙（1896—1995），学名敖阶，字仲言，湖南浏阳人。1918年4月与毛泽东等发起组织新民学会。同年8月入北京大学学习。1919年参加五四运动。1920年参与发起成立北京大学马克思学说研究会，任研究会书记；同年加入北京的共产党早期组织和社会主义青年团。1923年参与组织和领导京汉铁路工人大罢工。1931年因反对中共六大路线、成立"中央非常委员会"等组织，被开除出党。1980年增补为第五届全国政协委员，后被选为第六、七届全国政协委员。1995年2月3日在北京病逝。

章》，申明讲演团的宗旨是"增进平民智识，唤起平民之自觉心"。刚成立时只有团员39人，后来发展到六七十人。讲演团主要是对北京城市小资产阶级和市民做宣传，所以活动最初局限于城内。为进一步扩大宣传，经过交涉，讲演团利用京师学务局设在珠市口的京师公立第一讲演所、东安门外的京师公立第四讲演所、西单的京师公立第五讲演所、地安门外的京师公立第十讲演所（简称"四所"），在北京城内东、西、南、北各设了一个固定讲演点。

在五四运动期间，"四所"于1919年5月11日、18日、25日和6月1日进行讲演，发表了许多激励人民爱国奋斗的演说，揭露帝国主义列强的侵华罪行，激发了民众的爱国热情，有力地配合了五四运动和六三罢工运动。从1920年春起，讲演团到丰台、海淀、长辛店等地的农村和工厂去讲演，开始了接近工农群众的初步尝试。北京大学平民教育讲演团的活动，一直持续到1925年。

工学会 1919年5月3日，在五四运动爆发的前一天，由北京高等师范学校一部分在校学生和一部分毕业生发起组成，以研究、实践工学主义为宗旨的工学会正式成立。在五四运动中，工学会是事先讨论决定发动游行示威并积极参加的北京重要社团之一。特别是到曹汝霖住宅示威抗议时，工学会成员匡互生是冲进曹宅和火烧赵家楼的第一人，表现出了强烈的爱国精神和坚决的斗争意志。

工学会的主要活动是利用课余时间分组从事石印、雕刻、照相和贩卖书报、文具等，并于1919年11月创办了自己的刊物《工学》月刊，专门研究和宣传工学主义。工学会主张通过做工与求学的结合，促进教育的普及和改革，打破脑力劳动与体力劳动的界限，从而打破社会等级制度，实现个性的全面丰富发展与人格的独立完善；主张发展生产和发展实业，以解决国计民生，促进社会改良，实现国家富强。工学会成立时有会员55人，到1922年5月发展到80余人，其会员后来大部分成为信奉改良主义的教学和科学工作者。

文学研究会 1921年1月4日，文学研究会在北京中央公园的来今雨轩正式成立。成立时，在宣言上签字的发起人有：周作人、郑振铎、沈雁冰、郭绍虞、朱希祖、瞿世英、蒋百里、孙伏园、耿济之、王统照、叶绍钧、许地山，共计12人。文学研究会在成立宣言中鲜明提出："将文艺当作高兴时的游戏或失意时的消遣的时候，现在已经过去了。我们相信文学是一种工作，而且又是于人生很切要的一种工作；治文学的人也当以这事为他终身的事业，正同劳农一样。"①

文学研究会的会员后来发展到170余人，并在上海、广州、宁波、郑州等地设立了分会。许多成员在《小说月报》上发表了大量作品，包括文学的主张、新文学创作方法、文学创作的语体、文学遗产的继承、外国文学的翻译、文学的流派介绍和小说创作等。《小说月报》实际上成了文学研究会的会刊，也是中国现代文学史上第一份大型文艺专刊。文学研究会虽然是一个较为松散的文学团体，但其进步的文学主张和创新的文学作品，对于改造旧文学、建设新文学，以及发扬民主、科学精神，起到了不可低估的推动作用，为现代文学史增添了绚烂的光芒。

此外，这一时期在北京成立的社团还有平民教育社、曙光社、少年学会、觉社、奋斗社、进化社、人道社、国故月刊社、国民外交协会、救国十人团，以及北京大学哲学研究会、社会主义研究会等。

五四时期的北京社团，规模大小不一，持续时间有长有短，作用也不尽相同，但之所以说它们是新型社团，是因为这些社团具有鲜明的时代特点和革命精神。

一是从宗旨纲领看，五四时期的北京社团大都受到新文化运动和五四运动的影响，以宣扬民主、科学为己任，以改造社会为旨趣，积极翻译介绍和阐释宣传国外新思想，具有鲜明的思想性，充分体现了当时北京民众敢于追求真理的坚定信念和救国救民的爱国情怀。

二是从成员构成看，五四时期的北京社团成员成分比较单一，绝大多数是北京高等院校中理想相同、志趣相投和关心社会改造、力图

---

① 《小说月报》第12卷第1号，1921年1月10日。

救国救民的青年学生，也有一部分中学生和大学教员参加，因而队伍的纯洁性和社团的凝聚力、战斗力较强。这些社团成员大都参加了五四反帝爱国运动，有的社团发起人或负责人还是五四运动的骨干和领袖，实际上起到了革命先锋的作用。

三是从组织形式看，五四时期的北京社团不同于中国农民和小手工业者成立的传统会党，没有封建愚昧和宗教色彩，也没有严格的制度，而是靠共同的理想和信仰聚集在一起，会员的加入和退出都比较自由，是一种松散的联合体。

四是从社会影响看，五四时期的北京社团通过办刊物、做讲演、办平民学校，走进普通市民和工农群众之中，广泛宣传新思想和科学知识，帮助广大群众深刻认识封建礼教的落后愚昧和帝国主义的剥削本质。同时，青年学生通过社团走向社会，亲眼看到和切身体会了底层民众的苦难生活，对中国国情有了更真实的了解。这对社团中的一些成员在五四运动后迅速成长为具有初步共产主义觉悟的先进分子，产生了巨大和深远的影响。

五是从实践活动看，部分社团运用学到的新思想，在中国社会进行了大胆的实验。尽管他们的理想很美好，热情亦可嘉，但实践的结果却是令人失望的。种种实践证明，改良主义、泛劳动主义、工读主义、新村主义、互助论等，并不符合中国的特殊国情，是不可能实行的。这促使人们开始思考如何运用俄国十月革命已经证明成功的马克思主义，对中国进行根本改造。此后，以宣传和研究马克思主义为宗旨的社团，如"马克思主义研究会""俄罗斯问题研究会"等纷纷涌现，影响力不断扩大。

在轰轰烈烈的群众运动中，北京的社团聚集了一批具有先进思想和组织能力的知识青年，他们在追求民族独立、争取人民民主的思想鼓舞下，在五四运动中发挥了重要的骨干作用。

从全国范围看，毛泽东五四前后曾两次来北京，并在湖南组织新民学会，领导了驱张运动。周恩来是天津青年的进步组织——觉悟社的领袖，五四期间他带领青年学生团结商界共同斗争。张国焘、何叔衡、包惠僧①、刘仁静②等人直接领导和参加了北京的五四反帝爱国运动。王尽美、邓恩铭、陈潭秋分别在山东、湖北等地组织学生社团的爱国运动。李达、李汉俊在日本以文章支持国内的爱国运动。

可以说，经过五四运动的斗争和社团活动的组织锻炼，一批先进知识分子先后接受了马克思主义信仰，投身中国的共产主义革命事业，成为中国新民主主义革命的先驱力量，从而为中国共产党建党做了干部上的准备。

---

① 包惠僧（1894—1979），湖北黄冈人。1917年毕业于湖北省立第一师范学校。1919年北京大学文学系肄业，同年参加五四运动。1920年参与建立武汉的共产党早期组织，任支部书记。1921年受陈独秀指派出席中国共产党第一次全国代表大会。1922年至1923年任中国劳动组合书记部武汉分部主任、中共北京地委和区委委员兼秘书、中共武汉区委委员长。1927年南昌起义失败后，与中共脱离组织关系。1936年至1948年，任国民党内政部参事、户政司司长、人口局局长等职。新中国成立后，先后任内务部研究员、参事和国务院参事。1979年7月2日在北京病逝。

② 刘仁静（1902—1987），湖北应城人。中学时期曾参加恽代英组织的互助社。1918年考入北京大学。1919年参加五四运动，并参加少年中国学会。1920年参与发起成立北京大学马克思学说研究会，加入北京的共产党早期组织和社会主义青年团。1921年出席中国共产党第一次全国代表大会。1922年赴苏联参加共产国际第四次代表大会。1929年私访被流放在土耳其的托洛茨基。回国后积极参加托派活动，被中共开除出党。新中国成立后，长期担任人民出版社特约编辑，后任国务院参事。1987年8月5日在北京因车祸去世。

第五节　思想文化百家争鸣

五四时期，是中国新旧思想交替和社会变革转型的特殊历史阶段，内忧外患的现实激发了人们强烈的爱国热情，中国思想文化界异常活跃。"从孔教问题，妇女问题一直到劳动问题，社会改造问题；从文字上的文学问题一直到人生观的哲学问题；都在这一时期兴起，萦绕着新时代的中国社会思想。"[①]特别是随着新文化运动向纵深发展和五四运动的爆发，广大青年学生和知识分子爱国激情高涨，纷纷提出改造社会的新思想。

值得注意的是，五四反帝爱国运动后，中国的知识分子和广大民众对资本主义的前景不再像以前那样充满期待，各种各样的社会主义思潮则受到人们的热情追捧，"社会主义"在中国成为流行语，各种各样的人，甚至军阀、政客等都以谈论社会主义为时尚。当然，这些社会主义并不都是马克思主义的科学社会主义。施蒂纳、蒲鲁东、巴枯宁和克鲁泡特金等人的无政府主义，欧文等人的合作主义，托尔斯泰的泛劳动主义，柯尔的基尔特社会主义[②]和武者小路实笃[③]的新村主义等都是当时流行的社会主义思潮。

这一时期，人们对各种社会主义之间的差别并没有认识得很清楚，更多的是出于对社会主义价值观的赞同，希望借助社会主义，对现有社会进行和平的、渐进的改造，而不是对社会进行彻底的改变，更不是通过暴力手段推翻现有政权。因此，这时人们热议追捧的社会主义与马克思主义的科学社会主义有着根本的区别。

---

① 瞿秋白：《五四前后中国社会思想的变动》，《五四运动回忆录》（上），中国社会科学出版社1979年版，第79—80页。

② 基尔特社会主义来自英国，主张依靠职工行会组织改变资本主义国家性质，无须无产阶级的社会主义革命。基尔特是英文"guild"的音译，意为"行会"。

③ 武者小路实笃（1885—1976），日本文学家。受欧文空想社会主义、克鲁泡特金互助论和托尔斯泰泛劳动主义的影响，1920年提出"新村主义"。1918年创办《新村》杂志，发起新村运动。

对这种状况，瞿秋白在《饿乡纪程》中描述得很贴切："社会主义的讨论，常常引起我们无限的兴味。然而究竟如俄国十九世纪四十年代的青年思想似的，模糊影响，隔着纱窗看晓雾，社会主义流派，社会主义意义都是纷乱，不十分清晰的。正如久壅的水闸，一旦开放，旁流杂出，虽是喷沫鸣溅，究不曾自定出流的方向。其时一般的社会思想大半都是如此。"①

在这个时代大背景下，作为五四运动的爆发地，北京的思想文化领域更是异常活跃，出现了百家争鸣、异彩纷呈的盛况。其中影响较大的是工读主义、新村主义等。

1919年12月4日，少年中国学会总会执行部主任王光祈在北京《晨报》上发表了一篇文章，名为《城市中的新生活》，引起了人们的热议。他在文章中说："数月以前我与左舜生君讨论小组织新生活问题，注重乡村间的新生活。今天我所提倡的是城市中的新生活。"

文中提到的左舜生也是少年中国学会的成员。他于同年7月2日在上海《时事新报》上发表文章，提议成立"一种学术、事业、生活的共同集合体"。在这个集合体中，成员共同生活，劳动所得作为共有财产。这种集合体可以作为改造社会的"种种实验"。文章发表后，王光祈等人就以通信形式在报刊上展开了热烈讨论。经过几个月酝酿，他们提出要以"工读互助团"的组织形式，来实验一种"城市新生活"。

工读互助团，就是在城市实验的一种带有社会主义特征的半工半读的团体生活模式。王光祈对这种"新生活"的环境、生活方式进行了较为全面的设计。

对于"新生活"处所环境的建设，王光祈说：

> 我们先在乡下租个菜园，这个菜园距离城市不要太远，

---

① 瞿秋白：《五四前后中国社会思想的变动》，《五四运动回忆录》（上），中国社会科学出版社1979年版，第80页。

亦不要太近，大约四五里路为最宜。这个菜园不要太大，亦不要太小，只要够我们十余人种植罢了。菜园中间建筑十余间房子，用中国式的建筑法，分楼上楼下两层。楼上作我们的书房、阅报室、办公室、会客室、藏书室、游戏室等等；楼下作我们的卧室、饭厅等等。园子西南角上建筑一个厨房。东北角上建筑一个厕所。房子后身砌上一个球场。园子周围挖下一条小溪，溪边遍植柳树，柳树旁边就是我们的菜园了。

参加工读互助团的成员，生活作息有统一的规定，每天两小时种菜，三小时读书，三小时翻译外文书籍，其余为游戏和读报时间。王光祈说：

我们在乡间半工半读，身体是强壮的，脑筋是清楚的，是不受衣、食、住三位先生牵制的，天真烂漫的农夫是与我们极表示亲爱的。我们纯洁青年与纯洁农夫打成一气，要想改造中国，是很容易的。

在"新生活"的设计中，还包括了成员的教育和娱乐内容。王光祈提出，要"附设一个平民学校，附近农家子弟均可以到学校读书，不纳学费"；"每逢星期，还要聚集他们开一个演说大会"；"还要开演幻灯，或购置留音机一架，使他们大家快活呀！"①

显然，王光祈提出的工读互助团的设想带有空想社会主义性质。他们希望通过社会实验，达到改造社会的目的，即"用工读互助团去改造社会，改造社会的结果，就是一个顶大的工读互助团——工读互助的社会"②。

---

① 《少年中国》第1卷第2期，1919年8月15日。
② 《少年中国》第1卷第7期，1920年1月15日。

这是五四运动后非常流行的社会主义思潮给人们带来的普遍性的良好期待。

王光祈等人设计的工读互助团模式，理论上的来源是托尔斯泰的泛劳动主义、欧文等人的合作主义和武者小路实笃的新村主义的结合，是当时盛行的主张。与当时社会上风行一时的新村运动一样，它们都是空想社会主义的产物。这些改造社会的美妙幻想，对于有着良好愿望又害怕激烈阶级斗争的小资产阶级知识分子来说，是很有吸引力的。

《城市中的新生活》一文在北京《晨报》上发表后，受到许多青年人尤其是学生的热心关注和向往，很快就有数百人报名。许多外地青年如俞秀松、施存统、傅彬然等专程到北京来参加。蔡元培、李大钊、陈独秀、胡适等人也表示支持，并作为发起人带头捐款，之后又联名向社会募捐。募捐千元现洋的计划，不到半个月就超额完成了。于是，工读互助团于1919年先在北京成立了。

北京工读互助团简章规定，其宗旨是"本互助的精神，实行半工半读……团员每日每人必须作工四小时……工作所得归团体公有……团员生活必需之衣、食、住，由团体供给……团员所需之教育费、医药费、书籍费，由团体供给，惟书籍系归团体公有"[①]等。可以看出，工读互助团实行的是公有制和人人劳动、人人读书、各取所需的原则。

北京工读互助团以北京大学部分学生为主组成，共分4个组：

第一组设在北京大学附近的骑河楼斗鸡坑7号，共有团员13人，经营的项目有食堂、印刷信封信纸、英文补习、洗衣和电影放映等。

第二组设在北京西城翠花街北狗尾巴胡同5号，邻近北京工业专门学校、法文专修馆、北京高等师范学校，共有团员11人，经营的项目有贩卖书报的"平民消费公社"、平民补习学校、生产洗发剂等用品的小工厂等。

[①]《工读互助团募款启事》(1919年12月21日)，《蔡元培全集》第三卷，中华书局1984年版，第371页。

第三组设在东安门北河沿17号，是专门的"女子工读互助团"，团员有10多人，经营的项目主要有织袜、缝纫、刺绣几类。

第四组设在景山东松公府夹道8号，主要经营食品、杂货等，共有团员10人。

随着工读互助团影响的扩大，京内外各地纷纷效仿成立工读互助团。1919年12月，南京高等师范学校32个学生组织工读互助团。1920年1月，天津觉悟社成员发起成立"工读印刷社"；2月，武汉利群书社的恽代英发起成立"武昌工学互助团"、北京中国大学教工发起组织"中大工读互助团"、北京铁路管理学校学生组织"毅士工读互助团"；3月，广州女界发起组织"粤女工学互助团"。此后，还有"上海女子工读互助团""扬州第八中学互助团"等。

这样，工读主义就迅速由思潮付诸实践，并达到了高潮。一些文化界名人如陈独秀、李大钊、胡适、张东荪、施存统、戴季陶[①]等纷纷撰文或发表演说，表达自己的看法与希望。他们有的支持、有的怀疑、有的否定，争论不休，很是热闹。

1920年1月，王光祈在《少年中国》第1卷第7期上发表《工读互助团》一文说："工读互助团是新社会的胎儿，是实行我们理想的第一步。……若是工读互助团果然成功，逐渐推广，我们'各尽所能各取所需'的理想渐渐实现，那么，这次'工读互助团'的运动，便可以叫做'平和的经济革命'。"他认为这种团体"将来办理久了，已养成劳动互助的习惯，所有一切简章规约皆可废止。我们以后的生活便是：日出而作，日入而息，凿井而饮，耕田而食，帝力——政府——于我何有哉！"王光祈描摹的未来新社会美好蓝图，显然又加入了中国古已有之的桃花源式大同社会的浪漫景致。

[①] 戴季陶（1890—1949），名传贤，号天仇，原籍浙江吴兴，生于四川广汉。早年赴日本留学。1911年加入中国同盟会。1919年在上海创办《星期评论》。1920年夏在上海参加共产党早期组织的筹建活动，旋即退出。1924年1月在国民党第一次全国代表大会上当选为中央执行委员、常务委员和宣传部部长。1927年国民党反动派叛变革命后，继续追随蒋介石，任国民政府委员、考试院院长等。1949年2月在广州自杀身亡。

然而，北京工读互助团成立不久，浪漫生活的美好愿望很快就被严酷的现实困难所击碎。

首先，是经济上的困难。北京工读互助团成立时，4个组都有不同数额的开办费，第一组有523元，第二组有约400元，第三组有300元，第四组有500元。这些开办费都是募捐得来的。按照工读互助团的宗旨，团员应当通过自己的经营项目赚取生活费，但很快他们就发现这些项目难以为继。第一组的电影放映由于观众数量少而赔本，很快停放了；洗衣工作干了两个多星期，只赚了七十几枚铜子；印刷信封信纸一个月只赚了3元钱。所有项目赚来的钱，不够团员的吃饭钱，所以开办费很快就用光了。

其次，是因思想分歧而无法共同相处。团员们常常因为在某一问题讨论中意见不同而闹不团结，甚至退团。据当时工读互助团的成员施存统回忆，"讨论共产问题，主张不合，自愿退团者五人；后来讨论家庭问题，退团者也有一人"。这样，当遇到因某一问题，如脱离家庭、脱离婚姻等问题，团员们会发生激烈的争执，争执的过程中就会有人愤而离团。逐渐地，团员们的感情也逐步涣散了。"这个时候，差不多大家对于这个团体都没有十分感情，除去一二人外，都不愿去维持他。三月二十三日开一个会，议决个人自由另找工作，工读互助团的主张，从根本上推翻！"[①]

北京工读互助团的第一组就这样解散了。到了1920年下半年，北京和全国其他地方的工读互助团也都因遇到困难而逐渐失去热情，最终销声匿迹了。

与工读主义几乎同时在中国流行、社会实验同样遭遇失败的是新村主义。

新村主义是在空想社会主义的基础上发展变化而来的，它幻想脱离现存的不合人道的社会制度，另辟一块小天地，建立没有压迫、没有剥削、人人平等、个个幸福的互助友爱的新社会。

---

① 《"工读互助团"底实验和教训》，《星期评论·劳动纪念号》，1920年5月1日。

新村主义的创始人，是日本学者武者小路实笃。他在《新村的生活》一书中描绘了未来理想的社会。他说："我们想造一个社会，在这中间，同伴的益，便是我的益；同伴的损，便是我的损；同伴的喜，便是我的喜；同伴的悲，也便是我的悲。"在这个社会中，"各人应该互相帮助，实行人的生活"。什么是"人的生活"呢？"是说各人先尽了人生必要的劳动的义务，再将其余的时间，做个人自己的事"①。

1918年，日本22个主张新村主义的人在九州买了一块40多亩大的地方，盖了3所房子。他们在那里共同劳动、共同生活。武者小路实笃的新村实验，在当时的日本影响很大，他本人对这种社会实践也抱有很高的期待。他说："这样的制度，先是分国的行了，我还梦想将来有全人类实行的一日。……我望将来有这一个时代，各人须尽对于人类的义务，又能享个人的自由。"②武者小路实笃的这种社会理想，显然是空想社会主义在日本的延续和发展。

由于新村生活的美妙图景，非常符合五四时期中国小资产阶级知识分子的理想追求，所以在当时迅速风行，唤起了中国一些知识分子对社会改造的无限憧憬。1919年3月，周作人在《新青年》上发表《日本的新村》一文，开始介绍和宣传新村主义的社会实验。他在文中写道：新村运动"主张汎劳动，提倡协力的共同生活，一方面尽了对于人类的义务，一方面也尽各人对于个人自己的义务；赞美协力，又赞美个性；发展共同的精神，又发展自由的精神。实在是一种切实可行的理想，正中普遍的人生的福音。"③1919年7月，周作人专程到日本九州的新村去参观了几天，认识更进了一步。回国后，他在《新青年》、《新潮》、《晨报》副刊上不断宣传新村主义。

中国早期具有马克思主义觉悟的先进分子，大都追随过空想社会

---

① 周作人：《日本的新村》，《新青年》第六卷第三号，1919年3月15日，第268—269页。
② 周作人：《日本的新村》，《新青年》第六卷第三号，1919年3月15日，第274页。
③ 周作人：《日本的新村》，《新青年》第六卷第三号，1919年3月15日，第266页。

主义，因而成为新村运动的积极支持者，如蔡和森①、恽代英、毛泽东等人都曾有过建立新村的设想。1919年春天，毛泽东曾在《湖南教育》月刊上发表《学生之工作》一文，希望在岳麓山建设新村。11月，恽代英和林育南商量组建新村时，也曾对未来的新生活做过详尽的规划：

> 村内完全废止金钱，没有私产，各尽所能，各取所需。举一人做会计，专管对外金钱出入的事，举一人做买办，专办向外处购买或出售各事。会食在一个地方。设图书室，工作厂。对内如有女子儿童的教育事业，应该很注意，因为是新村全体幸福所托。我想，我们新村的生活，可以农业为根本，兼种果木，兼营畜牧。这样做去，必然安闲而愉快。②

1920年2月，周作人在北京成立了"新村北京支部"，负责宣传和介绍人们去日本九州参观新村。同年，上海成立的"新人社"和北京成立的"批评社"也都宣传说，新村能"缩短旧人变新人的时间"，"是用和平的手段去占领我们所要求的空间"，并提出建立"新人试工场"的设想。在这些宣传的影响下，一些地方的青年开展了新村实验。1919年至1920年间，中华职业教育社附设学校的学生，按照新村的理想成立了小组织，还把宿舍命名为"新村""平民村""大同村""友谊村"等。

新村主义的宣传和实验，在当时并没有像工读互助团那样大规模展开实验，影响也没有超过工读互助团。随着王光祈的工读互助团的

---

① 蔡和森（1895—1931），字润寰，号泽膺，湖南湘乡永丰镇（今属双峰）人。1918年4月与毛泽东等组织新民学会。1920年初赴法国勤工俭学。留法期间，研究并接受马克思主义，提出要在中国建立共产党。1921年参与组织和领导留法勤工俭学的学生运动；10月，被法国政府强行遣送回国。同年底加入中国共产党。在中共第二、三、四次全国代表大会上都当选为中央执行委员。1924年当选为北京区委委员并任秘书。1925年参与组织和领导五卅运动。1931年6月，因叛徒出卖被捕；8月4日，在广州英勇就义。

② 《恽代英日记》，中共中央党校出版社1981年版，第652—653页。

失败，新村主义的宣传和影响也逐步消失了。

工读互助团和新村运动的失败，对热衷于空想社会主义和改良主义的人是一次非常实际的教育。曾经从杭州专程去北京参加工读互助团的施存统在《"工读互助团"底实验和教训》一文中说："（一）要改造社会，须从根本上谋全体的改造，枝枝节节地一部分的改造是不中用的。（二）社会没有根本改造以前，不能试验新生活，不论工读互助团和新村。"他在总结这段教训之后说，"我们因此更信共产主义"[①]。

毛泽东这时也清楚地认识到新村是不可能实现的空想，他说，"对于绝对的自由主义，无政府主义，以及德谟克拉西主义，依我现在的看法，都只认为于理论上说得好听，事实上是做不到的"，"应用俄国式的方法达到改造中国与世界"[②]。

工读互助团和新村运动的失败，不仅使许多人深刻认识到空想社会主义是不可能从根本上改造社会的，更导致了新文化运动统一战线的破裂，原来抱有共同的"用新思想改造旧社会"目标的不同思想倾向的知识分子开始发生分化。以少年中国学会为例，原来赞同或对工读主义和新村主义认识不清的一批青年，如毛泽东、恽代英、邓中夏、高君宇、黄日葵等转而开始信仰马克思主义；左舜生等会员则向右转，与曾琦、李璜等信奉起国家主义；还有一批如王光祈等仍沉醉于超阶级的"纯学理"研究之中，逐渐走上了"科学救国""教育救国"的道路。

五四时期北京思想文化领域的百家争鸣，反映了当时广大青年学生和知识分子对现实的严重不满，他们以强烈的救国救民的爱国心和责任感，要为中国社会找寻一个新的可行的改造方案，开辟一条民族复兴的光明大道。

在新文化运动的启蒙和推动下，青年学生和知识分子对国外的各

---

① 《"工读互助团"底实验和教训》，《星期评论·劳动纪念号》，1920年5月1日。
② 《新民学会资料》，人民出版社1980年版，第147、150页。

种思想产生了兴趣，进而去研究、去信仰、去传播，希望能从中找到救国救民的真理。虽然与马克思主义一道而来的，还有无政府主义、工读主义、新村主义、合作主义等错误思潮，但真理愈辩愈明。各种新思潮百家争鸣，不仅能够开阔人们的视野，更能促使人们在种种主义的对比中思考、辨析，进而做出正确的选择。

客观地看，种种新思潮在中国社会的实验遇到挫折，人们对马克思主义的认识需要一个过程，这些在当时的条件下是难以避免的。但从另一个方面看，这也促进了青年们的觉醒，使其追求真理的愿望更加迫切，对各种新思潮的辨别力不断提升。

从这个意义上说，一些错误思潮之所以没落失败，马克思主义之所以能够从众多的思想流派中脱颖而出，成为中国革命的指导思想，正是各种思想争鸣和鉴别的结果。也是在这个过程中，一大批先进分子纷纷放弃空想社会主义和改良主义，开始接受和信仰马克思主义，由此逐渐走上了革命道路。

北京，作为五四运动的爆发地，以其开放包容的姿态，汇聚了各种新社团，容纳了各种新思潮，并在得全国风气之先的社会实验和思想争鸣中，引导一大批先进分子在此实现了思想的升华，确立了马克思主义理想信仰，走上了为共产主义奋斗的革命道路。

北京，成为许多革命先辈初心确立的地方。

第三章

真理传播,确立马克思主义信仰

北京，是马克思主义理论早期在中国的主要传播地。

20世纪初叶，近代中国正处在时局大动荡和思想大解放的时期，各种新思潮来势汹涌，冲开了传统的思想禁锢，使中国人的思想得到空前解放。北京作为中国政治中心、文化中心，特别是作为新文化运动主阵地、五四运动的爆发地，更以其得天独厚的优势，在中国率先广泛传播马克思主义。

李大钊在中国最早歌颂十月革命和系统传播马克思主义，成为在神州大地上举起马克思主义大旗的第一人。以李大钊等为代表的先进分子，发起成立马克思学说研究会，通过研究介绍、主义论争，推动马克思主义在中国有组织地广泛传播，并表现出传播时间较早、理论研究体系性较强、注重同中国实际和工农群众相结合的鲜明特点，从而形成了以北京为中心、辐射全国的马克思主义理论传播新局面，为中国共产党的创建做了思想上、干部上和组织上的准备。

第一节　率先举起马克思主义大旗

马克思主义在中国的传播，经历了一个较长的发展过程。

早在19世纪末、20世纪初，中国报刊上就陆续出现了马克思的名字。在中国第一次提到马克思、恩格斯和《共产党宣言》片段文字的，是1899年2月至4月《万国公报》连载的英国传教士李提摩太节译的《大同学》一文。文章称"英人马克思"为"百工领袖著名者"，又称"德国讲求养民学者，有名人焉，一曰马克思，一曰恩格思（斯）"[1]。1902年，梁启超在《新民丛报》上发表的文章中提到"麦喀士（马克思），日耳曼人，社会主义之泰斗也"。其后几年，中国的报刊类似的内容时有出现，孙中山、朱执信等人在文章和演说中介绍了马克思与《共产党宣言》《资本论》的部分观点。但这些基本上是零星的介绍，作者大多并不信仰马克思主义，更没有广泛的影响和实际的运动，还不能说是真正意义上的马克思主义传播。

1917年11月7日（俄历10月25日），俄国十月革命爆发，以列宁为首的布尔什维克党领导工人、农民和士兵，推翻资产阶级临时政府，建立了无产阶级专政的国家政权。

俄国十月革命后的第三天，中国报纸就发表了《突如其来之俄国大政变》的消息，称："彼得格勒戍军与劳动社会已推倒克伦斯基政府。"[2]北京民众也很快得到消息。11月11日，北京《晨钟报》报道："急进党占据该城，拘捕临时政府之内阁成员。首领黎宁氏（即列宁）要求即行停战订和约云云。"[3]

新的世界潮流如狂飙突进。十月革命的胜利，开辟了人类历史的

---

[1]　沙健孙主编：《中国共产党史稿（1921—1949）》第一卷，中央文献出版社2006年版，第203页。

[2]　上海《民国日报》，1917年11月10日。

[3]　北京《晨钟报》，1917年11月11日。

新纪元,标志着旧世界的崩溃和新的社会主义世界的建立,极大地鼓舞了世界无产阶级革命和殖民地、半殖民地的民族解放运动。以第一次世界大战和俄国十月革命为标志,世界进入战争与革命的时代。无产阶级革命的潮流改变了世界,引发了席卷全球的革命风暴。欧洲爆发了德国、芬兰、匈牙利、斯洛伐克等国的工人革命和苏维埃运动,发生了法国工人的五月风暴;亚洲发生了中国的五四运动、日本的米骚动、朝鲜的三·一运动,以及印度、阿富汗反对殖民统治的斗争。随着这股潮流,革命的中心由西方转到东方,马克思主义传播到世界各地,共产党组织在各国相继建立。

十月革命的胜利,使中国人在辛亥革命失败后的苦闷彷徨中看到了中华民族自救复兴的曙光,原来向西方寻求出路的中国先进分子也开始把视线转向东方,从苏俄的榜样作用,看到了中国的出路和前途,认识到马克思主义才是救国救民的真理。

正是在这一历史背景下,中国的先进分子抱着殷切的希望开始研究介绍马克思主义。正如毛泽东在《论人民民主专政》一文中所说:

> 十月革命一声炮响,给我们送来了马克思列宁主义。十月革命帮助了全世界的也帮助了中国的先进分子,用无产阶级的宇宙观作为观察国家命运的工具,重新考虑自己的问题。走俄国人的路——这就是结论。①

1917年12月,苏俄政府宣告废除沙皇俄国同其他国家缔结的一切不平等条约,放弃在外国的各种特权,表示了对被压迫民族的友好态度。接着,苏俄外交人民委员齐契林在第五次苏维埃代表大会上宣布:"我们放弃沙皇政府在满洲的所有掠夺品,恢复中国在这些地区的主权……放弃在中国和内蒙古的治外法权的一切利益,撤销沙皇在

---

① 《论人民民主专政——纪念中国共产党二十八周年》(1949年6月30日),《毛泽东选集》第四卷,人民出版社1991年版,第1471页。

各种不同的借口下加在中国人民头上的一切重税负担;撤销帝俄时代所有留在驻华使馆中的武装部队。"①

俄国十月革命胜利的消息,在北京社会特别是知识分子中产生了深刻影响。它使一批先进知识分子在探寻民族解放的道路上,开始逐渐抛弃了建立资产阶级共和国的理想,转而以俄为师,在介绍、研究俄国十月革命和社会主义制度中,了解、学习并进而接受马克思列宁主义。广大劳动群众则把十月革命看作是俄国"穷人党"的胜利,满怀希冀地欢迎它。

在中国大地上第一个举起十月社会主义革命旗帜,并能够深入分析和系统阐述其伟大意义的人,是时任北京大学图书馆主任的李大钊。早在1913年至1916年留学日本期间,他就接触到马克思主义学说。1917年春季,他研究了俄国二月革命的经验及布尔什维克党在革命中的作用。十月革命胜利后,他积极宣传和介绍俄国十月革命的情况,成为中国第一个具有初步共产主义觉悟的先进分子。

1918年1月,李大钊接替章士钊正式担任北京大学图书馆主任一职。

7月,李大钊发表了《法俄革命之比较观》一文,指出:"法兰西之革命是十八世纪末期之革命,是立于国家主义上之革命,是政治的革命而兼含社会的革命之意味者也。俄罗斯之革命是二十世纪初期之革命,是立于社会主义上之革命,是社会的革命而并著世界的革命之采色者也。"它与18世纪法国革命相比,"时代之精神不同,革命之性质

李大钊

---

① 黄修荣:《共产国际与中国革命关系史》,中共中央党校出版社1989年版,第52页。

自异，故迥非可同日而语者"。因此，"吾人对于俄罗斯今日之事变，惟有翘首以迎其世界的新文明之曙光，倾耳以迎其建于自由、人道上之新俄罗斯之消息，而求所以适应此世界的新潮流"[①]。李大钊将俄国十月社会主义革命与法国资产阶级革命做了本质上的区分，从而深刻阐明了十月革命的重大政治意义和历史意义。

1918年10月，北京大学利用比利时仪品公司提供的20万元借款，在学校东操场修建的"红楼"竣工，称北大第一院。于是，图书馆随同校总部和文科搬迁至北京沙滩大街（现为五四大街）新建的北大红楼。

红楼第一层主要做图书馆用，分为21个书库、6个阅览室；东南角上的一个里外间为主任室，里间做办公室，外间做会议室。李大钊在补充书刊资料时，大力购入和收藏马克思主义著作与介绍俄国十月革命方面的书刊，如《共产党宣言》《资本论》《马克思主义》，以及外文期刊《苏维埃俄罗斯》等，把北大图书馆变成了马克思主义理论的学习和研究中心。

北京大学红楼旧影

当年的北大学生张国焘后来回忆说："那时的北大图书馆设备还很简陋，地方不算宽敞，图书也不够齐备，但已甚具吸引力。常常挤满了人，其中以搜索新奇思想的左倾者占多数，少数的社会主义书刊往往借阅一空。休息室中，三五成群的青年高谈阔论，马克思主义和无政府主义常是他们的主要话题。图书馆主任室有两间房，一间是李先生的办

---

① 《李大钊全集》第二卷，人民出版社2006年版，第226、228页。

公室，另一间是接待室。那间接待室是当时社会主义者和急进人物会集之所，还有好几次举行过人数颇多的座谈会，辩论得很是认真……一九二〇年时，这间图书馆主任室的马克思主义色彩，就这样的日益浓厚起来。"①

一时间，北京大学成为当时中国孕育传播新思想，特别是宣传十月革命和马克思主义的中心。

也就是在这个时候，刚刚从湖南省立第一师范学校毕业、24岁的毛泽东，应老师杨昌济之邀，为组织湖南青年赴法勤工俭学事，于1918年8月19日来到了北京。杨昌济希望毛泽东要么到法国留学，要么留在北京大学读几年书，并挽留毛泽东、蔡和森住在他这儿。于是，毛泽东和蔡和森就暂住豆腐池胡同9号（今15号）"板仓杨寓"东南角的单间。由于来京新民学会会员居住分散，不便展开活动，不久，毛泽东等人就在景山东街三眼井胡同吉安所东夹道7号（今吉安所左巷8号）租了3间房住。

毛泽东来京后，四处奔走协调，筹措留学经费。在此期间，生计成了大问题。他后来回忆说：

> 北京对我来说开销太大。我是向朋友们借了钱来首都的，来了以后，非马上就找工作不可。我从前在师范学校的伦理学教员杨昌济，这时是国立北京大学的教授。我请他帮助我找工作，他把我介绍给北大图书馆主任。他就是李大钊，后来成了中国共产党的一位创始人，被张作霖②杀害。③

---

① 苏杭、苏若群：《解密档案中的张国焘》，人民出版社2015年版，第11页。
② 张作霖（1875—1928），字雨亭，奉天海城（今属辽宁）人。绿林出身。1902年被清政府收编。辛亥革命后，投效袁世凯，任北洋军第27师师长。后任奉天督军兼省长。1918年任东三省巡阅使，成为奉系军阀首领。1928年6月，被日本关东军埋设的炸弹炸死。
③ ［美］埃德加·斯诺：《西行漫记》，董乐山译，生活·读书·新知三联书店1979年版，第126—127页。

青年时期的毛泽东

1918年9月,经老师杨昌济介绍、校长蔡元培书面推荐,北京大学图书馆主任李大钊为毛泽东安排了份差事,主要负责整理图书馆第二阅览室(报纸阅览室)的《申报》《时事新报》《民国日报》《晨报》《京报》《国民公报》《顺天时报》《大公报》,及英文《北京导报》等15种中外文报纸,登记阅览者姓名,月薪8块大洋。

对于毛泽东在北大图书馆所谋差事的名称,许多著作记述略有不同,有的说是"助理员",有的说是"书记员"。但据党史专家考证,毛泽东在北京大学图书馆工作的职务名称应该是"书记"①。主要依据是毛泽东在湖南省立第一师范学校的同学、当时来京赴法勤工俭学主要组织者之一的萧子升的回忆,他在《毛泽东与我》中回忆说:"由于生活困难,他们写信请示蔡元培可否给同学安插一个打扫教室的工作。蔡校长知道这件事后,有个更好的主意,致北大图书馆主任李大钊书函,'守常先生大鉴:毛泽东欲在本校谋一半工半读工作,请设法在图书馆安置一个书记的职位,负责整理图书和清扫房间,月薪八元。蔡元培即日'。于是,李大钊给毛泽东安排了清扫房间、整理图书的工作,一个极简易的差事。"②此外,1920年5月10日《北京大学日刊》刊登的《北京大学总务处图书部试行条例》规定,北京大学图书馆工作人员共有助教、事务员、书记、杂务人员4类,并没有"助理员"或"书记员"的职位。由此可见,毛泽东当时在北京大学图书馆担

---

① 刘岳:《青年毛泽东在北京大学任图书馆书记》,《北京党史研究》1993年第3期。
② 萧瑜:《毛泽东与我》节译之五,台湾《艺文志》第20期(1967年5月),第20页。

任的是"书记"职位。

青年毛泽东虽然做了北京大学图书馆的"书记",但正如他后来回忆的:"我的职位低微,大家都不理我。我的工作中有一项是登记来图书馆读报的人的姓名,可是对他们大多数人来说,我这个人是不存在的……我打算去和他们攀谈政治和文化问题,可是他们都是些大忙人,没有时间听。"尽管职位不高、待遇菲薄,"但是我并不灰心。我参加了哲学会和新闻学会,为的是能够在北大旁听。"①

青年毛泽东第一次来北京的生活,既非常艰苦又十分丰富,更充满甜蜜的回忆。对此,他后来回忆道:

> 我自己在北京的生活条件很可怜,可是在另一方面,故都的美对于我是一种丰富多彩、生动有趣的补偿。我住在一个叫做三眼井的地方,同另外七个人住在一间小屋子里。我们大家都睡到炕上的时候,挤得几乎透不过气来。每逢我要翻身,得先同两旁的人打招呼。但是,在公园里,在故宫的庭院里,我却看到了北方的早春。北海上还结着坚冰的时候,我看到了洁白的梅花盛开。我看到杨柳倒垂在北海上,枝头悬挂着晶莹的冰柱,因而想起唐朝诗人岑参咏北海冬树挂珠的诗句:"千树万树梨花开。"北京数不尽的树木激起了我的惊叹和赞美。②

与此同时,和杨开慧的恋情,也给了青年毛泽东以情感的慰藉。"也是在这里,我遇见而且爱上了杨开慧。她是我以前的伦理学教员杨昌济的女儿。在我的青年时代杨昌济对我有很深的影响,后来在

---

① [美]埃德加·斯诺:《西行漫记》,董乐山译,生活·读书·新知三联书店1979年版,第127页。

② [美]埃德加·斯诺:《西行漫记》,董乐山译,生活·读书·新知三联书店1979年版,第128页。

北京成了我的一位知心朋友。"①毛泽东进湖南省立第一师范学校读书时，杨开慧只是个14岁的小姑娘，如今已出落为18岁的大姑娘了。毛泽东第一次来北京期间，经常来往于杨先生家里，和杨开慧的认识逐渐加深，慢慢地俩人建立起恋爱关系。他们一同漫步在故宫河畔和北海公园，沉醉在北京美丽的风景中。

北京作为新文化运动的中心，北京大学作为新文化运动的发源地，人才荟萃、思想汇聚，各种思想、学术在这里争奇斗艳，浓厚的文化氛围、开阔的学术视野，是青年毛泽东在湖南根本无法接触到的，这使他感到非常兴奋，并被深深吸引。

在北京大学期间，青年毛泽东不仅读到许多过去从未读过的书刊，还接触到许多过去从未接触过的人物。他积极参加北京大学的两个学术团体。一个是1918年10月14日成立的新闻学研究会，由京报社社长邵飘萍发起组织并主讲有关办报的业务知识，这对他以后创办《湘江评论》很有帮助。一个是1919年1月成立的哲学研究会，由杨昌济、梁漱溟、胡适、陈公博等人发起组织，它的宗旨是"研究东西诸家哲学，瀹启新知"②。

正是通过参加北大哲学研究会和北大新闻学研究会的活动，毛泽东结识了陈独秀、胡适等新文化运动的领袖，广泛接触了包括马克思主义在内的各种新思潮。毛泽东在湖南一师时就常常阅读这些新文化运动著名人物的文章，这时更不会放过当面请教的机会。因此，他曾组织在京的十几个新民学会会员在北大同蔡元培和胡适座谈，"谈话形式为会友提出问题，请其答复。所谈多学术及人生观问题"③。对陈独秀，毛泽东是崇拜的，认为"他是五四运动时期的总司令，整个运动实际上是他领导的"。毛泽东后来回忆，在第一次到北京期间认识了陈独秀，并受到很大影响。

---

① ［美］埃德加·斯诺：《西行漫记》，董乐山译，生活·读书·新知三联书店1979年版，第127页。

② 《北京大学日刊》1919年1月28日。

③ 毛泽东：《新民学会会务报告》第1号（1920年冬）。

更为重要的是，在图书馆工作的毛泽东，自然最直接地受到了在古老中国热情讴歌俄国十月革命的第一人——李大钊的言论和行为的影响。1918年11月，毛泽东亲耳聆听了李大钊《庶民的胜利》的演说。后来，他又在《新青年》杂志上阅读了李大钊发表的《Bolshevism①的胜利》等文章，从而开始具体了解十月革命和马克思主义。

作为湖南青年赴法勤工俭学的组织者，毛泽东自己却没有迈出国门，去法国寻求革命真理。为什么呢？他曾对此解释说："我觉得我对我自己的国家了解得还不够，把我的时间花在中国会更有益处。那些决定去法国的学生当时跟李石曾学习法文，我没有这样做。我另有计划。"②在当时出国留学成为时尚乃至时髦的风气中，毛泽东坚持首先深入了解中国实际国情，确有其不同流俗之处，这也许是他后来能把马克思主义中国化的一个重要契机。

这些使毛泽东开始具体了解十月革命和马克思主义，引导他朝着马克思主义方向发展。

就这样，北大红楼作为中国先进思想和文化的策源地，聚集了一批先进分子研究和传播马克思主义，成为红色文化的起点；同时，由于中国共产党的许多先驱者在这里探寻救国救民的真理，留下了光辉的足迹，北大红楼又成为中国革命文化的起点，更使北京这座历史名城具有了浓郁的人文气息和光荣的革命传统。

1918年11月，第一次世界大战宣告结束，在协约国列强及中国北洋政府高举人道和公理的大旗肆意庆祝的时候，李大钊却发出了催人猛醒的质问：这场战争获胜的究竟是哪一个？随后，他在《新青年》接连发表了《庶民的胜利》《Bolshevism的胜利》两篇文章。

他在文章中运用历史唯物主义观点分析指出：第一次世界大战的性质是帝国主义强盗间的争夺战争，而俄国的无产阶级革命则制

---

① Bolshevism，即布尔什维主义。
② ［美］埃德加·斯诺：《毛泽东一九三六年同斯诺的谈话》，人民出版社1979年版，第33页。

止了帝国主义国家间的战争；一切反动势力必然灭亡，而社会主义、布尔什维主义一定会在全世界取得胜利。他认为"一九一七年的俄国革命，是二十世纪中世界革命的先声"①，"是自由的胜利，是民主主义的胜利，是社会主义的胜利，是Bolshevism的胜利，是赤旗的胜利，是世界劳工阶级的胜利，是二十世纪新潮流的胜利"②。因此，"我们对于这桩世界大变局的庆祝，不该为那一国那些国里一部分人庆祝，应该为世界人类全体的新曙光庆祝"。直面十月革命后的世界革命形势，他满怀信心与激情地写道："由今而后，到处所见的，都是Bolshevism战胜的旗。到处所闻的，都是Bolshevism的凯歌的声。人道的警钟响了！自由的曙光现了！试看将来的环球，必是赤旗的世界！"③

他还强调：新纪元的创造是非常艰难的，但这种艰难是社会进化途中所必须经历的。对此我们不要恐惧，不要逃避。因为一个新生命的诞生，必须经过一番苦痛，必须冒许多危险。他生动比喻道，这正如有了母亲十月怀胎、一朝分娩的劳苦痛楚，才能有儿子这个新生命的降生。由此，他大声疾呼中国人民起来推翻资本主义的强盗世界，创建一个"有工大家作，有饭大家吃"的新世界。④

当人们欢庆第一次世界大战结束、协约国取得胜利的时候，当人们翘首期待巴黎和会能够实现民族平等、人类和平的时候，李大钊对第一次世界大战发生根源的深刻分析，对社会主义革命胜利的欢呼，可谓空谷足音，惊世骇俗。

此后，紧接着宣传科学社会主义的是《每周评论》。

为了办一个比《新青年》"更迅速、刊期短，与现实更直接"的刊物，在陈独秀、李大钊等《新青年》同人的努力下，《每周评论》于1918年12月22日在北京创刊。这是中国第一份以"评论"命名的

---

① 《李大钊全集》第二卷，人民出版社2006年版，第256页。
② 《李大钊全集》第二卷，人民出版社2006年版，第259页。
③ 《李大钊全集》第二卷，人民出版社2006年版，第263页。
④ 《李大钊全集》第二卷，人民出版社2006年版，第255页。

时事评论周刊，其宗旨是"主张公理，反对强权"①。从1919年1月至五四运动，《每周评论》刊发了大量的关于社会主义革命的报道。

1919年元旦，李大钊在《每周评论》第3号上发表了《新纪元》一文，深刻指出"一九一四年以来世界大战的血、一九一七年俄国革命的血、一九一八年德、奥革命的血，好比作一场大洪水"，"洗来洗去，洗出一个新纪元来"。这是因为，劳工阶级"有了武器在手，就要掉过头来，拥护劳工的权利，攻击他们的公敌。劳工阶级有了自卫

1918年12月，《每周评论》在北京创办

的方法，那些少数掠夺劳工剩余的强盗，都该匿迹销声了"。"从今以后，生产制度起一种绝大的变动，劳工阶级要联合他们全世界的同胞，作一个合理的生产者的结合，去打破国界，打倒全世界资本的阶级。"②

1919年4月6日出版的《每周评论》第16号，在《名著》栏目里摘译刊登了《共产党宣言》第二章《无产者和共产党人》中关于纲领的一段内容。其中强调："劳工革命的第一步，我们最希望的，就是把无产阶级高举起来，放他们在统治地位，……把一切的生产机关，都收归政府掌管。"编者在这篇译文前还特别加了按语说，"这个宣言是马克思和恩格斯最先最重大的意见。……其要旨在主张阶级战争，要求各地劳工的联合，是表示新代的文书"③。这是中国报刊第一次刊登《共产党宣言》，比上海陈望道的全译本早了一年多。在此

---

① 陈独秀：《发刊词》，《每周评论》第1号，1918年12月22日。
② 《李大钊全集》第二卷，人民出版社2006年版，第266—268页。
③ 任建树：《陈独秀大传》，上海人民出版社2012年版，第151页。

前后,《每周评论》第15号上摘译刊载了奥古斯特倍倍尔的著作《近代社会主义与乌托邦社会主义的区别》,第18号上发表了《无政府共产主义与国家社会主义》一文。

这些文章,虽然还没有系统地介绍马克思主义的学说,但介绍了马克思主义理论原著的部分核心思想,如无产阶级专政思想等,并初步揭示了科学社会主义与其他流派的社会主义的区别。这足以说明以李大钊为代表的中国先进知识分子在俄国十月革命的影响下,思想认识有了一个质的飞跃,开始由革命民主主义向马克思主义转变,逐步尝试用马克思主义理论作为观察现实社会生活、探寻国家前途命运的工具。

1919年5月5日,是世界共产主义运动的创始人卡尔·马克思诞生101周年的纪念日,而这一天恰逢中国五四运动的浪潮正风起云涌。北京《晨报》副刊在李大钊的指导下,开辟了《马克思研究》专栏,从5月5日至11月11日的6个多月时间里,共发表了5种论著,其中包括马克思的《劳动与资本》、河上肇的《马克思唯物史观》等。除专栏外,《晨报》副刊还用一定篇幅发表了马克思、列宁等一些革命领袖的传记,以及介绍国际共产主义运动情况的文章。这一大胆的创举,前后持续了半年,产生了重大的社会影响。

为进一步深入研究和广泛传播马克思主义理论,当按照《新青年》编辑部预先排定的顺序,轮到李大钊编辑《新青年》第六卷第五号时,他决定集中刊出几篇介绍马克思和马克思主义的文章,出一期"马克思研究号"①。为此,李大钊还亲自撰写了长达26000余字《我的马克思主义观》一文,强调"自俄国革命以来,'马克思主义'几有风靡世界的势子",肯定了马克思主义为"世界改造原动的学说",并对马克思主义做了比较全面、系统的介绍。他指出,马克思主义是指它的历史论、经济论和政策论,即唯物史观、经济学说和社会主义理论的统一,这3个部分"都有不可分的关系,而阶级竞争说恰如一条

---

① 朱志敏:《李大钊传》,红旗出版社2009年版,第254页。

金线，把这三大原理从根本上联络起来"①。

《我的马克思主义观》是中国最早系统地介绍马克思主义3个组成部分的文章。它的发表，标志着李大钊完成了由民主主义者向马克思主义者的转变，也标志着马克思主义在中国进入比较系统的传播阶段。

难能可贵的是，在宣传马克思主义的同时，李大钊较早地提出马克思主义同中国实际相结合的问题。1919年8月，李大钊在《再论问题与主义》一文中指出：

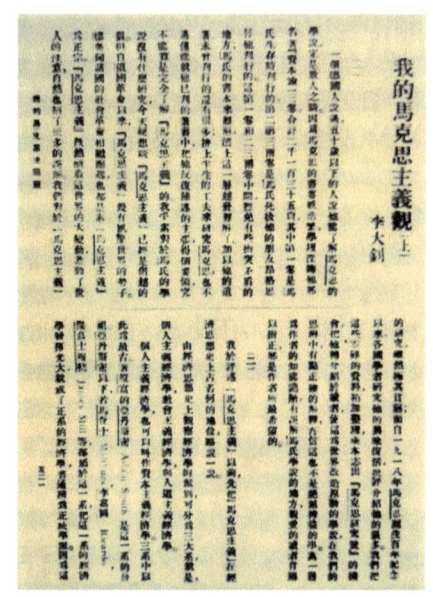

李大钊在《新青年》第六卷第五号上发表的《我的马克思主义观》（上）

> 一个社会主义者，为使他的主义在世界上发生一些影响，必须要研究怎么可以把他的理想尽量应用于环绕着他的实境。所以现代的社会，主义包含着许多把他的精神变作实际的形式使合于现在需要的企图。②

据不完全统计，李大钊从1918年7月发表《法俄革命之比较观》到1921年7月中共一大召开前的3年中，发表介绍和研究马克思主义的文章共计181篇，平均不到一周就发表一篇文章。因此，李大钊成为在神州大地上举起马克思主义大旗并系统传播马克思主义理论的第一人。

著名老革命家林伯渠1958年10月为即将出版的《李大钊选集》

---

① 《李大钊全集》第三卷，人民出版社2006年版，第15、16、19页。
② 《李大钊全集》第三卷，人民出版社2006年版，第3页。

题诗赞道：

> 登高一呼群山应，从此神州不陆沉。
> 大智若愚能解惑，微言如闪首传真。①

这首诗以贴切的比喻、生动的语言，深刻地说明了在马克思主义传播过程中和在中国近代革命史上，李大钊都具有举足轻重的重要地位，发挥了关键性的重大作用。

---

① 朱成甲：《登高一呼群山应——中共创建过程的特点与李大钊的历史作用》，《北京党史》，2010年第5期。

第二节　率先组织起来传播理论

五四时期，宣传新思想、新文化的出版物如雨后春笋般地出现。仅在五四运动后的一年间，全国新出版的刊物竟达400多种，其中，北京宣传介绍社会主义和马克思主义的刊物就有三四十种，如《每周评论》、《国民》、《新潮》、《晨报》副刊、《京报》、《少年中国》、《新生活》、《曙光》、《平民教育》、《少年》、《新中国》、《评论之评论》等。这些出版物，虽然思想倾向不同，但都或多或少地介绍和宣传过马克思主义。

以李大钊为代表的具有初步共产主义觉悟的先进分子，成为传播马克思主义的中坚力量，做了多方面的努力和大量艰苦的工作。他们创办进步报刊，建立研究组织，翻译马克思、列宁的原著，撰写介绍马克思主义观点的文章，使马克思主义在中国得到广泛传播。

早在五四运动前夕的1918年冬，受民主与科学思潮盛行、北京学生掀起组团结社热潮的影响，李大钊、高一涵等人就在北京大学组织了一个研究马克思主义的团体。当事人高一涵后来回忆说："五四前不到半年，守常在北京大学组织了一个研究马克思主义的学会。我们不用马克思，而是用马尔克斯这个名字，为的是要欺骗警察。他们回去报告，上司一听研究马尔萨斯（与马尔克斯相混），认为这是研究人口论的，也就不来干涉了，这个学会，先是公开的；后来就秘密起来。它的对内活动是研究马克思学说，对外则是举办一些讲演会。"① 当然，由于这个团体成员数量有限、组织相对松散、活动较少且是秘密进行的，加之那时正处于各种新思潮争鸣时期，李大钊、陈独秀等人的思想信仰尚未完全明确，对马克思主义的了解也不多不深，因此，这个团体曾经在一段时间内较少被党史著作所提及。但其

---

① 高一涵：《回忆五四时期的李大钊同志》，《五四运动回忆录》（上），中国社会科学出版社1979年版，第340页。

积极推动马克思主义在中国传播的历史作用是值得肯定的,更为后来成立的马克思学说研究会做了有益探索。

1920年3月31日,为了学习和传播博大精深的马克思学说,李大钊与邓中夏等人经过多次酝酿讨论,在北京大学发起成立了马克思学说研究会。

北京大学马克思学说研究会部分成员合影

这个研究会当时是秘密成立的,直到1921年11月17日才在《北京大学日刊》上登出《发起马克斯学说研究会启事》,对外公开。启事明确提出,研究会的宗旨是"以研究关于马克斯派的著述为目的","对于马克斯派学说研究有兴味的和愿意研究马氏学说的人,都可以做本会底会员","入会手续,由会员介绍或自己请愿,但须经会中认可"。很明显,这个研究会的根本目的,就是学习研究马克思主义、团结进步学生、培养先进分子。

这份启事,列名发起者有19人,大多是北大学生或旁听生。李大钊是研究会顾问,没有列名。当时还在北大会议室召开了成立大会,蔡元培校长、李大钊应邀出席并做简短讲话,参会者四五十人。

马克思学说研究会刚成立时,没有固定的活动场所,后几经交涉，得到蔡元培校长的支持，学校拨出西斋宿舍中两间宽敞的屋子给研究会使用，一间当办公室，一间当图书室。图书室取名为"亢慕义斋"，不知内情者不解其意。其实，"亢慕义"为英文communism（共产主义）的音译，当时北大宿舍称"斋"。"亢慕义斋"亦即"共产主义室"。

马克思学说研究会一经成立，便组织开展了一系列不同寻常、丰富多彩的活动。

一是搜集和翻译马克思主义书籍。会员除向北大图书馆借阅外，还捐款购买，李大钊任主任的北大图书馆为研究会从国外购书给予了具体帮助。据《北京大学日刊》1922年初所记，研究会当时已拥有介绍马克思主义的英文书籍40余种、中文书籍20余种。到4月已有英文书籍70余种、德文书籍七八种，其中有马克思、恩格斯的著作《共产党宣言》《社会主义从空想到科学的发展》《哲学的贫困》《家庭、私有制和国家的起源》《德国的革命与反革命》《路易·波拿巴的雾月十八日》《法兰西内战》《雇佣劳动与资本》等，列宁的《共产主义运动中的"左派"幼稚病》和《无产阶级革命》；中文书如陈望道译的《共产党宣言》、恽代英译的《阶级争斗》、李汉俊译的《马克思资本论入门》、李季译的《社会主义史》等。据研究会成员罗章龙回忆，研究会曾翻译过《共产党宣言》《震撼世界的十日》和一些宣传唯物论、进化论的西方书籍，并曾试译过《资本论》第一卷。

二是分组分专题进行研究。会员按各自的研究志趣自由结合，固定分组，开展专题研究。按专题分为唯物史观、阶级斗争、剩余价值、无产阶级专政及马克思预定共产主义完成的3个时期、社会主义史、晚近各种社会主义之比较及其批评、经济史及经济学史、俄国革命及其建设、布尔什维克党与第三国际共产党之研究、世界资本主义国家在世界各弱小民族（特别注意研究中国）掠夺之实况共10个组。会员只要力所能及，选几个组参加研究活动皆可。①在以上10个问题

---

① 《北京大学日刊》1922年2月2日。

之外，研究会的会员觉得需要研究《资本论》，因为阶级斗争、无产阶级革命及共产党等研究，是建立在资本主义必然灭亡、社会主义必然胜利的基础上。于是，研究会不久又另设资本论研究组。通过这些有组织的研究活动，马克思学说研究会中，出现了邓中夏、高君宇等一批具有初步共产主义觉悟的知识分子。他们刻苦钻研马克思主义书籍，探讨中国革命问题，思想认识在专题研究中不断深化。

三是定期举行讲演会。研究会规定每月底举行一次，主要聘请名人学者担任讲演员。如研究会曾通告："5月5日（星期五）是马克思诞生百又四周年纪念日。本会定于是日下午一时在北大第三院（北河沿）大礼堂举行纪念大会，并请李大钊、顾孟余、陈启修、高一涵诸先生讲演。此会系公开性质，无论何人均一律欢迎。"[1]还有一次，研究会请李大钊先生讲演马克思经济学说，时间是1922年2月19日（星期天）下午，地点在北大第二院大讲堂。[2]这种名师讲堂式的集体学习，对于提高研究会成员的马克思主义理论水平很有帮助。

四是举行定期的讨论会和不定期的辩论会。讨论会在每星期六晚7时召开，"先由会员一人述释该题之内容及其要点，然后付之讨论。一次讨论不完，下次续之。"[3]同时，还不定期举办辩论会，如曾在沙滩红楼一个大教室里，就"社会主义是否适宜中国"这个问题展开辩论，李大钊被邀请担任评判员，参加辩论会的都是北京各大学及专门学校的学生和教员。辩论终结时，李大钊做小结发言。他运用马克思的唯物史观来阐述这个问题，指出人类社会的发展规律，说明资本主义社会转变到社会主义，正如封建社会制度因生产力的发展一定要转变到资本主义制度一样，不是人们的意志和情感所能左右的。他还着重强调，此地所说社会主义之必然到来，绝不意味着工人阶级可

---

[1] 《近代史资料》1955年第2期，第171页。

[2] 北京市档案馆：《马克思学说研究会》，《北京档案》，2011年第5期，第61—62页。

[3] 中共中央党史资料征集委员会：《共产主义小组》（上），中共党史资料出版社1987年版，第298页。

以不要斗争而垂手以待社会主义之到来。李大钊具有说理性的雄辩发言，引起了大多数听众研究马克思学说的兴趣，扩大了马克思主义的影响。

研究会成立后，开展了丰富多彩的活动，影响力由北京大学向北京、向全国扩展。研究会成员朱务善在回忆中强调："后来，马克思学说研究会不但是在北京大学，而且在北京各高等学校中成为宣传马克思主义的唯一中心。"①1922年12月13日的"马克思学说研究会征求会员启事"称："凡京内京外有愿入本会者，请致函北京大学第二院北京马克斯学说研究会，并请将通信处示知。"②由此可见，研究会立足北京、影响全国，发挥了引领作用，各地相继成立了马克思主义研究会、俄罗斯研究会等组织。

随着中国共产党的成立和革命事业的发展，北京马克思学说研究会的会员数量在不断增多。成立之初，具名发起者为19人。按照罗章龙在《椿园载记》里的说法，研究会第三次统计时有会员110人，1922年第四次统计时有150人，1923年二七前统计时有250～300人。罗章龙还曾找到有151人的名单，其中有25人是工人，且大多数是铁路工人。③这表明，研究会不再是一个单纯的学生社团，而是逐步发展成为涵盖工人在内的社会政治团体。

1922年初，以研究会为基础，先后成立了北京大学党支部和社会主义青年团的组织，这说明研究会不再是单纯的学术研究团体，而是更多从事政治宣传工作，成为能够直接参与革命行动的党的外围组织。研究会的绝大多数会员后来成为共产党员、共青团员，在全国各地分别担任党、团领导工作或参加北方劳动组合书记部的工作，为党

---

① 朱务善：《中共成立前后在北京工作的回忆》（1956年6月），中国社会科学院现代史研究室、中国革命博物馆党史研究室选编：《"一大"前后——中国共产党第一次代表大会前后资料选编》（二），人民出版社1980年版，第90页。

② 张立波：《北京马克思学说研究会：基于史料的重构》，《哲学动态》2014年第2期，第26页。

③ 罗章龙：《椿园载记》，生活·读书·新知三联书店1984年版，第64—67页。

的创建和革命事业做出了突出贡献。

到1925年时，作为组织的马克思学说研究会完成了历史使命，已不复存在，但马克思主义思想和革命运动则生机勃勃地在中国大地上展开了。

因此，在北京成立的马克思学说研究会，成为20世纪20年代初青年学生追求进步、投身革命的象征，更成为推动马克思主义在中国广泛传播的标志。

第三节 思想交锋坚定政治立场

马克思主义在中国的传播并不是一帆风顺的。

五四时期，中国社会正处在时局大动荡和思想大解放时期，中国革命正在由资产阶级领导的旧民主主义革命向无产阶级领导的新民主主义革命转变，社会思想空前活跃，新思潮百家争鸣又鱼龙混杂。在马克思主义加快传播步伐的同时，实用主义、无政府主义、基尔特社会主义等思潮也不甘寂寞，以不同方式争相表现自己，一时间泥沙俱下。

随着马克思主义在中国越来越广泛的传播，帝国主义和封建军阀视之如洪水猛兽，表现出极大的仇视和恐慌。他们把社会主义诬称为"过激主义"，不时发布严查"过激党"的命令和通报，不少进步书刊因此被查封。但是，反动统治者的压制手段阻止不了真理的传播，反而使更多关心国家命运的人对"过激主义"产生了兴趣。

但是，社会主义到底是什么样子？它是否符合中国国情、能否救中国于危难之中？人们还是"隔着窗纱看晓雾"，心朦胧、意朦胧，并不十分清晰。

围绕这些问题，马克思主义与其他思潮发生了3次学理论争和思想交锋。正是在这一过程中，马克思主义驱除迷雾，绽放出真理的光芒。

第一次是"问题"与"主义"的论争。

五四运动前，具有不同思想倾向的知识分子都参加到了新文化运动中来，他们在批判封建礼教、提倡科学和民主方面并没有明显的分歧。但随着马克思主义的传播，这些人逐步发生分化。以胡适为代表的一部分资产阶级知识分子，很不愿意看到新文化运动发展为马克思主义思想运动。他说：国内"新分子"闭口不谈具体的政治问题，却高谈什么无政府主义与马克思主义，高谈基尔特社会主义，高谈"阶级战争"与"盈余价值"，"我是看不过了，忍不住了——因为我是一名实验主义的信徒，于是发愤要谈政治"①。

1919年6月，正值陈独秀因在五四运动中散发《北京市民宣言》被捕、李大钊避难准备离京之际，胡适接替陈独秀主编《每周评论》。7月，他在《每周评论》上发表文章《多研究些问题，少谈些主义》。《每周评论》第26、27期的全部篇幅，也用来刊登他的导师杜威的讲演录。由此，挑起"问题"与"主义"之争。

胡适在文中坚决反对宣传马克思主义，他说"空谈好听的'主义'，是极易的事，是阿猫阿狗都能做的事，是鹦鹉和留声机器都能做的事"，"是没有什么用处的"。他充分发挥其导师杜威的实用主义思想，主张一点一滴地对社会进行改良，反对在中国进行革命。他"奉劝"谈马克思主义的人们"多提出一些问题，少谈一些纸上谈兵的主义"。"请你们多多研究这个问题如何解决，那个问题如何解决，不要高谈这种主义如何新奇，那种主义如何奥妙。"他认为必须解决的现实问题有人力车夫的生计问题、卖淫问题、大总统权限问题等等。这实质上是要用实验主义、改良主义来取代马克思主义进行社会革命的理论。

胡适的文章发表不久就受到批驳。正暂住河北昌黎五峰山的李大钊，于1919年8月发表了《再论问题与主义》的文章，对胡适的言论进行反击。

李大钊旗帜鲜明地宣称："我是喜欢谈谈布尔扎维主义②的"，"布尔什维主义的流行，实在是世界文化上的一大变动。我们应该研究他，介绍他，把他的实象昭布在人类社会，不可一味听信人家为他们造的谣言，就拿凶暴残忍的话抹煞他们的一切。"他认为，宣传理想的主义与研究实际的问题，两者间并不是水火不容，而是交相为用、并行不悖的。一方面，研究和解决问题必须有主义做指导；另一方面，社会主义也有适用于实际的可能性，并非只是空谈。他指出，

---

① 胡适:《胡适文存》二集，黄山书社1996年版，第331页。
② 布尔扎维主义：布尔什维主义。

"大凡一个主义,都有理想与实用两面","把这个理想适用到实际的政治上去,那就因时、因所、因事的性质情形,有些不同"①。难能可贵的是,李大钊在文中初步表述了将马克思主义基本原理与中国的具体实际相结合的思想。

在此基础上,李大钊进一步指出,必须首先有共同的理想和主义,"必须有一个根本解决,才有把一个一个的具体问题都解决了的希望"。他还依据马克思主义理论,指出"社会上法律、政治、伦理等精神的构造,都是表面的构造。他的下面,有经济的构造作他们一切的基础"。"经济问题一旦解决,什么政治问题、法律问题、家族制度问题、女子解放问题、工人解放问题,都可以解决"②,而解决经济问题必须展开阶级斗争,必须进行革命。

随后,《每周评论》等报刊又发表了几篇争论文章。有些团体还就此展开了激烈的讨论。1920年12月,陈独秀在《新青年》上发表了《主义与努力》一文。他指出,马克思主义好比行船的方向,"改造社会和行船一样,定方向与努力二者缺一不可"③。

这场论争的实质,是中国需要马克思主义还是实用主义、解决中国的问题是通过革命还是改良的问题。论争过程中,李大钊、陈独秀等人捍卫了马克思主义。可贵的是,许多进步青年撰文支持李大钊等人的观点,赞同胡适或者具有类似观点的人也为数不少,但最终以马克思主义的胜利和实用主义的失败而告终。问题与主义的论争,对促进人们进一步探索如何改造中国社会起到了积极作用,扩大了社会主义思潮的影响,推动一些进步青年去接受马克思主义。

当然,从当时李大钊与胡适两人的关系看,尽管以两人为代表进行的问题与主义的论争万众瞩目,却是作为思想学理问题的探讨,而不是人们想象或误认为的剑拔弩张的政治斗争。事实上,李大钊与胡

---

① 《李大钊全集》第三卷,人民出版社2006年版,第3—5页。
② 《李大钊全集》第三卷,人民出版社2006年版,第6页。
③ 陈独秀:《主义与努力》(1920年12月1日),《陈独秀文章选编》(中),生活·读书·新知三联书店1984年版,第63页。

适都出身乡村,年龄相近(李大钊年长胡适3岁),都有丧父不幸,均是留学归国,在北京大学既是同人,又是挚友、同志,还一起积极参与领导反封建文化的新文化运动,热烈追求现代民主政体,大力宣扬民主、科学。可以说,李大钊与胡适在振兴中华民族事业,推进社会改革和反对封建专制等大的方面,是志同道合的;只是在改革社会的方法和某些学理上,认识不尽相同。在问题与主义论争之后,他们两人仍然交往联系,研读学理。

第二次是关于社会主义的讨论。

受基尔特社会主义思想的影响,1920年11月,张东荪发表了《由内地旅行而得之又一教训》;12月,又发表了《现在与未来》一文,公然反对马克思主义阶级斗争学说,极力歪曲中国的阶级关系,鼓吹救中国只有一条路,就是增加富力,空谈社会主义必定是无结果的。1921年2月,梁启超也发表了《复张东荪书论社会主义运动》等文章,支持并阐发张东荪的论点。

张、梁口头上也讲社会主义,而实际上反对中国走社会主义道路。他们认为中国经济落后,"缺少真正劳动者",大多数人民没有知识,不具备成立无产阶级政党的基础,因此中国是"绝不能建设劳动阶级的国家",也不能建立共产党,社会主义的宣传也要少做,否则就是制造伪劳农革命。与胡适不同的是,他们并不否认帝国主义的掠夺和压迫是中国贫穷落后的根源。但他们认为,救治中国的唯一办法是依靠"绅商阶级",发展资本主义,协调劳资关系,开办公共事业,进而和平地走向社会主义。这些观点当时在广大进步青年中造成了一定的思想混乱。

针对上述观点,李大钊、陈独秀、李达等早期马克思主义者给予了坚决反击。1920年至1921年,《新青年》《共产党》等刊物连续发表了李达的《讨论社会主义并质梁任公》、李大钊的《中国的社会主义与世界的资本主义》等文章,进行了系统的批驳。

针对张东荪、梁启超所说的中国没有劳动阶级的观点,陈独秀指出:"中国若无劳动者,先生吃的米、穿的衣、住的房屋、乘的车船，是何人做出来的？先生所办的报，是何人排印出来的？"①李达在文章中说："中国是劳动力过剩，不能说没有劳动阶级，只不过没有组织罢了。在这一方面说起来，是国际资本主义和中国劳动阶级的对峙。"②在此基础上，李大钊进一步指出，"今日在中国想发展实业，非由纯粹生产者组织政府，以铲除国内的掠夺阶级，抵抗此世界的资本主义，依社会主义的组织经营实业不可"③。

关于要不要激烈的阶级斗争的问题，陈独秀和李达等人指出，资本家的本质就是唯利是图，让他们从"觉悟"上认识到善待工人，只能是一句空话。资本家所以能"宽待"劳动者，"无非是免得受罢工的损失，而可以安稳的扩张资本势力"，因此，调和劳资矛盾的改良主义是行不通的。李达还指出，劳动阶级要谋求解放只能采取"最普遍最猛烈最有效力的一种非妥协的阶级争斗手段"，即"直接行动"。

他们针对张东荪等人关于中国当前任务是发展实业的说法指出：发展实业固然重要，但如果只顾增进物质文明，却不讲适当方法去分配物质文明，使多数人都能享物质文明的幸福，结果物质文明还是归少数人垄断，多数人仍旧得不着人的生活。因此，李达强调，"就中国现状而论，国内新式生产机关绝少，在今日而言开发实业，最好莫如采用社会主义"，"采社会主义方法开发中国产业，努力设法避去欧美资本制度产业社会所生之一切恶果"④。

这次讨论持续一年多才取得胜利，其实质是一次中国走社会主义道路还是走资本主义道路、要不要建立无产阶级政党的争论。在讨论中，中国早期的马克思主义者能够初步运用马克思主义理论，剖析资本主义制度固有的矛盾，指出中国的出路只能是社会主义；要改造中

---

① 陈独秀：《独秀复东荪先生底信》(1920年12月)，《新青年》第八卷第四号。
② 李达：《讨论社会主义并质梁任公》，《李达文集》第一卷，人民出版社1980年版，第48页。
③ 《李大钊全集》第三卷，人民出版社2006年版，第277—278页。
④ 李达：《讨论社会主义并质梁任公》，《李达文集》第一卷，人民出版社1980年版，第74页。

国社会，必须建立共产党组织。经过一年多关于社会主义的讨论，更多的人对马克思主义理论有了进一步了解，从而站到了支持马克思主义理论一边，而张东荪、梁启超等极力主张阶级调和的改良主义的人也因理屈词穷而失去听众。

从1920年底到1921年的这次讨论，正是创建中国共产党的筹备时期，一批原本认识并不太清晰的建党积极分子，在辩论中进一步坚定了马克思主义的信仰。毛泽东曾在给蔡和森等人的复信中指出，现在资本家握着政权也握着教育权，"要资本家信共产主义是不可能的事"，因为"历史上凡是专制主义者，或帝国主义者，或军国主义者，非等到人家来推倒，决没有自己肯收场的"。"俄国式的革命，是无可如何的山穷水尽诸路皆走不通了的一个变计，并不是有更好的方法弃而不采，单要采这个恐怖的方法。"①

第三次是批判无政府主义的斗争。

无政府主义起源于欧洲，是一种具有世界影响的小资产阶级思潮，早在20世纪之初即传入中国。无政府主义宣传的废除权威、反对剥削的思想，适应了当时知识分子在旧中国的黑暗现实中对国家、政治、法律的否定心态，特别是在推翻清王朝封建统治和批判封建军阀的专制统治，以及帮助人们理解十月革命和新思潮等方面，起到过一定的积极作用，因而于五四运动前后在广大青年中很是流行，甚至具有初步共产主义觉悟的先进分子也或多或少受过无政府主义的影响。但是，无政府主义在反对专制统治的同时，将攻击的矛头也指向了马克思主义国家学说和俄国的无产阶级专政。

1919年至1921年，以北大学生黄凌霜、区声白为代表的无政府主义者，相继发表《马克思学说的批评》《我们反对"布尔什维克"》等文章，公开挑战马克思主义。在政治上，无政府主义者反对一切国家和权威，反对一切政治斗争和暴力革命，主张实行资产阶级的和平主义、人道主义，提倡个人主义和绝对自由；在经济上，无政府主义

---

① 逄先知、金冲及：《毛泽东传》（一），中央文献出版社2011年版，第71页。

者主张生产上的自由联合管理，反对集中和有计划的生产，主张立即实行"各取所需"的分配方式。

面对无政府主义者的进攻，陈独秀、李大钊、施存统等早期马克思主义者从1920年9月起，进行了坚决的反击。

《共产党》月刊创刊号就曾写道："无政府主义者诸君呀！你们本来也是反对资本主义反对私有财产制的，请你们不要将可贵的自由滥给资本阶级。一切生产工具都归生产劳动者所有，一切权都归劳动者执掌，这是我们的信条；你们若非甘心纵容那不肯从事生产劳动的资本家作恶，也应该是你们的信条。"①

1920年11月，《共产党》月刊在上海创刊

关于自由问题，李大钊指出："试想一个人自有生以来，即离开社会的环境，完全自度一种孤立而岑寂的生活，那个人断没有一点的自由可以选择，只有孤立是他唯一的生活途径。这种的个人，还有什么个人的意义！"②也就是说，世上没有脱离社会关系的自由。陈独秀则巧妙地说，社会是由许多团体结合而成的。在一个团体中，各人有各人的意见；在一个社会中，各人意见也不同。如果在一个团体中人们意见不合可以退出团体，那一个社会中成员意见不合时，要怎样退出社会？由此说明绝对的自由是不可能达成的。

关于生产和分配原则，陈独秀指出，实现社会主义并不是打破集中的大生产，而是改变生产资料的资产阶级所有制。如果按照无政府

---

① 陈独秀：《〈共产党〉月刊短言》（1920年11月7日），《陈独秀文章选编》（中），生活·读书·新知三联书店1984年版，第50—51页。

② 《李大钊全集》第三卷，人民出版社2006年版，第253页。

主义的观点，将生产机关委派给个人，将不能应付最复杂的近代经济问题，更不能实现中国的农业和工业的社会化。李达也指出，在生产水平不够高的情况下，实行按需分配是绝对办不到的，这势必会破坏社会经济秩序和社会生产力的发展。

关于无产阶级的国家，施存统撰文指出：我们的最终目的，也是没有国家的。不过我们在阶级没有消灭以前，却极力主张要国家，而且是主张要强有力的无产阶级专政的国家。这个国家的目的是用来撤废一切阶级的。不建立无产阶级专政，资产阶级也不会复辟的说法，是完全错误的。

这次论争，其实质是要不要暴力革命、组织纪律和无产阶级专政的问题，对于有革命热情而误信无政府主义的青年很有教育意义。经过这次论争，使更多的先进分子明确地认识到共产党的性质和最终目标是夺取政权，建立无产阶级专政，然后建设社会主义、消灭私有制、消灭阶级，进而实现真正的平等自由的共产主义社会，从而帮助他们澄清思想迷雾，推动他们转向马克思主义。这次论争持续的时间较长，基本划清了马克思主义与无政府主义的界限。在中国共产党成立后，一些无政府主义的小团体仍在继续进行反马克思主义的活动，但其影响却愈来愈小。

马克思主义是具有强大生命力的真理，必然会在中国近现代思想运动中成为主导思想。从五四运动到建党期间的三次论争，是占据着政治舞台的帝国主义和资产阶级文化与先进的马克思主义的思想交锋。

通过三次论争，马克思主义者击退了非马克思主义者在理论上的进攻，确立了其在指导思想上的优势，扩大了马克思主义的阵营。同时，马克思主义者在多次论争中，自身的理论水平也得到了提高，政治立场更为坚定。

第四节　一批先进分子脱颖而出

选择什么主义、确立什么信仰，这是20世纪初有识之士探索人生道路、寻求国家出路所面临的首要问题。

正如列宁曾经指出的，马克思主义是"从有产阶级的有教养的人即知识分子创造的哲学、历史和经济的理论中成长起来的。现代科学社会主义的创始人马克思和恩格斯本人，按他们的社会地位来说，也是资产阶级的知识分子。同样俄国社会民主主义的理论学说也是完全不依赖于工人运动的自发增长而产生的，它的产生是革命的社会主义知识分子的思想发展的自然和必然的结果"①。

马克思主义在中国传播的过程中，由于李大钊等人的影响和当时形势的推动，一批爱国的知识分子经过各自的探索，逐步划清了无产阶级社会主义与资产阶级民族主义、科学社会主义与其他社会主义流派的界限，确立了马克思主义信仰，成长为具有初步共产主义思想的先进分子，走上了革命道路。

在此过程中，北京作为马克思主义在中国的主要传播地，既是全国进步青年心向往之的地方，更是许多人理想信仰和革命初心确立的地方。

由于在中国较早传播十月革命和马克思主义，加之在五四运动中所起的卓越引领作用，李大钊在北京的知识界特别是在青年中有着很高的威望，理所当然地成为北京研究和学习马克思主义的带头人。许多青年把他看成是自己的导师，在京的就常跑到北京大学当面听他的教诲，外地的就以书信形式向他请教。在与青年的广泛接触中，李大钊积极引导他们中的先进分子逐渐走上了马克思主义所指引的革命道路。同时，通过马克思学说研究会组织的活动，团结了许多进步青年，扩大了马克思主义的影响，提高了会员和非会员的思想觉悟，加

---

① 列宁：《怎么办？我们运动中的迫切问题》（1901年秋—1902年2月），《列宁选集》第1卷，人民出版社1995年版，第317页。

深了他们对马克思主义的了解。

陈独秀作为新文化运动的领军人物,在五四运动的推动下,逐渐由认同资产阶级民主主义,转向认同科学社会主义。1919年12月1日,他在北京《晨报》发表的《告北京劳动界》一文中指出,18世纪以来的民主,是资产阶级向封建阶级做斗争的旗帜;20世纪的民主,乃是新兴的无产阶级向资产阶级做斗争的旗帜。

1920年9月,陈独秀在《新青年》第八卷第三号上发表长篇论文《谈政治》,指出:"若不经过阶级战争,若不经过劳动阶级占领权力阶级地位底时代,德谟克拉西①必然永远是资产阶级底专有物,也就是资产阶级永远把持政权抵制劳动阶级底利器。"他明确宣布:"我承认用革命的手段建设劳动阶级(即生产阶级)的国家,创造那禁止对内对外一切掠夺的政治、法律,为现代社会第一需要。"②陈独秀此前曾主张仿效欧美,在中国建立资产阶级共和国,这时他抛弃了这种主张,认为"共和政治为少数资本阶级所把持","要用他来造成多数幸福,简直是妄想。现在多数人都渐渐明白起来要求自己的自由与幸福了,社会主义要起来代替共和政治,也和当年共和政治起来代替封建制度一样,按诸新陈代谢底公例,都是不可逃的运命"③。这些言论和行动表明,陈独秀已站到马克思主义的立场上来,成为一名早期的马克思主义者。陈独秀在信仰上的转变,对广大进步青年是一个有力引领和促进。

毛泽东在五四运动尤其是马克思主义传播的推动下,逐渐由激进民主主义者转变为马克思主义者。

1919年3月12日,因母亲病势危重,毛泽东带着眷恋之情,离开使他开始具体了解十月革命和马克思主义的北京,离开刚刚建立起

---

① 德谟克拉西:英文Democracy的音译,意为"民主"。
② 陈独秀:《谈政治》(1920年9月1日),《陈独秀文章选编》(中),生活·读书·新知三联书店1984年版,第9—10页。
③ 陈独秀:《国庆纪念底价值》(1920年10月10日),《陈独秀文章选编》(中),生活·读书·新知三联书店1984年版,第32页。

恋爱关系的杨开慧。他在途中转道上海送别了蔡和森、萧子升等湖南赴法青年后,于4月初回到长沙。五四运动爆发后不久,北京学生联合会派邓中夏于5月中旬回家乡湖南,向毛泽东、何叔衡等介绍了北京学生运动的情况,商量改组现在的湖南学生联合会,以便发动湖南学生响应北京的爱国运动。5月28日,新湖南学生联合会正式成立。6月3日,在学联的组织下,长沙20所学校学生统一罢课,并向北京政府提出了拒绝凡尔赛和约、废除一切不平等条约等6项要求。

7月14日,由毛泽东担任主编和主要撰稿人的《湘江评论》创刊号正式出版了。在"创刊宣言"中,毛泽东热情歌颂十月革命,"自'世界革命'的呼声大倡,'人类解放'的运动猛进,从前吾人所不置疑的问题,所不遽取的方法,多所畏缩的说话,于今都要一改旧观,不疑者疑,不取者取,多畏缩者不畏缩。这种潮流,任是什么力量,不能阻住"。对于湖南的革命形势,他热情欢呼:"时机到了!世界的大潮卷得更急了!洞庭湖的闸门动了,且开了!浩浩荡荡的新思潮业已奔腾澎湃于湘江两岸了!"①

1919年12月18日至1920年4月11日,毛泽东率领湖南"驱张代表团"赴京请愿,第二次来到北京,在北京大学停留了近半年时间,并加入了"少年中国学会"。仔细研究历史,我们发现在这里有一个巧合的时间点。

1920年3月,马克思学说研究会在北京大学秘密成立,没有参与研究会发起活动的毛泽东最初自然并不知情。面对当时社会上乱花迷眼的各种新思潮、新理论,不经过自己的深思熟虑和透彻了解,就不肯轻易做出判断的青年毛泽东,恰恰也是在1920年3月给友人周世钊的信中写道:"老实说,现在我于种种主义,种种学说,都还没有得到一个比较明了的概念"②。

---

① 中共中央文献研究室、中共湖南省委《毛泽东早期文稿》编辑组:《毛泽东早期文稿》(1912.6—1920.11),湖南出版社1990年版,第292、294—295页。

② 中共中央文献研究室、中共湖南省委《毛泽东早期文稿》编辑组:《毛泽东早期文稿》(1912.6—1920.11),湖南出版社1990年版,第474页。

在京期间，毛泽东虽然没有参加马克思学说研究会的发起，但与李大钊、邓中夏、何孟雄①、罗章龙等交往甚密，经常研究讨论关于十月革命和马列主义的问题。特别是在马克思学说研究会成立后，毛泽东充分利用研究会广泛搜集进步书刊的便利，阅读了当时能够见到的关于十月革命的书籍和马克思主义著作，从而引导他逐步树立起对马克思主义的信仰。对此，他后来回忆说：

> 我第二次到北京期间，读了许多关于俄国所发生的事情的文章。我热切搜寻当时所能找到的极少数共产主义文献的中文译本。有三本书特别深刻铭刻在我的心中，使我树立起对马克思主义的信仰。我接受了马克思主义，认为它是对历史的正确解释，以后，就一直没有动摇过。这三本书是：陈望道译的《共产党宣言》，这是用中文出版的第一本马克思主义的书；考茨基著的《阶级斗争》，以及柯卡普著的《社会主义史》，到了1920年夏天，我已经在理论上和某种程度的行动上，成为一个马克思主义者，而且从此我也自认为是一个马克思主义者了。②

因此，可以说，1920年3月，在北京大学研读马克思主义经典著作的人生经历，是毛泽东个人思想认识实现飞跃的一个具有重大意义的时间点。

1949年3月25日，毛泽东和中央领导机关自西柏坡迁入北平。当毛泽东看到古都城垣时，心中又泛起对30年前往事的回忆，他无

---

① 何孟雄（1898—1931），字正国，湖南酃县人。1919年考入北京大学，并积极参加五四运动。1920年参与发起成立北京大学马克思学说研究会，同年加入北京的共产党早期组织。1921年冬当选中共北京地方执行委员会书记，同时任中国劳动组合书记部北方分部成员。1923年出席在广州召开的中共第三次全国代表大会。1931年2月7日，在上海龙华英勇就义。

② ［美］埃德加·斯诺：《毛泽东一九三六年同斯诺的谈话》，人民出版社1979年版，第33页。

限感慨地说：

> 三十年了！三十年前我为了寻求救国救民的真理而奔波。还不错，吃了不少苦头，在北平遇到了一个大好人，就是李大钊同志。在他帮助下我才成了一个马列主义者。他是我真正的老师，没有他的指点和教导，我今天还不知道在哪呢！①

由此可见，毛泽东理想信仰和革命初心确立的地方，就是北京。

周恩来在五四运动爆发后不久，从日本回到天津，主编《天津学生联合会报》和《觉悟》，指导天津学生运动。1919年9月，他发起成立觉悟社，介绍和研究新思潮。觉悟社成立后的第一个活动，就是请李大钊来社讲学，内容是关于第一次世界大战和十月革命胜利的意义。讲学结束后，李大钊与周恩来、邓颖超等在觉悟社进行了亲切交谈。李大钊建议大家好好阅读《新青年》和《少年中国》上的进步文章，分类研究各种学术问题。1920年1月，周恩来与觉悟社成员参加反日请愿斗争，遭到当局逮捕。被拘留期间，他向难友们做了5次介绍马克思学说的演讲，其内容有：马克思传记、唯物史观、剩余价值学说和阶级斗争史等。同年11月，周恩来前往欧洲留学，通过对西方资本主义国家的实地考察，经过对改造社会的各种学说的比较选择，最终完成了从激进的民主主义

青年周恩来

---

① 李银桥：《在毛泽东身边十五年》，河北人民出版社1991年版，第125页。

者向马克思主义者的转变。①

与此同时,在李大钊身边,出现了像邓中夏、何孟雄、高君宇、罗章龙等一批具有共产主义思想的先进青年。他们刻苦钻研马克思主义书籍,探讨中国革命问题。当时,邓中夏等每天一早就到北大三院学习马克思主义书籍,下午从事政治、社会活动,晚上聚在一起讨论革命问题或交流学习心得,总要到深夜12点钟后才就寝。由此,他们产生了进一步组织起来开展革命斗争的强烈要求,这就为后来北京的共产党早期组织成立做了准备。

就这样,以北京为中心,在中国日渐形成了一个信仰马克思主义的先进分子群体。他们在同非马克思主义者的论争中传播马克思主义理论,逐步划清了马克思主义与非马克思主义的界限,认识到马克思主义是改造中国社会的必然选择,从而集合在马克思主义的旗帜下。

到20世纪20年代初,中国社会出现了一个以李大钊、陈独秀为代表的具有初步共产主义觉悟的知识分子群体,在他们之中,有在国内的毛泽东、邓中夏、张国焘、高君宇、何孟雄、缪伯英②、罗章龙、陈潭秋、董必武、王尽美、邓恩铭、俞秀松、张太雷、包惠僧、何叔衡、施存统、张闻天、恽代英等,有留日的李汉俊、李达、陈望道等,有旅欧的蔡和森、李维汉、周恩来、向警予、李立三、赵世炎、陈公培、聂荣臻、王若飞、李富春、刘清扬、陈延年、蔡畅、陈毅、邓小平等,有留俄的瞿秋白、任弼时、萧劲光、刘少奇等。

正是这批最早信奉马克思主义的先进分子,成为创建中国共产党的中坚力量。他们在选择中确立了马克思主义信仰,并以之作为观察和认识国家命运的工具,进而推动中国革命向着正确和光明的方向

---

① 《中国共产党历史》第一卷(1921—1949)(上册),中共党史出版社2011年版,第50页。

② 缪伯英(1899—1929),女,湖南长沙人。1916年考入湖南省立第一女子师范学校。1919年秋入北京女子高等师范学校学习。1920年参加北京大学马克思学说研究会,并加入北京社会主义青年团。同年11月,加入北京的共产党早期组织,成为中国共产党第一位女党员。曾任中国劳动组合书记部秘书、中共北方区委妇女部第一任部长、中共湖南省委第一任妇委会书记等。1929年10月在上海因病去世。

前进。

正如毛泽东所说：

> 自从中国人学会了马克思列宁主义以后，中国人在精神上就由被动转入主动。从这时起，近代世界历史上那种看不起中国人，看不起中国文化的时代应当完结了。伟大的胜利的中国人民解放战争和人民大革命，已经复兴了并正在复兴着伟大的中国人民的文化。[①]

[①] 《唯心历史观的破产》(1949年9月16日)，《毛泽东选集》第四卷，人民出版社1991年版，第1516页。

第五节　率先深入到民众中去

早在五四运动爆发之前，北京进步知识界的蔡元培、李大钊等人就发出了"劳工神圣""到民众中去"的呼声。

1919年2月，李大钊在北京《晨报》发表了《青年与农村》一文，指出："要想把现代的新文明，从根底输入到社会里面，非把知识阶级与劳工阶级打成一气不可。"他敏锐地察觉到进步青年、知识分子同工农群众相结合的问题，倡导进步青年深入农村，知识分子走近工人，组织开展劳工运动。"只要知识阶级加入了劳工团体，那劳工团体就有了光明；只要青年多多的还了农村，那农村的生活就有改进的希望。"①

3月，北京大学邓中夏等39人发起成立"平民教育讲演团"，开始走上北京街头或到庙会上向市民进行思想启蒙和宣传教育。5月1日，北京《晨报》副刊出版了"劳动节纪念"专号，这是中国报纸对五一劳动节的首次报道。

邓中夏

五四运动期间，工人群众轰轰烈烈的爱国罢工斗争，充分展现了中国工人阶级的伟大力量，也开始确立了工人阶级在中国社会政治、经济生活中的独立地位，这使许多革命知识分子改变了对工农群众的认识。特别是六五政治大罢工以后，先进知识分子在斗争实践中看到了工人阶级的觉悟和威力，认识到中国的现代革命离开工人阶级，只凭少数知识分子的活动

---

① 《李大钊全集》第二卷，人民出版社2006年版，第304、307页。

是不能成功的，只有工人阶级、劳苦大众和知识分子齐心奋斗，才能取得革命的胜利。从而，他们更加自觉地走出书房，深入实际，联系群众，热情而又通俗地向工人群众宣传马克思主义的革命道理。

北京先进分子中，不论当时已是社会名流的李大钊、陈独秀，还是涉世不久的邓中夏、何孟雄、高君宇等，都积极深入到工农中去。

1919年10月10日，北京大学学生发动北京5000多名大中学生捐款购买了17万个面包，印上"劳动神圣"等字样，分送给全市工人群众；散发了30万份传单，并进行演讲。这次活动轰动了整个北京城，为革命知识分子到工人中去进行活动营造了良好的氛围。

1919年下半年，李大钊曾到开滦煤矿与矿工们谈话，指出：十月革命，"是工人的胜利，将来的世界必是劳工的世界"①。他还到唐山工业专门学校进行社会调查，到京奉铁路唐山制造厂与工人交谈，向他们讲解工人专政和十月革命的意义。

于是，一股"与劳工为伍"的时代潮流由北京开始向全国范围迅速掀起，中国社会出现了空前的生动局面：一批革命的先进知识分子自动脱下西装或学生装，穿上粗布衣，深入工厂车间或工人住处，从事劳工现状的社会调查，热情地向工人宣传马克思主义的革命道理，逐步提高工人的政治觉悟和阶级意识，号召他们团结起来为本阶级的利益而奋斗。正如邓中夏所说："五四运动中有一部分学生领袖，就是从这里出发'往民间去'，跑到工人中去办工人学校，去办工会。"②

为了解工人群众的生活，唤起工人的觉醒，积聚工人阶级的力量，1920年1月，在李大钊的号召和组织下，邓中夏带领平民教育讲演团的成员到人力车夫的居住区去调查，车夫贫困悲惨的生活使他们大为震惊。正如北京《晨报》的报道所说："调查回来，大家相顾失

---

① 郭德宏、张明林：《李大钊传》，红旗出版社2016年版，第184页。
② 邓中夏：《六三以后上海工人的大罢工》，《五四运动回忆录》(下)，中国社会科学出版社1979年版，第632—633页。

色,太息不止,都现出一种极伤心且不平的样子。"①于是,按照调查项目结果,邓中夏等人到街上动员车夫集体拦路,目的是增加待遇。出乎他们意料的是,响应者寥寥,仅有的少数车夫还被警察砸了车。讲演没有成功,反而还要赔偿车夫损失费。一些人讽刺邓中夏:"工人运动搞得怎么样?讲演的宣传效果如何?"

我们到底为谁讲演?

怎样才能有效地组织和发动工人群众起来斗争?

这些现实问题摆在邓中夏和其他刚从"象牙塔"中走出来的先进知识分子面前。反复思考后,邓中夏感到,人力车夫属于比较散漫的个体劳动者,且容易受到帮会影响,真正的宣传应该深入到有组织的产业工人和广大的乡村农民中去。

3月14日,平民教育讲演团召开第三次常务会,选举邓中夏、杨钟健为总务干事,决定"除城市讲演之外,并注重乡村讲演、工场讲演"②。后来,邓中夏等人建议,团员利用春假进行"乡村讲演",地点是卢沟桥、丰台、长辛店、海淀及罗道庄、通县等地。

4月起,邓中夏等率领北京大学平民教育讲演团,由原先主要在城市讲演,扩大到去长辛店铁路工人中进行宣传。平民教育讲演团的12名成员分作两组,分赴农村和工厂,试图与农民和产业工人建立联系、宣传革命道理。这是讲演团成员及讲演内容接近工农群众的新尝试。问题的关键是,面对更加具有普遍性的群众,讲演团成员怎样才能把自己的观点灌输到听众的心中,让广大工农群众产生共鸣。

平民教育讲演团初次在长辛店的讲演,虽然带了当时尚属稀罕之物的留声机,每当开讲前,先用留声机吸引群众,却"讲不到两个人,他们觉没有趣味,也就渐渐引去"。这样一来,讲演团成员不得不"偃旗息鼓","宣告闭幕"③。这主要是一些学生还没有放下架子,

---

① 《晨报》1920年1月26日。
② 《北京大学日刊》1920年3月16日。
③ 《北京大学日刊》1920年4月13日。

与工农群众还没有共同的感情和语言,而且讲演的题目也多为"北大平民夜校和本村国民学校的区别""女子应当和男子一样读书"等空泛的内容。当时,有个学生讲演时问工人:"生活丰富不丰富?"工人听了觉得与他不是一路人,就没理他,转身走开了。

面对这种情况,一部分本来就是以"救世主"态度下去的学生,这时便责怪起群众"愚蠢"来,他们不肯再到工农中去了。但是,以邓中夏为代表的积极分子坚持了下去,并通过虚心向工人学习,很快克服了起初的困难,学会了用通俗的语言同工人进行交谈,演讲的题目也由马克思主义理论扩展为"平民教育是什么""共和国民应有的精神""世界和国内底大事""科学常识""为什么要读书"等丰富的内容,使传播革命道理与普及科学知识、开阔群众眼界相结合,收到了很好的效果,从而逐步开辟了长辛店这个早期北方工人运动的重要据点。

如《丰台讲演组活动的详细报告》中就这样写道:

> 四月初二日午前8点钟,我们5个人拿着旗子,乘着京奉车直到丰台。下车后,远走3里多地,到了一个村落,名叫七里庄。该村住的人家有50多户,共计200余人。我们给他们讲演。村中的老人听讲的还不少,个个都点头称善。只有那位年轻的先生,吸着旱烟,闭着眼,颇有点不赞同的样子。①

报告还称:后来到大井村,该处300多户,约有千人。这个村子比七里庄富裕。来听的共有60多人。通县讲演组报告:此行讲演共6次,听讲人总数在500人左右,结果甚为圆满。

1920年劳动节,李大钊、邓中夏、何孟雄、高君宇等人组织了在北京第一次公开而且规模较大的纪念国际劳动节的活动。当天上

---

① 《北京大学日刊》1920年4月13日。

高君宇

午,北京大学召开了有学生和工友共500余人参加的纪念大会,李大钊出席并发表演说,宣传了8小时工作的意义,称赞俄国十月革命后所取得的成就。大会明确指出纪念劳动节的目的,是把"纪念五一节当作我们一盏引路的明灯,我们本着劳工神圣的信条,跟着这个明灯走向光明的地方去"。上午8时半,何孟雄等8位同学分乘两辆汽车,车上插着写有"劳工神圣""五一节万岁""资本家的末日"等字样的红旗,沿街散发《五月一日北京劳工宣言》。①他们号召工人起来庆祝自己的节日,驱逐"不做工的官僚、政客、军人","把田园、工厂以及一切生产机关取回归大家管理",实现"人人做工,各尽所能,各取所需"的美好社会。他们的行动遭到反动当局的阻挠,学生及司机一起被拘入警厅。北大平民教育讲演团50人,也在当天上午10时分5个小组从北大出发,沿街巷向群众讲演。他们宣传劳动节的历史意义以及对将来社会的希望。每到一处,听众很多。

在长辛店机车厂,有1000多名工人隆重集会,纪念五一劳动节。集会后,有十几人到大街上贴标语,有的人将标语贴在客车车厢上。这天上午,邓中夏等数人携带传单,乘坐京汉铁路火车赶赴长辛店,在工厂内外散发传单并发表演说,受到工人群众的欢迎。

5月1日,《新青年》《北京大学学生周刊》、北京《晨报》等,都出版了纪念国际劳动节的专号。其中,《新青年》杂志"劳动节纪念号"刊登了20多篇文章,篇幅比平时扩大了一倍。这期专号发表了李大钊的重要文章《"五一"(May Day)运动史》。该文开篇

---

① 邵维正:《中国共产党创建史》,解放军出版社1991年版,第121页。

1920年5月1日，北京大学学生手举"祝劳工永久的胜利！"旗子，散发《五月一日北京劳工宣言》

即说："大凡一个纪念日，是吉祥的日子，也是痛苦的日子；因为可纪念的胜利，都是从奋斗中悲剧中得来的。'五一'纪念日，也是如此。"随后，详细介绍了五一国际劳动节的产生经过，以及各国工人阶级为纪念这个伟大节日而斗争的事迹，并表示了对中国工人运动的恳切希望。文章结束时热情号召："起！起！！起！！！劬劳辛苦的工人！今天是你们觉醒的日子了！"专号还发表了陈独秀的《劳动者底觉悟》《上海厚生纱厂湖南女工问题》等文章，运用劳动创造一切、剩余价值等马克思主义观点，分析和说明中国工人的一些重要实际问题。

"劳动节纪念"专号以十几万字的篇幅，首次刊登了上海、北京、天津、长沙、武汉、南京、唐山以及山西等十几个城市和地区工人现状的调查报告，详细反映了当时各行业工人的劳动状况、工资、教育、家庭生活等各方面的情况。纪念专号不仅有孙中山、蔡元培等知名人士的题词，还刊印了12位工人的题词。他们在题词中写的"不劳动者之衣食住等均属盗窃赃物""不劳动者口中之道德神圣皆伪也""惟亲身劳动者有平等互助精神"等，直接喊出了工人兄弟的心声，这在当时是难能可贵的。

1920年，北京五一国际劳动节的纪念活动在全国是空前的，它标志着倾向社会主义的知识分子，向往着没有剥削和压迫的理想社会，试图从劳工阶级中寻找社会力量。而劳工阶级意图要求摆脱自己被奴役的地位，希望尽快找到解放自己的思想武器——马克思主义。从北京纪念活动中可以清楚地看出，马克思主义已通过先进分子在工人中传播，知识分子与工人阶级的结合已经越来越紧密。然而，正如李大钊当年指出的："到了今天，中国人的'五一'纪念日，仍然不是劳工社会的纪念日，只是几家报馆的纪念日；中国人的'五一'运动，仍然不是劳工阶级的运动，只是三五文人的运动，不是街市上的群众运动，只是纸面上的笔墨运动。这是我们第一个遗憾！"[①]但值得肯定的是，通过1920年的五一节纪念活动，北京工人的阶级自觉意识和政治斗争观念有了明显提高，大大地启发了工人阶级要求团结起来和组织团体的热烈愿望，更使得马克思主义与工人运动的结合初步实现。

　　这样，在十月革命送来马克思主义的较短时间里，中国的先进知识分子就开始用通俗浅显的语言向工农群众宣传马克思主义，推动了马克思主义大众化。正是在这一过程中，先进知识分子亲身体验到了工农群众的生活疾苦，深刻理解了工人阶级的优秀品质，使部分先进知识分子迅速由激进的民主主义者向具有共产主义觉悟的工人阶级知识分子转变。

　　与此同时，由于北京先进分子十分重视在工人中的宣传和组织工作，一部分工人在与这些知识分子接触的过程中，逐渐接受了马克

---

① 《李大钊全集》第三卷，人民出版社2006年版，第195页。

思主义教育，提高了自己的阶级觉悟，涌现出邓培①、史文彬②、王荷波③、梁鹏万等一批工人阶级的先进分子。其中一个较为杰出的代表就是邓培。他早年在京奉唐山制造厂做工，五四运动爆发后组织"职工同人会"和"十人团"，领导工人游行示威，组织演讲队上街发表演说，散发传单。六三事件后，邓培带领3000多名工人集会，控诉北洋军阀的黑暗统治。1919年12月，又领导成立京奉工会。1920年在北京结识李大钊、邓中夏等人后，加入马克思学说研究会，成为工人阶级卓越的先进分子。

率先将马克思主义传播与工人运动紧密结合，是北京在建党准备过程中的鲜明特点，不仅对全国各地起到了重要的引领作用，更为中国共产党的正式成立奠定了坚实的思想和组织基础。

---

① 邓培（1883—1927），字少山，广东三水人。京奉铁路唐山制造厂技术工人。1919年参加五四运动，在唐山工人中组织"职工同人会"和"十人团"。1920年与北京的共产党早期组织取得联系。1921年春组织成立唐山制造厂工会。不久，加入中国共产党。1922年以中国工会代表身份赴莫斯科出席远东各国共产党及民族革命团体第一次代表大会。回国后，组织建立中共唐山地委，任书记。在党的第三次、第四次全国代表大会上，被选为候补中央委员。1927年4月被捕，6月22日在广州英勇就义。

② 史文彬（1887—1942），字志卿，山东青城（今高青）人。1907年在济南铁厂做工。1912年在长辛店铁路机车厂当钳工。1919年带领工人示威游行，声援五四北京学生运动。不久，被选为长辛店各界救国联合会委员。1921年1月，任北京共产党早期组织创办的劳动补习学校校务委员；5月被选为长辛店铁路机车厂工人俱乐部委员长。同年秋加入中国共产党；11月任中国劳动组合书记部成员。1923年2月领导召开京汉铁路总工会成立大会，被选为副委员长，参与领导了京汉铁路工人大罢工。1942年因病去世。

③ 王荷波（1882—1927），原籍山西太原，生于福建福州。1916年在津浦铁路浦镇机厂当钳工。1920年底发起组织浦镇机厂工会。1921年3月工会成立，先后任副会长、会长。1922年6月加入中国共产党。1923年组织津浦铁路沿线工人大罢工，支援京汉铁路工人大罢工。1927年出席八七会议，并当选为临时中央政治局委员；9月任中共中央北方局第一任书记；10月因叛徒出卖被捕；11月11日在北京英勇就义。

第四章

率先酝酿，南北建党遥相呼应

北京，是中国共产党创建的重要孕育地。

北京的共产党早期组织，在中国共产党创建史中占有极其重要的地位。北京的共产党早期组织的成立虽然略晚于上海，但建党的酝酿却始于北京。创建中国共产党的动议，是在李大钊化装护送陈独秀潜出北京的途中提出的，成就了"南陈北李，相约建党"的佳话；与共产国际代表的接洽，是在李大钊等北京建党积极分子率先对外联络中实现的，不仅加速了建党进程，更使中国共产党在筹建之初就融入了世界革命运动的阵营；各地早期党组织特别是北方各地早期党组织的建立，是在北京的共产党早期组织指导下进行的，对全党筹建做出了突出贡献；中国共产党的名称，也是由北京的共产党早期组织建议确定的。因此，北京在创建中国共产党的过程中具有特殊的地位和重要的作用。

中国共产党，从北京孕育，在上海诞生，由嘉兴南湖启航。自从有了中国共产党，中国革命的面目就焕然一新了。

第一节　率先酝酿建立中国共产党

万事开头难。

中国共产党的创建更是不容易，经历了充分和艰难的酝酿，才在北京这片热土提上了历史日程。

无产阶级政党产生以前，在中国民主革命中起领导作用的是国民党。五四运动爆发时，孙中山和一些国民党人是支持这场运动的，但并不是它的组织者和领导者。蔡和森在《中国共产党史的发展（提纲）（一九二六年）》一文中回忆说：当时，北京、上海的学生派代表找过国民党，它的领导人"竟以无力参加拒绝"。这说明国民党"已不能领导革命了，客观的革命势力发展已超过他的主观力量了"，"故此次运动中的一般新领袖对于国民党均不满意"[①]。因此，成立新的革命政党来领导中国人民的斗争，已经成为近代中国社会进步和革命发展的客观要求。

与此同时，五四运动以后，马克思主义在全国特别是在北京得到广泛传播，一些具有初步共产主义思想的知识分子在与工人群众相结合的过程中，产生了组织无产阶级政党以指导中国革命的迫切要求。1920年1月，有人在报刊上发表《劳动团体与政党》的文章，呼吁"劳动团体应当自己起来做一个大政党"[②]。3月，李大钊与邓中夏等人发起成立北京大学马克思学说研究会，这是李大钊把"对于马克思派学说研究有兴味的和愿意研究马氏学说的人"联合起来的最初尝试。

正是由于中国社会变革和中国革命发展的主客观需要，创建中国共产党成为一项紧迫而现实的重大历史任务。

然而，20世纪初叶的中国，产业工人数量较少，马克思主义在中

---

① 中央档案馆编：《中共党史报告选编》，中共中央党校出版社1982年版，第17—18页。

② 中共中央党史研究室：《中国共产党的九十年》（新民主主义革命时期），中共党史出版社、党建读物出版社2016年版，第26页。

国的传播时间较短,马克思主义与工人运动刚实现初步结合,建党的阶级基础、思想基础、组织基础相对薄弱,以至一些人认为创建中国共产党的时机尚不成熟,缺乏社会基础。

但是,以李大钊为代表的先进知识分子一开始就敏锐而准确地抓住了马克思主义最基本和中国革命最迫切需要的重大观点,如对阶级斗争、党的建设、无产阶级专政等理论进行大力传播,进而在与各种非马克思主义理论的论争中,引导广大爱国知识分子特别是青年学生明辨是非、确立信仰。与此同时,率先走向社会、走进工人中间宣传群众、发动群众和组织群众,使马克思主义在五四时期成为一股强劲的思想激流,为创建中国共产党创造了必要的思想条件和组织基础,从而加速了中国共产党的诞生。

具体酝酿和筹建中国共产党,首先是由李大钊和陈独秀在北京开始的。

20世纪20年代初期,当时社会上就有"北李南陈,两大星辰;茫茫黑夜,吾辈仰辰"的说法,还流传着一首嵌名诗盛赞两人:

> 北大红楼两巨人,
> 纷传北李与南陈;
> 孤松①独秀如椽笔,
> 日月双悬照古今。

1919年6月初,五四运动进入高潮阶段,陈独秀起草了《北京市民宣言》传单,在外出散发宣言传单时,被北洋政府的警察拘捕入狱。消息一传出,立即在社会上引起极大震动。社会团体、学者名流、学生等纷纷开展营救行动,甚至孙中山都亲自发电报给北洋政府,要求释放陈独秀。北洋政府迫于舆论压力,在陈独秀被关押3个月后,同意他以胃病为由保释出狱,但规定不得擅自离开北京,不得

---

① "孤松"是李大钊的笔名。

从事政治活动，由警察厅监管。

转眼到了1920年1月，广东军政府决议筹办西南大学，并多次函邀陈独秀赴上海共商筹办事宜。于是，陈独秀秘密离京南下。在从上海北返时，应武汉学生联合会、文华大学邀请，陈独秀于2月初溯江而上，取道武汉，短短几天时间里先后做了"社会改造的方法与信仰""知识教育与情感教育问题""新教育之精神"等一系列影响很大的讲演，极力宣传新思想，颇受学生欢迎。很快，国内各地报纸都摘要登载了他讲演的内容。

2月9日下午，陈独秀回到家不久，便有人前来敲门。据胡适回忆：

> 独秀返京之后正预备写几封请柬，约我和其他几位朋友晤面一叙。谁知正当他在写请帖的时候，忽然外面有人敲门，原来是位警察。
>
> "陈独秀先生在家吗？"警察问他。
>
> "在家，在家。我就是陈独秀。"
>
> 独秀的回答倒使那位警察大吃一惊。他说现在一些反动的报纸曾报导陈独秀昨天还在武汉宣传"无政府主义"，所以警察局派他来看看陈独秀先生是否在家中。
>
> 独秀说："我是在家中呀！"但是那位警察说："陈先生，您是刚被保释出狱的。根据法律规定，您如离开北京，您至少要向警察关照一声才是！"
>
> "我知道！我知道！"独秀说。
>
> "您能不能给我一张名片呢？"
>
> 独秀当然唯命是听；那位警察便拿着名片走了。独秀知道大事不好。那位警察一定又会回来找麻烦的。所以他的请帖也就不写了；便偷偷地跑到我的家里来。警察局当然知道陈君和我的关系，所以他在我的家里是躲不住的。因而他又跑到李大钊家里去。

警察不知他逃往何处，只好一连两三天在他门口巡逻，等他回来。①

陈独秀跑到李大钊家后，经过商议分析，两人都觉得陈独秀已经受到警察监视，很难再在北京待下去了，必须速离北京，南下上海。鉴于当时北京的汽车站、火车站都有密探，乘火车或汽车是万万不行了。面对危险紧迫的形势，李大钊不顾个人安危，挺身而出，决定亲自护送陈独秀逃离北京。于是，他们两人连夜来到北京大学化学系教授王星拱家里。王星拱是安徽怀宁人，和陈独秀是老乡。3人商议后，决定让陈独秀、李大钊化装成年底收账的生意人，乘着夜暗潜出北京城。

1920年2月中旬，"当时正值阴历年底，正是北京一带生意人往各地收账的时候。于是他们二人雇了一辆骡车，从朝阳门出走南下。陈独秀也装扮起来，头戴毡帽，身穿王星拱家里厨师的一件背心，油迹满衣，光泽发亮。陈独秀坐在骡车里面，李大钊跨在车把上。携带账本账簿，印成店家红纸片子。沿途住店一切交涉，都由李大钊出面办理，不要陈独秀张口，唯恐漏出南方人的口音。因此，一路顺利地到了天津，即购买外国船票，让陈独秀坐船前往上海"②。途中，李大钊与陈独秀商讨了在中国建党的问题，并相约在北京和上海分别发动，一北一南筹备创建中国共产党。

由此，成就了中国共产党历史上的一段佳话——"南陈北李，相约建党"。

陈独秀走后，李大钊在天津旧俄租界（特别一区）会见苏俄友人，相互交谈了对中国目前形势和革命的看法。李大钊返京后，于1920年3月与邓中夏等人成立马克思学说研究会，开始为建党做思想上和干部上的准备。

---

① 唐德刚译：《胡适口述自传》，华文出版社1989年版，第208—209页。
② 高一涵：《回忆李大钊同志》，《五四运动回忆录》（续），中国社会科学出版社1979年版，第119页。

然而，对于"南陈北李，相约建党"这一历史佳话，有些学者却怀疑其真实性，并认为中国共产党的产生是共产国际一手包办的结果。如日本学者石川祯浩就对"南陈北李，相约建党"的说法持否定态度，理由是讲述这一史实的高一涵1920年2月正在日本，根本不可能知道陈、李两人逃离北京之事。① 苏联舍维廖夫在《中国共产党成立史》中写道，"在共产国际的代表于1920年春到达中国之前，无论是李大钊、陈独秀，还是中国别的社会主义的拥护者，都还没有实际考虑过建立中国共产党的问题"，"中国的共产主义运动是在苏联共产党人的直接参加下出现的"②。

对此，我们必须弄清两个重要史实。

一是"南陈北李，相约建党"的真实性。

1927年5月24日的汉口《民国日报》，刊登了一条关于5月22日在武昌中山大学开会追悼南北烈士的消息。在李汉俊主持的那次大会上，高一涵在报告当年4月28日牺牲的李大钊事略时谈道：

> 入北大，任图书馆主任，兼授唯物史观，及社会进化史，此为先生思想激变之时。时陈独秀先生因反对段祺瑞入狱3月，出狱后，与先生同至武汉讲演，北京各报均登载其演辞。先生亦因此大触政府之忌。返京后则化装同行避入先生本籍家中。在途中则计划组织中国共产党事。③

那么，作为非当事人的高一涵，是如何知道李大钊、陈独秀两个人在途中秘密商议之事的呢？

1963年时，高一涵回忆说：

---

① ［日］石川祯浩著，袁广泉译：《中国共产党成立史》，中国社会科学出版社2006年版，第90—91页。

② 吴家林、谢荫明：《北京党组织的创建活动》，中国人民大学出版社1991年版，第92页。

③ 汉口《民国日报》1927年5月24日。

  李大钊回京后,等到陈独秀从上海来信,才向我们报告此行的经过。后来每谈起他们两人化装逃走事,人们都对李大钊见义勇为的精神,表示钦佩。①

  由此,可以肯定的是,在李大钊刚刚牺牲不到一个月的1927年5月,高一涵为追悼李大钊而做的报告中说到的情况,又刊登在第三方的国民党中央机关报——《民国日报》上,应当是客观的和真实的。

  "南陈北李,相约建党",既是当时中国共产党创建过程的真实写照,也符合历史发展的必然趋势,充分反映了中国共产党酝酿创建的鲜明特点。

  二是共产国际派代表与李大钊、陈独秀商议建党事宜是在"南陈北李,相约建党"之后。

  1919年3月,列宁主持召开共产国际第一次代表大会。由于此时中国共产党尚未成立,加之西伯利亚地区正在进行苏俄国内战争,中俄边境被中国北洋政府封锁,无法与中国国内革命同志取得联系,大会特别邀请旅俄华工联合会会长刘绍周和莫斯科分会会长张永奎,以"中国社会主义工人党"的名义出席大会,列宁亲切会见了他们。

  同年6月,列宁指示在俄共(布)西伯利亚委员会内设立有中国等东方国家代表参加的东方局,以推动东方各国特别是中国革命运动的发展,并决定派出代表团前往中国,帮助组建共产党组织。此时,苏俄已经公开宣布废除沙俄和中国缔结的一切不平等条约,赢得了中国人民和先进分子的好感。这很可能是一些人认为是共产国际率先提出和直接指导中国组建共产党的时间顺序上的依据。

  但是,共产国际是何时与李大钊、陈独秀联系上的呢?

  据彭述之回忆,1920年2月,共产国际委托俄共(布)党员荷

---

① 高一涵:《回忆李大钊同志》,《五四运动回忆录》(续),中国社会科学出版社1979年版,第119页。

荷诺夫金到北大访问李大钊,"希望和他商讨在中国组织共产党"。李大钊"当即表示同意",并说"此事关系异常重大,我一个人不能做主,必须和陈独秀商议,征求他的意见,只有陈独秀起而发起组织共产党,事情才能够顺利地进行"。当时已在上海的陈独秀获悉后立即给李大钊回信说:"表示赞成组织共产党。"①随后,荷荷诺夫金将这一消息带给设在伊尔库茨克的俄共(布)中央西伯利亚局东方民族处。或许正是由于这一情况,共产国际才会迅速决定于当年4月派出全权代表维经斯基②等来华,考察可否在中国建立共产党组织。

维经斯基

由此可以看出,虽然"南陈北李,相约建党"与荷荷诺夫金来华,两者前后相距时间很短,但从李大钊"当即表示同意",并说"必须和陈独秀商议",而陈独秀立即回信"表示赞成"等事实可以说明:一是李大钊、陈独秀对创建中国共产党这件大事早有考虑,且两人曾经商议过,所以"南陈北李,相约建党"这个党史佳话应是真实存在的;二是五四运动后,中国的一些先进分子已经感到迫切需要建立无产阶级政党,以指导中国革命,这是当时中国的客观事实。

---

① 中共一大会址纪念馆、上海革命历史博物馆筹备处编:《上海革命史资料与研究》第5辑,上海古籍出版社2005年版,第349页。

② 维经斯基(1893—1953),又名查尔金,俄国人。1918年春加入俄共(布)。1920年4月率俄共(布)党员小组来华,1921年春回国。在华期间化名吴廷康。他在《向导》《新青年》杂志上发表文章时,曾用笔名魏琴、卫金。大革命时期数次来华。1953年在莫斯科病逝。

总而言之，中国共产党的成立是中国社会政治经济发展变化和一批具有共产主义觉悟的中国先进分子积极推动的结果，共产国际帮助创建中国共产党的功绩不能抹杀，但终究只是推动建立中国共产党的外部因素而已。

从宏观上看，以李大钊为代表的北京先进分子，率先广泛传播马克思主义，积极与各种非马克思主义思潮做斗争，从思想层面为建党做了充分酝酿准备，更开创了首先从思想上建党的优良传统。

从微观上看，李大钊、陈独秀在从北京去天津的途中率先提出从组织层面建党的计划，并形成了在北方的李大钊以北京为中心，在南方的陈独秀以上海为中心，分别发动，又互相联系，共同为创建中国共产党而积极工作的生动局面。

由此可见，在北京酝酿创建中国共产党，是革命形势客观需要与北京先进分子积极推动共同作用的必然结果。北京在创建中国共产党的历史进程中所做的重大贡献和发挥的重要作用应予以充分肯定。

第二节　首次接待共产国际代表

1920年4月，俄共（布）派出的代表团从海参崴绕道日本来到北京。他们此行的任务是了解中国革命情况，与中国的进步力量建立联系。

为了掩护政治身份，代表团成员对外公开身份是俄文《生活报》的记者，前来中国筹办"俄华通讯社"事宜。代表团一行5人，负责人名叫格列高里·纳乌莫维奇·维经斯基，随行的有他的夫人库兹涅佐娃、秘书马马耶夫及其夫人马马耶娃，以及一名翻译中国人杨明斋。①

维经斯基一行到达北京后，通过北京大学俄文系俄籍教员柏烈伟和伊凡诺夫的介绍，会见了中国共产主义运动的领袖人物李大钊。②李大钊对共产国际的使者表示热烈欢迎，并予以积极的支持和密切的合作，在不到一个月的时间里做了很多工作。

在李大钊召集北京部分进步人士参加的欢迎会、讲演会和座谈会上，维经斯基详细介绍了苏俄的现状和各种政策、法令，以及在革命胜利后布尔什维克为克服面临的困难所表现出的勇气和毅力。维经斯基等人还从苏俄带来《国际通讯》《震撼世界的十日》等俄、德、英文版书刊，很受青年们的欢迎。

维经斯基说：共产国际"东方局曾接到海参崴方面的电报，知道中国曾发生过几百万人的罢工、罢课、罢市的大革命运动，所以派他

---

① 杨明斋（1882—1938），山东平度人。1901年到海参崴做工谋生。在俄国参加布尔什维克党领导的工人运动，并被推选为华工代表。十月革命前夕，加入俄共（布）。十月革命胜利后，入莫斯科东方劳动者共产主义大学学习。1920年作为翻译和助手，随维经斯基到中国，推动建立共产党早期组织。1938年2月，以被捏造的罪名在莫斯科遭逮捕，5月牺牲。

② 关海庭、陈坡：《关于柏烈伟和伊凡诺夫的若干材料》，《党史通讯》1983年第19期。

到中国来看看"①。维经斯基同李大钊见面后,又与参加过五四运动的主要活跃分子,在北大图书馆李大钊办公室召开了几次座谈会,参加的有张国焘、刘仁静、邓中夏、罗章龙等北大学生。会上,他们用英语直接交谈。维经斯基介绍了苏俄十月革命的情况,宣传了马克思主义在苏俄取得的伟大胜利,并指出中俄两国国情有许多相似之处,要摆脱落后局面,唯一的办法就是要像苏俄那样进行社会主义革命;而走十月革命的道路,就必须创建苏俄那样的布尔什维克党。他的谈话亲切而有感染力,也说出了参加座谈的许多人的心里话。

在召开了几次座谈会后,维经斯基认为北京先进知识分子应在中国建立共产党组织,并明确表示出两点意见:其一,要有革命需要的人才;其二,当务之急是建党后加入共产国际。他认为,当前中国的马克思主义政党已有自发性的雏形组织,并表示要把先进分子组织起来的意思向共产国际反映。

以哪里为中心开展建党活动呢?

李大钊向维经斯基介绍说,北京是当时中国北洋军阀盘踞的反动堡垒,政治环境极为险恶,没有很发达的工业,工人阶级的队伍不够强大,工人运动尚处在初级阶段;而上海是中国最大的工业中心和中国工人阶级最早的集中地,工人运动开展得比较好,特别是从北京去上海的陈独秀,团结了一批倾向共产主义的知识分子,《新青年》杂志也随之迁沪出版,有更好的开展共产主义运动的条件。所以,他建议维经斯基到上海找陈独秀进一步商谈在中国创建共产党组织的问题。

维经斯基接受了李大钊的建议,决定前往上海。他去上海还有一项任务:实地考察上海,看能否在那里建立共产国际东亚书记处。维经斯基去上海后,秘书马马耶夫留在北京,帮助李大钊在北方开展建党工作。

---

① 李达:《中国共产党的发起和第一次、第二次代表大会经过的回忆》(1955年8月2日),中国社会科学院现代史研究室、中国革命博物馆党史研究室选编:《"一大"前后——中国共产党第一次代表大会前后资料选编》(二),人民出版社1980年版,第6页。

1920年5月，带着李大钊的亲笔信函，维经斯基离开北京来到上海。很快，他们就在法租界环龙路老渔阳里2号陈独秀的住处见了面。陈独秀早有建党的打算，维经斯基的到来，使他喜出望外。他与维经斯基一见如故，进行了多次长谈，就中国革命问题充分交换了意见。维经斯基根据在北京和上海的所见所闻，依据苏俄革命的经验，认为组建中国共产党、加入共产国际是中国革命的当务之急，否则就不能取得革命的胜利。他认为中国已经具备了建立共产党的条件，建议陈独秀加快创建中国共产党的进程。

为了协调和联络各革命社团，陈独秀介绍并安排维经斯基与星期评论社的戴季陶、沈玄庐、李汉俊，共学社创办人、《时事新报》负责人张东荪，以及陈望道、俞秀松、施存统、邵力子等进行了多次座谈。在维经斯基等人的帮助下，陈独秀加快了建党工作的步伐。作为建党的第一步，1920年5月，陈独秀与李汉俊、陈望道、俞秀松、沈雁冰、邵力子、杨明斋等人组织了马克思主义研究会，探讨社会主义学说和中国社会改造问题，并以此为基础展开建党准备。根据陈望道的回忆："大家住的很近（都在法租界），经常在一起，反复地谈，越谈越觉得有组织中国共产党的必要，便组织了马克思主义研究会。"[①]

一北一南两个研究会的建立，是酝酿建党的第一个也是具有重大意义的步骤，不仅为建党做了理论上、思想上的准备，而且培养了一批具有共产主义觉悟的骨干分子，为建党做了组织上、干部上的准备。

正是李大钊与共产国际代表维经斯基在北京的筹划，促使建党进程在很短时间里出现了加速推进的可喜局面。

---

① 中共中央党史资料征集委员会：《共产主义小组》（上），中共党史资料出版社1987年版，第25页。

第三节　北京的共产党早期组织建立

北京的共产党早期组织是在与上海的共产党早期组织的密切沟通中建立的。其间，张国焘、张申府①充当了实际联络人，往返于京沪两地，传递信息或信件，使"南陈北李，相约建党"的计划得以具体推进。

1920年6月，陈独秀与李汉俊、俞秀松、施存统等人开会商议，决定成立共产党组织，还起草了党的纲领。党纲草案共有10条，其中包括运用劳工专政、生产合作等手段达到社会革命的目的。

7月，张国焘受李大钊的嘱托赴上海，住在陈独秀家里半个月，两人的中心话题就是建党，谈及李大钊的建党意向，陈独秀极力主张尽快建立中国共产党。8月，张国焘回到北京，向李大钊汇报他与陈独秀所谈建党主张和计划。李大钊立即给陈独秀写信，表示赞成组建统一的中国共产党。与此同时，张申府也积极沟通李大钊、陈独秀创建中国共产党问题的讨论。张申府后来回忆说："关于党的名称叫什么，是叫社会党，还是叫共产党，陈独秀自己不能决定，就写信给我，并要我告诉李守常"，"我和守常研究，就叫共产党……我们回了信"②。对此，陈独秀表示完全同意。

8月，经过一番酝酿和准备之后，陈独秀、李汉俊、李达等在上

---

① 张申府（1893—1986），原名崧年，号申甫，河北献县人。1918年11月与李大钊等创办《每周评论》，并任该刊和《新青年》杂志的编委。1919年参加五四运动，并加入少年中国学会。1920年与李大钊等人建立北京的共产党早期组织。同年11月赴法国入里昂大学中国学院任教。1921年在巴黎进行建党活动，组建旅法共产党早期组织。1925年参加中国共产党第四次全国代表大会，因在讨论党纲时发生争执，执意退党。新中国成立后，长期担任北京图书馆研究员。中共十一届三中全会后，担任中国农工民主党中央顾问，第六届全国政协委员。1986年6月20日在北京病逝。

② 张申府：《建党初期的一些情况》（1979年9月17日），中国社会科学院现代史研究室、中国革命博物馆党史研究室选编：《"一大"前后——中国共产党第一次代表大会前后资料选编》（二），人民出版社1980年版，第220页。

海法租界老渔阳里2号《新青年》编辑部成立了中国的第一个共产党早期组织，推举陈独秀担任书记，点燃了在中国大地上创建共产党的火种。

9月中旬，张申府因接待著名学者罗素前往上海，住在老渔阳里2号陈独秀家中。张申府是进步知识分子，维经斯基在北京活动时，他参加了座谈会，对马克思主义和十月革命有了更深的认识。此时，上海早期党组织刚刚成立，陈独秀与他商谈了在北京建立共产党组织的事情，并要他转告李大钊，"从速在北方发动，先组织北京小组"，再向山东、山西、河南、天津、唐山以及东北、西北等地区发展。9月下旬，张申府从上海返回北京后，"把见到陈独秀的全部情况告诉了李大钊。他非常高兴，而且赞同陈独秀关于建党问题的意见"[1]。他们一致认为要发展党员，并决定在北京大学开展建党工作。10月初，张国焘从南洋参加全国学联募捐回到北京，于是第三个党员就发展了张国焘。

1920年10月，李大钊、张申府、张国焘在北京沙滩北大红楼李大钊办公室正式成立了共产党早期组织，当时称"共产党小组"。

11月，张申府到法国里昂大学任教，这时北京的共产党早期组织就只剩下李大钊和张国焘，李大钊便吸收黄凌霜加入。黄凌霜是北大学生，是一个无政府主义者，但是标榜自己信仰共产主义，赞成社会革命。受黄凌霜影响，又有陈德荣、袁明熊、张伯根、华林、王竟林5名无政府主义者加入。紧接着，又有北大学生刘仁静、罗章龙加入。这样，北京的共产党早期组织便扩大为10人，其中无政府主义者6人，占当时组织成员的多数。

党组织扩大后，曾在北大图书馆李大钊的办公室举行会议，以自认公议的方式，对各项工作进行了分工：李大钊全面主持工作，并从个人每月120元薪俸中捐出80元，作为党的活动经费；张国焘

---

[1] 张申府：《回忆中国共产党建立前后》，吴殿尧主编：《亲历者说建党纪事》，解放军出版社2011年版，第11页。

负责工人运动；刘仁静、罗章龙负责青年团；黄凌霜、陈德荣创办工人通俗读物《劳动音》，负责编辑和发行。

没过多久，黄凌霜等无政府主义者因不赞成临时纲领中写有无产阶级专政的条文，于11月间与李大钊等马克思主义者发生了严重分歧。分歧主要有两点：一是组织问题，无政府主义者根据他们自由联合的观点，不赞成党有严密组织和统一领导，反对职务分工和党内纪律；二是关于无产阶级专政的问题，无政府主义者反对无产阶级专政，认为权力、法律及政府是一切罪恶的根源，因而反对一切政府包括无产阶级专政的政府。他们一度使党组织无法开展工作。

针对无政府主义者的观点，李大钊接连撰文予以批驳。他强调自由与秩序、个人与社会是密不可分的，社会及社会团体都需要秩序和纪律，因为"真正合理的个人主义，没有不顾社会秩序的；真正合理的社会主义，没有不顾个人自由的"[1]。他还阐述了共产党严密组织的重要性，指出：无产阶级政党同资产阶级政党、政客组织不一样，它要"彻底的大改革"，就要建设一个赤色国家，因此必须"成立一个强固精密的组织，并注意促进其分子之团体的训练"[2]。经过一番争论，无政府主义者除陈德荣外，其他都退出了党组织，《劳动音》周刊由罗章龙接办。

北京的共产党早期组织在无政府主义者退出后，将北京社会主义青年团骨干邓中夏、高君宇、何孟雄、缪伯英等发展为党员。1920年11月，北京的共产党早期组织举行会议，决定将北京的共产党早期组织命名为中国共产党北京支部，并一致推选李大钊为书记，张国焘负责组织工作，罗章龙负责宣传工作。

北京的中国共产党支部创建后，迅速壮大组织，到1921年7月中国共产党第一次全国代表大会召开前，其成员有：李大钊、张国

---

[1]《李大钊全集》第三卷，人民出版社2006年版，第253页。
[2]《李大钊全集》第三卷，人民出版社2006年版，第271页。

焘、邓中夏、高君宇、何孟雄、罗章龙、刘仁静、范鸿劼①、缪伯英、张太雷②、李梅羹③、朱务善④、宋介⑤、江浩、吴汝铭⑥、陈德荣。⑦

按照中国共产党早期组织成员名录（58人），1921年7月中国共产党第一次全国代表大会召开前，各地中共早期组织成员人数分别为：北京16人，上海14人，武汉8人，长沙6人，旅法中共早期组

---

① 范鸿劼（1897—1927），湖北鄂城（今鄂州）人。1918年考入北京大学。1919年参加五四运动。1920年3月参与发起成立北京大学马克思学说研究会。同年底加入北京的共产党早期组织。曾任中共北京地委委员、宣传部部长，中共北京区委委员、中共北方区委组织部部长等。1927年4月28日，与李大钊等在北京英勇就义。

② 张太雷（1898—1927），原名曾让，江苏常州人。1915年入天津北洋大学法科学习。1919年投身五四运动，后改名"太雷"，寓意愿做惊醒世人、击碎旧世界的雷霆霹雳。1920年10月参加北京的共产党早期组织；与邓中夏到长辛店组建劳动补习学校，培养了北方铁路工人运动的第一批骨干；后到天津组织社会主义青年团。1921年任共产国际远东书记处中国科书记。多次陪同共产国际派到中国的代表会见李大钊、陈独秀等，参与创建中国共产党的活动。曾任中共广东区委常委、中共湖北区委书记、中共广东区委书记等，1927年12月12日，在指挥广州起义途中遭伏击，中弹牺牲。

③ 李梅羹（1901—1934），湖南浏阳人。1918年入北京医科专门学校学习，后转入北京大学德文系学习。1920年参与发起成立北京大学马克思学说研究会。是北京的共产党早期组织成员。1934年8月12日病逝。

④ 朱务善（1896—1971），湖南澧县人。1919年入北京大学学习。五四运动中任北京大学学生会主席。1920年参与发起成立北京大学马克思学说研究会。是北京的共产党早期组织成员。1926年加入苏联共产党，后长期在苏联工作。1955年回国，在中国社会科学院工作。1971年6月在北京病逝。

⑤ 宋介（1893—1951），又名宋价、宋维民，山东滋阳（今兖州）人。1918年入中国大学政治经济系学习。1919年主编《曙光》杂志。1921年加入北京的共产党早期组织，加入北京社会主义青年团任教育委员。同年10月赴美国留学。1926年任直系军阀吴佩孚幕府外交处处长。七七事变后，投降日军，任伪北平维持会委员，北平晨报社社长等职。1946年国民党山东省高等法院以汉奸罪将其逮捕。1951年去世。

⑥ 吴汝铭（1898—1959），湖南长沙人。1920年就读于北京大学法学院。同年参与发起成立北京大学马克思学说研究会。1921年1月任长辛店工人文化补习学校常驻教员；5月任长辛店铁路工人俱乐部夜校主任。同年加入北京的共产党早期组织。1923年参与领导京汉铁路工人大罢工。1931年在天津被捕后脱党叛变。1950年被人民政府逮捕，判处无期徒刑。1959年死于狱中。

⑦ 中共中央党史研究室：《中国共产党的九十年》（新民主主义革命时期），中共党史出版社、党建读物出版社2016年版，第29—30页。

均为中共早期组织成员的何孟雄、缪伯英夫妇

织5人,广州4人,济南3人,旅日中共早期组织2人。[1]其中,北京的中共早期组织成员人数最多,且北京、上海两地的共产党早期组织成员人数在总人数中占比过半。

由此,北京的共产党早期组织不仅有了完整的组织体系,队伍不断壮大,而且思想也更加纯洁了,各项工作随之生机勃勃地开展起来,成为中国共产党早期组织的北方中心,与上海遥相呼应,在建党过程中发挥了至关重要的作用。

---

[1] 中共中央党史研究室:《中国共产党的九十年》(新民主主义革命时期),中共党史出版社、党建读物出版社2016年版,第29—30页。

第四节　北京党组织活动走在前列

红色觉醒激发起来的革命热情，迅速转化为党组织的建立，并付诸宣传和践行马克思主义、引导和改造中国社会的实际行动。为此，北京的共产党早期组织成立后，十分重视思想建设和组织建设，各项工作开展得有声有色，在各地中国共产党早期组织中走在前列。

第一，加大学习研究和传播马克思主义的力度。

北京的共产党早期组织成立后，积极搜集和学习马克思主义著作，以党组织成员为骨干的马克思学说研究会聚集了越来越多的进步青年。1920年12月初，李大钊又在北京大学组织了以"集合信仰和有能力研究社会主义的同志，互助地来研究并传播社会主义思想"①为宗旨的社会主义研究会。这个宗旨比马克思学说研究会"有兴味的"和"愿意研究"马克思主义的要求，又提高了一个层次。

李大钊在北京大学开设了"现代政治"讲座和唯物史观研究、史学思想史、史学要论、社会主义与社会运动等课程；到女子高师、师大、朝阳大学等学校，讲授女权运动史、史学思想史、社会学等，介绍苏俄和世界工人运动以及中国劳工状况，宣传马克思主义的唯物史观，批判唯心史观。他指出："一切过去的历史，都是靠我们本身具有的人力创造出来的，不是那个伟人、圣人给我们造的，亦不是上帝赐予我们。将来的历史，亦还是如此。"他号召青年们赶快联合起来，"创造一种世界的平民的新历史"②。李大钊给追求真理的进步青年以极大的思想启迪，引导他们走上信仰马克思主义的道路。

在与张东荪、梁启超等人进行的关于社会主义的论战中，以李大钊为代表的北京的共产党早期组织积极参加，先后发表《中国社会主义及其实行方法的考察》《社会主义下之实业》《中国的社会主义与

---

① 中共中央党史资料征集委员会：《共产主义小组》（上），中共党史资料出版社1987年版，第278页。

② 《李大钊全集》第三卷，人民出版社2006年版，第221—222页。

世界的资本主义》等文章，给予坚决驳斥，从而扩大了马克思主义在北京地区的影响，提高了北京的共产党早期组织成员及先进分子的思想觉悟和理论水平。

第二，积极团结和引导进步社团。

五四运动前后，北京成立了许多社会团体，它们的政治思想倾向很不相同。在北京的共产党早期组织成立之前，李大钊等人即帮助北京地区的一些社团，在明确或端正社会主义方向上做了许多工作。

在军阀政府的高压统治之下，共产党难以公开活动。因此，北京的共产党早期组织就以少年中国学会的名义积极团结和引导进步社团。1920年8月16日，李大钊出席天津觉悟社和少年中国学会等5个社团在北京陶然亭举行的茶话会。会上，周恩来谈了觉悟社成员来北京召集这次会议的目的是"联合进步团体，共谋社会改造的意义"。李大钊代表少年中国学会发言，提出各团体有标明主义之必要，并建议进一步加强联络。19日，少年中国学会在中央公园①来今雨轩召开茶话会，李大钊再一次提出明确主义、鲜明旗帜的必要。他说："本会同人已经两载之切实研究，对内对外似均应有标明本会主义之必要。"②

少年中国学会成员散布全国各地，是一个很有影响力的社团，但成员思想复杂，政治倾向各异。李大钊、邓中夏、高君宇等人虽多次给予帮助，强调应尽快确立主义信仰，但学会内部始终意见不一、定不下来。北京的共产党早期组织成立后，进一步加大了帮助指导力度。1921年7月1日，少年中国学会在南京召开年会。会前，在北京的中国共产党早期组织的促成下，学会的北京成员召开了准备会，邓中夏、刘仁静、黄日葵等多数人认为："学会有采用一种主义的必要，而且不可不为社会主义。"③在南京大会上，参加会议的23位代表，围绕学会宗旨及是否参加政治活动等重大问题展开了激烈的争论。邓中

---

① 今北京中山公园。
② 《李大钊全集》第三卷，人民出版社2006年版，第212页。
③ 《少年中国》第3卷第1期，1921年8月。

1919年底,毛泽东率驱张代表团赴京请愿。图为1920年1月毛泽东(左4)与湖南进步团体辅社成员在北京陶然亭合影

夏、高君宇、黄日葵3位北京代表要求确立以社会主义为学会宗旨。尽管由于少数国家主义分子的反对,南京会议最终没有取得一致意见,但以北京代表为核心的共产主义者在学会内鲜明地扬起了马克思主义的大旗。

北京的共产党早期组织还对曙光社进行了帮助。曙光社于1919年11月成立,提倡科学、教育救国,主导思想是改良主义。经过北京的共产党早期组织成员的细致工作和帮助引导,其成员逐步加深对马克思主义的了解,《曙光》杂志的社会主义倾向也明显加强。

第三,建立和领导社会主义青年团。

北京的共产党早期组织成立后,就立即着手筹备建立北京社会主义青年团,作为党的助手和预备学校。1920年11月,在李大钊的指导下,由张国焘、邓中夏发起,北京社会主义青年团召开成立大会,高君宇被选为青年团首任书记,团员有40人左右。北京社会主义青年团成立后的主要工作,是联络和组织进步青年学习和宣传马克思主义,发展团员并筹备参加国际性会议。1921年3月16日,北京社会主义青年团召开特别会议,以投票方式推举何孟雄为出席青年共产国际大会的代表,并审议通过了北京社会主义青年团致大会书。

1921年3月,北京社会主义青年团举行第四次大会,根据李大钊的提议,由于团的组织发展较快,"团务日见纷繁",必须建立团的"事务所",即团的领导机关,以便加强领导。会议决定改委员制为执行委员制,张国焘、高君宇、宋介、刘仁静分别被选为执行委员会书记及组织、教育、会计委员,李大钊、郑振铎被选为出版委员。会议决议:每星期执行委员会集议一次,大会每月一次。北京社会主义青年团成立之后,活动非常频繁,发挥了党的助手作用。

第四,帮助北方主要城市建立党团组织。

在筹备建立北京社会主义青年团的同时,北京的共产党早期组织多次派人到天津、唐山、太原等地指导组建青年团,在北方团组织建设中发挥了中心作用。

在天津:1920年10月,李大钊派张太雷赴天津,创建了天津社会主义青年团,张太雷任书记,并出版了天津第一份工人小报《劳报》,宣传马克思主义,报道国内外新闻和中国工人运动等重要消息。

在唐山:北京的共产党早期组织派青年团员、北大学生李树彝常驻唐山,负责建立铁路职工学校和协助组织青年团。在北京的共产党早期组织的指导下,1921年7月,唐山社会主义青年团正式成立,由李树彝代理书记。

在太原:根据北京的共产党早期组织和青年团的指示,高君宇多次回到太原,指导山西进步青年王振翼、贺昌等,于1921年5月成立太原社会主义青年团小组。①

在济南：1920年11月，王尽美、王志坚、邓恩铭等11人发起成立进步学术团体励新学会，并出版《励新》半月刊。李大钊得知后，曾派人前往联系。后来，王尽美参加了北京大学马克思学说研究会的一些活动；邓恩铭曾代表山东学生界到北京参观学习，很受启发和帮助。

第五，注重加强与共产国际的联系。

1921年春，经李大钊推荐，北京的共产党早期组织成员张太雷与共产国际代表维经斯基一起赴俄，成为派赴共产国际的第一个中国共产党早期组织成员。

赴俄前，张太雷正在天津创建共产党早期组织和开展工人运动，接到赴俄工作的消息，十分激动。同时，他又惦念家里多病的母亲、刚结婚两年的妻子和年幼的女儿，但时间紧迫，来不及回家告别，便提笔写下了一封家信。由于当时革命工作是秘密的，所以对于自己赴俄一事，他在信中只说自己"立志到外国求一点高深的学问，谋自己独立的生活"。对于自己的选择，他解释道："我先前本也有做官发财的心念，想等明年去考高等文官考试；但我现在觉悟：富贵是一种害人的东西，做了官，发了财，难保我的道德不坏。"对于未来，他说："唯有求得高深的学问，既可以自己独立谋生，不要依靠他人，心境自然也就安定，又可以保持我清洁的身体、高尚的道德。"②

到俄国后，张太雷担任共产国际远东书记处中国科科长，负责共产国际与中国共产党的联系，并承担共产国际组织局委派的工作。

1921年7月12日，在共产国际第三次代表大会上，张太雷代表中国共产党发言，恳请共产国际和西方各国共产党更加关注远东的运动，并给予更大的支持。他说："在今后的世界革命中，中国富饶的

---

① 山西省史志研究院：《中国共产党山西历史（1924—1949）》，中央文献出版社1999年版，第56页。

② 中共北京市委组织部、中共北京市委党史研究室编：《向榜样学习》，北京出版社2016年版，第14页。

自然资源和庞大的劳动力是用来反对无产阶级，还是被无产阶级用以反对资本家，这一点则将取决于中国共产党。"①会后，张太雷参加了远东各国共产党及民族革命团体第一次代表大会筹备委员会的工作，并起草了要求亚洲各国共产党和民族革命团体选派代表去伊尔库茨克参加大会的呼吁书。

1921年夏，在收到共产国际远东书记处关于选派代表参加远东各国共产党和民族革命团体代表大会的通知后，北京的共产党早期组织成员刘仁静到北方各主要城市物色代表人选，最终确定出席大会的中国代表由中共早期组织、国民党及其他各阶层代表共44人组成。其中，有北京的共产党早期组织成员张太雷、张国焘、高君宇等人。大会期间，列宁亲切接见了中共代表张国焘、国民党代表张秋白和中国铁路工人代表邓培。

这些活动，为北京党、团组织同国际的联系开辟了通道，更开阔了北京早期共产党员的国际视野。

---

① 中国社会科学院近代史研究所翻译室编译：《共产国际有关中国革命的文献资料（1919—1928）》，中国社会科学出版社1981年版，第56—57页。

第五节　北京代表出席党的一大

1920年8月至1921年6月,随着马克思主义的传播和革命斗争形势的要求,在上海、北京、武汉、长沙、济南、广州等地,以及在日本、法国的留学生中,先后成立了共产党早期组织。在各地共产党早期组织陆续成立的过程中,陈独秀、李大钊等积极酝酿组建统一的中国共产党,并从各方面进行了准备。

1920年11月,上海的共产党早期组织制定了《中国共产党宣言》,扼要阐述了马克思主义国家学说、无产阶级革命理论和共产主义者的使命。宣言提出"共产主义者的目的是要按照共产主义者的理想,创造一个新的社会。但是要使我们的理想社会有实现之可能,第一步就得铲除现在的资本制度","共产党将要引导革命的无产阶级去向资本家斗争,并要从资本家手里获得政权"[①]。这个宣言虽然没有公开发表,但它对党的早期组织的建设和发展起到了指导作用。1921年2月,陈独秀等人还起草了中国共产党党章草案。

1921年3月,北京的共产党早期组织负责人李大钊发表《团体的训练和革新的事业》一文,公开呼吁创建中国共产党。他指出:

> 近二三年来,人民厌弃政党已达极点,但是我们虽然厌弃政党,究竟也要另有种团体以为替代,否则不能实行改革事业……所以我们现在还要急急组织一个团体。这个团体不是政客组织的政党,也不是中产阶级的民主党,乃是平民的劳动家的政党,即是社会主义团体……

在此基础上,他强调:

---

① 中共中央党史资料征集委员会:《共产主义小组》(上),中共党史资料出版社1987年版,第49—50页。

> 中国现在既无一个真能表现民众势力的团体，C派①的朋友若能成立一个强固精密的组织，并注意促进其分子之团体的训练，那么中国彻底的大改革，或者有所附托！②

1921年春，维经斯基由北京回苏俄。他在动身之前表示，希望中国的共产主义者和他们所建立起来的各地共产党小组能够迅速联合起来，召开中国共产党第一次全国代表大会，正式成立中国共产党，进而加入共产国际，成为它的一个支部。

1921年6月初，共产国际代表马林③和共产国际远东书记处代表尼克尔斯基④先后到达上海，与上海的共产党早期组织成员李达、李汉俊建立了联系，进而了解到上海、北京、武汉、长沙、济南、广州等地共产党早期组织的建立及活动情况。他们据此判断，组织统一的中国共产党的条件已经成熟，于是建议"应当及早召开全国代表大会，宣告党的成立"⑤。因此，上海党组织代理书记李达与在广州的陈独秀、北京的李大钊商议，确定在上海召开中国共产党第一次全国代表大会，并给各地党小组写信，通知速派两名代表，于6月中旬到上海开会。

---

① 指共产主义派。

② 《李大钊全集》第三卷，人民出版社2006年版，第270—271页。

③ 马林（1883—1942），原名亨德立克斯·斯内夫利特（Hendricus Sneevliet），荷兰人。1902年加入荷兰社会民主党。1920年参加共产国际第二次代表大会，被选为民族与殖民地事务委员会秘书。会后，被委派为共产国际代表，到中国协助建立中国共产党。1921年参加中国共产党第一次全国代表大会。1922年到中国推进国共合作。1923年参加中国共产党第三次全国代表大会。1924年离开莫斯科回荷兰。1942年4月被德国纳粹分子杀害。

④ 尼克尔斯基（1898—1943），俄国人。1921年加入俄共（布），并在共产国际机关行政处工作。同年受共产国际远东书记处委派到中国工作，参加中国共产党第一次全国代表大会。1938年因涉嫌托洛茨基派被捕，1943年遭错杀，后平反。

⑤ 李达：《中国共产党的发起和第一次、第二次代表大会经过的回忆》（1955年8月2日），中国社会科学院现代史研究室、中国革命博物馆党史研究室编：《"一大"前后——中国共产党第一次代表大会前后资料选编》（二），人民出版社1980年版，第10页。

至于开会具体时间，据当时一份档案记载：

  代表大会定于六月二十日召开，可是来自北京、汉口、广州、长沙、济南和日本的代表，直到七月二十三日才到达上海，于是代表大会开幕了。①

  北京党组织的成员主要是北京大学的学生。上海来信时，正值大学暑假期间。当时他们在北京西城租了一所房子，办起了一个暑期补习学校，为那些报考大学的青年学生补课。很多党员在补习学校授课，如邓中夏教中文、刘仁静教英文、张国焘教数学和物理等等。他们得到上海的通知后，立即在补习学校召开了选举代表会议。

  今天我们都知道，中国共产党第一次全国代表大会是具有重大历史意义的一次会议，参加的人都会载入史册、名留千古。然而，李大钊、陈独秀这两位党的主要创始人却双双缺席了党的一大，在党史上留下了永远的遗憾。

  这是为什么呢？

  本来，就推动建党的贡献而言，李大钊是最有资格参加党的成立大会的。但当时，他正肩负着许多实际的斗争任务，其中最主要的是率领北京国立专门以上8校教职员开展索薪斗争。

  1921年元旦后，控制北京政府的直奉军阀只顾穷兵黩武，中饱私囊，断绝了仅占政府支出1%的教育经费，致使国立各校教职员工的薪金没了着落，月月拖欠。到了3月14日，北京国立专门以上8校教职员组成代表联席会，展开了大规模的索薪斗争。李大钊同时被北京大学和北京女子高等师范学校推为代表，先后担任联席会新闻股干事、索薪刊物《半周刊》编辑，并在该会主席马叙伦生病期间代理主席职务，负责召集各校联席会议。这次索薪斗争长达4个月之久，联

---

① 《中国共产党第一次代表大会》（1921年），中共中央文献研究室、中央档案馆编：《建党以来重要文献选编（1921—1949）》第1册，中央文献出版社2011年版，第21页。

席会召开正式会议76次，加上临时会议共百余次。李大钊作为两校的代表及代理主席，需要经常出席和主持会议，活动异常繁忙。他很长时间不能回家，许多事情都无暇顾及，连教学和著述也受到一定的影响。

6月3日，当近千名学生、教职员代表为索取教育经费前往新华门总统府请愿时，竟遭百名卫兵毒打，枪柄刺刀齐下，李大钊被打得"昏迷倒地，不省人事"，马叙伦受伤住院。事后，李大钊再度代理主席职务，领导8校教职员与北京政府进行不懈斗争，直至6月中旬取得较为圆满的结果为止。

当时，陈独秀在孙中山领导的广东政府出任教育厅厅长，正在争取一笔款子修建大学校舍，人走款子就不好办了，所以也没有参加党的成立大会。

此外，由于李大钊、陈独秀都是当时中国的社会名流、知名人士，赴上海参加秘密举行的党的一大，也容易暴露。

因此，李大钊、陈独秀都未能抽身前往上海参加党的成立大会。

那么，在李大钊不能参会的情况下，北京党组织应该推选谁为代表参加党的一大呢？

为此，北京党组织成员在西城暑期补习学校召开的代表选举会上，进行了认真研究和严肃讨论。

张国焘是北京党组织最早的3名党员之一，也是日常工作的实际组织者之一，具有较强的宣传组织能力，表现得十分活跃。在筹备建党期间，他频繁往返于北京、上海之间，传递李大钊与陈独秀之间的信件和组织计划。因此，推选张国焘为代表出席党的一大，大家没有异议。

邓中夏是北京党组织的骨干、北京工人运动的主要组织领导者。大家在推选代表时曾提到他，但邓中夏当时将要代表少年中国学会北京会员出席7月在南京召开的会议，而少年中国学会南京大会又是一次确定以什么主义为指导的重要会议。因此，邓中夏"十分谦让，以工作忙不克分身为由辞谢"①了。事实上，7月上旬南京大会之后，邓中夏、黄日葵等受李大钊委托，应陈愚生邀请前往重庆，到四川第二女子师范学校暑期讲习会演讲，直到9月上旬才回到北京。②

北京党组织在推选代表时，还曾提到罗章龙。他由于正在主持《工人周刊》的筹备和创刊工作，不便离开。在邓中夏、罗章龙不能前往的情况下，刘仁静被选为出席党的一大的第二名代表。就这样，经过比较充分的讨论，最后确定由张国焘、刘仁静代表北京党组织参加在上海召开的党的第一次全国代表大会。

北京党组织成立尚不到一年，但在接到上海发出的会议通知后，能在暑假期间党员十分分散的情况下，及时召开代表选举会议，通过研究讨论，推选出代表参加党的一大，而不是简单地由个别人指定人选，这在当时全国6个地方早期党组织中是唯一一个，充分表明北京党组织已经建立了一套较为完备的党内组织生活制度，并很早就具有了党内民主意识。

1921年5月中旬，张国焘提前来到上海。他回忆说："因须参加大会筹备工作，是代表中最先到达上海的一个。"③到上海后，张国焘与李达、李汉俊、张太雷和共产国际代表马林等接触，了解情况和交换意见，并向共产国际代表马林汇报了北京党组织的工作和北方的形势。北方工人运动的情况给马林留下了很深的印象，他详细询问了有关细节，并在一年后给国际执委的报告中写道：只有北京附近的铁路工人和广东的工人能够团结在现代工会组织之中。④此外，因马林与李汉俊、李达的关系一开始不太融洽，张国焘从中还做了不少斡旋工作，改善了他们之间的关系。在党的一大会议筹备过程中，北京代表除经常致函陈独秀，督促他和广州代表速来沪出席会议外，还负

---

① 刘仁静：《一大琐记》，《一大回忆录》，知识出版社1980年版，第47页。
② 《少年中国》第3卷第2期，1921年9月1日。
③ 张国焘：《我的回忆》第一册，现代史料编刊社1980年版，第131页。
④ 吴家林、谢荫明：《北京党组织的创建活动》，中国人民大学出版社1991年版，第197页。

责接待来自各地的代表,为保证党的一大会议顺利召开做了大量具体工作。

1921年7月23日晚,中国共产党第一次全国代表大会在上海法租界望志路106号(今兴业路76号)李汉俊的哥哥李书城[①]的家里开幕。国内各地的党组织和旅日的党组织共派出13名代表出席大会,他们代表着全国的50多名党员。这些代表是:上海的李达、李汉俊,北京的张国焘、刘仁静,长沙的毛泽东、何叔衡,武汉的董必武、陈潭秋,济南的王尽美、邓恩铭,广州的陈公博,旅日的周佛海,以及受陈独秀派遣的包惠僧。出席党的一大的13名代表的平均年龄为28岁,其中最年轻的是北京代表刘仁静,当时只有19岁。共产国际代表马林和尼克尔斯基也出席了这次大会。

北京和上海的共产党早期组织,是创建中国共产党的一北一南两个中心发起组,在各地党组织建立中具有重要影响力。在陈独秀、李大钊两人没有出席党的一大的情况下,各项会务工作自然落在北京代表和上海代表的身上。上海代表李达、李汉俊都是学者型马克思主义者,颇具书生气,且性格倔强,而时年24岁的北京代表张国焘,早在五四运动时就是学生领袖之一,具备较强的组织活动能力;在建党前就得到了陈独秀、李大钊的信任,奔走于京沪之间,充当"南陈北李,相约建党"的实际联络人,成为北京的共产党早期组织发起人之一;党的一大召开前,提前参与大会的筹备工作,掌握全面情况。正是由于这些原因,北京代表张国焘经各地代表提议,并得到马林同意,主持党的一大会议。[②]

在党的一大第一次会议上,马林和尼克尔斯基热情致辞,由上海

---

① 李书城(1882—1965),字晓园,湖北潜江人。1902年赴日本留学。1905年参与筹划成立中国同盟会。1911年参加武昌起义。1912年任南京中华民国临时政府总统府秘书处军事组组长兼陆军部顾问官。1926年参加北伐战争,任国民革命军北伐军总司令部顾问。1927年被国民党以"倾共"罪名关押。1928年春获释。1948年在湖北发起反蒋和平运动,成立和平促进委员会。新中国成立后,担任中央政府政务院农业部部长,被选为第三届全国人大常务委员。1965年8月26日因病在北京逝世。

② 苏杭、苏若群:《解密档案中的张国焘》,人民出版社2015年版,第16页。

代表李汉俊和北京代表刘仁静即席翻译。张国焘向大会报告了会议的筹备经过，说明了这次代表大会最重要的任务是制定党的纲领并制订实际工作计划，阐述了中共一大召开的意义。接着代表们讨论通过了会议的议程和各次会议的安排。

由于会前人员分散，准备时间仓促，党纲和工作计划的起草工作尚未进行。根据马林的建议，在第一天的会议上，选出了由张国焘、董必武、李达等人组成的起草委员会，负责起草党的纲领和今后实际工作计划。

7月24日，各地代表向大会报告本地区党、团组织的情况。张国焘代表北京党组织在大会上做了《北京共产主义组织的报告》。报告首先简略叙述了北京的社会生活情况，认为北京是中国北方的政治中心，但辛亥革命后，政治仍被看作是为争夺特权、追求个人目的的各种政客的事情。虽然经过了新文化运动和五四运动，"知识分子阶层的爱国主义精神还没有在无产阶级中扎下根来"。报告提出："我们面临着需要立即着手解决的两个重要问题：第一，怎样使工人和贫民阶级对政治感兴趣，怎样用暴动精神教育他们，怎样组织他们和促使群众从事革命工作；第二，怎样打消他们（指知识青年——引者注）想成为学者并进入知识界的念头，促使他们参加无产阶级的革命运动，使他们成为工人阶级的一员。"

报告汇报了北京的共产党早期组织的活动和计划，特别谈道："在去年十月这个组织成立时，有几个假共产主义者混进了组织，这些人实际上是无政府主义分子，给我们增添了不少麻烦，可是由于过分激烈的言辞，他们使自己和整个组织脱离了。他们退出以后，事情进行得比较顺利了。我们人手还很少，因此，不能立即提出广泛的战斗任务。我们必须集中全部精力向知识分子和工人阶级进行宣传和组织工作。"

报告最后提出："我们能否利用易于激发起来的无产阶级的革命精神，能否把民主主义的政治革命引上工人阶级社会革命的轨道，所有这一切都将取决于我们高举红旗进行斗争的努力程度。这次成立大会应当具体地解决摆在我们面前的一切任务,并制订实际工作计划。"①

在北京、广州等地的党组织汇报后,25日、26日休会两天,由张国焘、李达、董必武起草供会议讨论的党纲和今后实际工作计划。

27日至29日,大会接连召开第三、四、五次会议,代表们集中精力,认真详尽地讨论了起草委员会提出的中国共产党的纲领和决议。在党的现阶段斗争目标和策略问题上,代表们的意见出现了分歧。

李汉俊提出,现在世界上有俄国的十月革命,还有德国社会党的革命,中国的共产主义究竟应采取何种党纲和政纲,应先派人到俄、德两国考察,在国内成立一个研究机构并做精深研究后,才能做出最后决定;目前中国共产党人应着重研究宣传方面的工作,并应支持孙中山先生领导的革命运动,待革命成功后可以参加议会。

对此,年龄最小的北京代表刘仁静血气方刚,踊跃发言,与李汉俊进行了针锋相对的争论。他坚决反对西欧社会民主党的议会政策以及一切改良派的思想,认为中国共产党不应只是马克思主义的研究团体,也不应对国民党和议会活动有过多幻想,应积极从事工人运动,为共产革命做准备。他主张中国共产党应信仰革命的马克思主义,以武装暴动夺取政权,建立无产阶级专政,实现共产主义为最高原则。他建议党纲中应该明确规定,只有无产阶级专政才能救中国,这给与会代表留下了深刻印象,多数代表也赞成这一观点。

代表们在讨论中各抒己见,互相商讨,既有统一认识,又有激烈争论,最后基本确定了党的纲领,即最终奋斗目标和组织原则。这无论在理论上还是实践上,对党的建设都具有重大的意义。

7月30日晚,本来安排的议程是通过中国共产党的第一个纲领和第一个决议,宣告党的一大会议闭幕。刚开始几分钟,一名陌生男子

---

① 中央档案馆编:《中共中央文件选集》(第一册),中共中央党校出版社1989年版,第12、13、14、19页。

突然闯入会场,后又匆忙离去。具有长期秘密工作经验的马林断定此人是密探,建议马上中止会议。大部分代表迅速转移。稍后,法租界巡捕搜查了会议地点,结果一无所获。

这种情况下,不宜在上海继续开会。当晚12时左右,代表们在李达家开会商议对策。李达夫人王会悟提议,会议可以转移到她的家乡浙江嘉兴继续召开,因为嘉兴离上海近,交通方便,嘉兴南湖游人少、好隐蔽。经过商议,代表们一致同意。

于是,会议代表分两批从上海转移到浙江嘉兴。王会悟去鸳湖旅社租了房间,作为代表们的歇脚之处,又托旅行社租了一艘画舫。8月3日,代表们到齐后,扮作游客来到嘉兴南湖,登上画舫,继续7月30日被迫中断的会议议程。①就这样,党的一大最后一天会议在嘉兴南湖的游船上秘密举行。

大会确定党的名称为"中国共产党"。党的纲领是"以无产阶级革命军队推翻资产阶级","采用无产阶级专政,以达到阶级斗争的目的——消灭阶级","废除资本私有制",以及联合第三国际。这表明,中国共产党从建党一开始就旗帜鲜明地把社会主义、共产主义作为自己的奋斗目标,并且坚持用革命的手段来实现这个目标,从而同崇拜资产阶级民主制度、主张走议会道路的第二国际社会民主主义划清了原则界限。

考虑到当时全国党员总数仅有50多人,且各地党的组织尚不健全,大会决定暂不成立中央执行委员会,只设立中央局作为中央的临时领导机构。大会通过无记名投票方式,选举陈独秀、张国焘、李达组成中央局。陈独秀为中央局书记,张国焘分管组织工作,李达分管宣传工作。

会议闭幕时,夜幕已经降临,在庄重的气氛中,代表们轻声

---

① 党的一大最后一天的闭幕会议在浙江嘉兴南湖一艘游船上举行,但具体日期史学界有7月31日、8月1日、8月2日、8月3日、8月4日、8月5日等不同说法。2018年6月21日,在由《光明日报》、浙江省委宣传部、嘉兴市委主办的红船论坛上,正式发布《中共一大嘉兴南湖会议研究》最新成果,认为中共一大闭幕时间为1921年8月3日。

呼喊：

"共产党万岁！第三国际万岁！共产主义、人类的解放者万岁！"至此，党的第一次全国代表大会宣告了中国共产党的正式成立。

回顾历史，北京的共产党早期组织对党的一大会议召开做出了突出贡献。会前，北京代表最先赶赴上海，参与完成了大量会议筹备工作。会中，北京代表出席了全部会议，主持了各次会议，做了北京情况的报告，参与了党的纲领、决议、宣言的拟定，对一些重要的争论问题发表了明确意见并被采纳，有一人被选入党的中央领导机构。会后，张国焘留在上海中央局工作，积极推动党的一大会议精神贯彻落实。

需要注意的是，应当客观地、历史地看待和评价一大代表张国焘、刘仁静，虽然他们后来犯了错误、误入歧途，但他们在党的一大上的表现和作用是值得肯定的。

总之，中共建党之前，北京的共产党早期组织是最有影响力的地方党组织之一，在传播马克思主义、酝酿创建中国共产党、促进马克思主义与工人运动相结合、筹备和出席党的一大会议等方面，做出了巨大贡献，发挥了重要作用。回顾历史，我们可以说：

在北京，酝酿创建中国共产党，是革命形势发展的客观需要和北京先进分子积极推动的必然结果。

在上海，召开中国共产党的成立大会，是上海得天独厚的社会条件和上海的共产党早期组织努力的必然结果。

在嘉兴南湖，实现党的一大胜利闭幕，是历史必然中的偶然。

源远方可流长，根深才能叶茂。

北京，作为中国共产党创建的重要孕育地，以其强烈的爱国精神和深厚的革命底蕴，在中国现代史上写下了浓墨重彩的一笔。

第五章

掀起高潮,领导北方工人运动

北京，是马克思主义与中国工人运动的最早结合地。

20世纪初叶，随着中国工人阶级队伍的不断壮大并逐步登上政治舞台，工人阶级在中国革命中发挥着越来越重要的作用。同时，中国早期马克思主义者对工人阶级和工人运动的认识也越来越深刻，特别是随着"与劳工为伍"等口号的提出，早期共产党员、共青团员、先进知识分子和青年学生纷纷响应号召，广泛深入到工人群众中去开展活动。

北京党组织在李大钊的指导下，十分重视在工人中的宣传和组织工作，率先深入劳工，通过创办工人通俗刊物、举办劳动补习学校，大力宣传马克思主义，发展了一批工人党员；率先成立工会组织，在其引领下，北方各地工会组织纷纷成立，涌现出一批工人领袖；作为中国劳动组合书记部及其北方分部所在地，领导掀起北方工人大罢工高潮，特别是京汉铁路工人大罢工震惊中外，进一步唤醒了人民群众，扩大了中国共产党的影响，使党的民主革命纲领为更多的群众所接受，使马克思主义与中国工人运动在斗争实践中得以结合。

第一节　面向工人宣传马克思主义

作为马克思主义政党,中国共产党创建前后的早期文献中开宗明义确立了坚持马克思主义,鲜明写下"工人阶级""无产阶级"这些词语。但列宁曾指出,工人阶级队伍当中不能自发产生马克思主义,马克思主义必须通过灌输的方式进入工人当中。北京党组织在李大钊的领导下,十分注重将马克思主义同工人运动相结合,强调理论联系实际,号召先进知识青年深入工厂、农村,与工农群众相结合。

为了向工人宣传马克思主义,唤醒工人的阶级觉悟,北京的共产党早期组织提出"到工人中去"的口号,工人运动做得最有声有色。从1920年夏开始,北京先进知识分子群体深入工人群众,通过多种途径和方式到工人中去宣传马克思主义,促进马克思主义与工人运动的初步结合。

1920年11月7日,在李大钊领导下,北京的共产党早期组织创办工人通俗刊物《劳动音》,主要编辑人是邓中夏。邓中夏化名"心美"在"发刊词"中指出,出版这个刊物的目的在于"阐明真理,增进一般劳动同胞的智识,研究些方法,以指导一般劳动同胞","解决这不公平的事情,改良社会的组织",并且"记述世界劳动者的运动状况,以促进国内劳动同胞的团结,及与世界劳动者携手,共同去干社会改造的事情"[①]。

《劳动音》从一创刊就非常注意把马克思主义理论同中国工人运动的实践紧密结合起来。《劳动音》第1期刊文指出:过去一部分革命知识分子从事社会主义运动的主要缺点,是"只向知识阶级作'学理'的宣传,而不向无产阶级作实际运动,结果还只是空谈"!

[①] 中共中央党史资料征集委员会:《共产主义小组》(上),中共党史资料出版社1987年版,第273页。

《劳动音》

同时，强调"今后劳动运动的途径，一方面固然要改弦易辙"，加强社会主义的宣传；另一方面，"更要积极从事于实际的运动——教育与组织——得寸进寸，得尺进尺，如此作去，五年、十年、二十年以后，也行见着我们希望中的效果，若空谈，只是偷懒，只是自杀"①。

《劳动音》非常注重结合社会生活中的具体事实和典型事例，对工人进行马克思主义理论教育。这样做，不仅更容易为广大工人所接受，更能够迅速提高他们的阶级觉悟。比如，《劳动音》第5期几乎用全部篇幅报道南京1万余名机织工人捣毁省议会和痛打议员的事情。1920年12月，江苏省议会通过取消茧行条例，影响了南京缎业商人的利益。这些商人就故意不发丝给工人织缎，煽动工人不满。于是，愤怒的工人们就包围省议会并痛打了议员。对这一事件，《劳动音》发表评论：一方面，揭穿南京缎业商人利用工人的险恶用心，一针见血地指出这次行动是"被人家指使的"；另一方面，肯定工人有为自己的生存采取暴力的权利，赞扬工人敢于反抗的革命精神，指出这次行动"好比是一颗稻麦刚发芽一般，我们保护他，培养他，还嫌来不及，又哪里能够苛求他们，说他们的暴动是盲目的行动呢！我们应当知道，世间的事，一起头总是这样的。只须有人领着他们，指导他们，认定目的向一定的方向去做，慢慢儿的，他们自然会知道什么是他们应当做的，什么是他们不应当

---

① 《劳动运动的新生命》，《劳动音》第1期（1920年11月7日）。

做的了"①。在此基础上,《劳动音》最后向全国工人提出了4个斗争目标:一是组织工会,专办于工人有利的事;二是提高工资,缩短工时;三是增加工人的组织;四是举行示威游行。正是对这些典型事例的剖析,《劳动音》不断启发工人的阶级觉悟,积极引导工人走正确的斗争道路。

《劳动音》出版后,由于坚持面向工人办刊,文字通俗易懂,说理深入浅出,很快就在长辛店等地工人中间传阅开来,受到广大工人的热烈欢迎。到1920年12月,《劳动音》每期销售量已达2000份以上。

1921年7月,在《劳动音》遭当局查禁后,中共北京支部又创办了新的刊物《工人周刊》,由罗章龙任主编。《工人周刊》设编委会,李大钊、高君宇、何孟雄、罗章龙等曾担任编委会常委。编委会下设北京劳动通讯社,通讯社在各地布有通讯员和特约记者,他们采集的新闻报道,除供《工人周刊》选用外,还向国内各大报刊如北京《晨报》、上海《申报》发稿。

10月,《工人周刊》成为中共北京地委的党刊和中国劳动组合书记部北方分部的机关刊物,对外则仍以工人周刊社名义出版。为扩大《工人周刊》的发行量,中共北京地委号召各地工会和工人加入,成为通讯员和发行人员,因而影响越来越大,畅销北方各地,每期销售量有几千份,最多时达两万份,这在当时是一个相当可观的发行数量。

从创刊起,该刊就大力提倡工人组织起来,开展维护工人阶级自身利益的斗争,积极报道各地工人受剥削、受压迫的状况,刊载工人劳动、生活状况的调查,特别注意报道工人反抗压迫、要求改善经济现状的罢工斗争。每次罢工发生,除积极报道,还号召各地工人声援罢工的工友。《工人周刊》在报道工人运动的同时,也注重对工人的教育引导,启发工人的觉悟。它以通俗易懂的方式揭

---

① 《南京机织工人听着!一般工人也听着》,《劳动音》第5期(1920年12月5日)。

露资本家对工人的残酷剥削和压榨，揭示工人恶劣生活的根源所在。如在刊发的文章中指出"工厂一齿一齿的齿轮，一条一条的条带，真像军营的杀人器具，又像地狱的刀山火山，稍不细心，挨着了，轻则血肉狼藉，重则不但性命没有了，连骨头都粉碎了"，而工人们"不仅不得一饱一暖，每逢假日还要扣薪"①。《工人周刊》还启发工人们要团结起来斗争，以摆脱被剥削、被奴役的命运，指出："无钱无势的劳工，怎样对付这班资本阶级一手把持的行政机关呢？也只有听从马克思的教训：'世界劳工团结起来呀！'"②并说"你们的胜利之母在联合，你们的生命寄在团体上面。假使一天没有团体，你们就一天没有生命"，号召工人们"赶快拿出良心热血来组织团体罢"③。强调只有真正团结和组织起来，才能战胜资本家和压迫阶级。

《工人周刊》受到工人的欢迎，成为各地工人开展斗争的指导性刊物。工人们尽管生活困苦，还是向刊物捐赠钱款，使刊物能够正常运转。由于办刊人员和工人们的共同努力，刊物在工人中的影响巨大。

在创办工人通俗刊物的同时，北京的共产党早期组织还开办了长辛店劳动补习学校。1920年12月，北京的共产党早期组织派邓中夏、张太雷、杨人杞和张国焘4人到长辛店与工人接头，并多次同史文彬等工人商议，以"提倡平民教育"为名，筹办劳动补习学校。他们向工人宣传创办劳动补习学校的重要意义：

> 为什么我们工人终日辛苦作工，而不得饱暖；而那班不作工的官僚、政客、资本家等却高楼大厦、衣锦食肉。他们的钱哪里来的，他们的衣食住哪里来的，都是由我们工人的血汗造成的。所以我们没有得享受，弄到困苦的情形。现在

---

① 《无知觉的机器也要吃工人的血肉》，《工人周刊》第28号，1922年2月5日。
② 《工人周刊》第29号，1922年2月12日。
③ 《京绥路六日游记》，《工人周刊》第28号，1922年2月5日。

我们想得回幸福，非先有知识不行，所以我们要设立这个学校。①

长辛店劳动补习学校旧址

　　1921年1月1日，劳动补习学校在长辛店正式成立。它"以增进劳动者和劳动者子弟的完全知识，养成劳动者和劳动者子弟高尚人格为宗旨"。来校学习的工人，最初有100余人，分日夜两班上课。日班是工人子弟上课，课程与普通国民高等小学堂的课程略同；夜班是工人上课，设国文、法文、社会常识、科学常识、工场和铁路知识。教员大都由北京大学师生担任，驻校教员是北京的共产党早期组织成员吴汝铭。李大钊和其他一些成员也曾去该校讲课或考察。教材由教员自己编写。教员讲课，先教识字，再讲革命道理，把提高工人的文化水平同传播革命思想有机结合起来，从工人熟悉的具体事物来讲清革命道理。他们用通俗而生动的事例来说明当时中国社会存在的工人受严重压迫和剥削的现象，指出如何消除这一不合理现象的途径，强调工人们要团结，"五人团结一只虎，十人团结一条龙，百人团结成

---

① 《晨报》1920年12月21日。

泰山，谁也搬不动"。教员们还经常对工人进行家访，同工人促膝谈心，了解他们的思想和生活情况，并把自己编好的歌唱给大家听。其中一首歌唱道：

> 如今世界太不平，重重压迫我劳工；
> 一生一世做牛马，思想起来好苦情。
> 北方吹来十月的风，惊醒了我们苦弟兄。
> 无产阶级快起来，拿起铁锤去进攻。
> 红旗一举千里明，铁锤一举山河动，
> 只要我们团结紧啊！冲破乌云满天红。①

在此之前，李启汉在上海沪西小沙渡开办了"劳工半日学校"。对此，邓中夏评价说"长辛店和小沙渡两地，都是中国共产党最初做职工运动的起点"，而开办长辛店劳动补习学校，"只是我们党在此地工作的入手方法，借此以接近群众，目的在于组织工会"②。

长辛店劳动补习学校的开办，在唤醒广大工人的思想觉悟、启发工人组织工会的需要等方面发挥了积极作用，成为北方地区工会组织的活动中心与学习榜样，为中国共产党开展北方工人运动打下了良好的基础。

与此同时，正是在深入工人宣传马克思主义的过程中，邓中夏等北京早期共产党员自身也受到了深刻教育，更加坚定了献身革命的理想信念。

1921年秋，邓中夏以优异的成绩从北京大学毕业。面对人生的关键选择，他先是谢绝了胡适保送他出国留学的厚爱，决定留在国内进行社会改造。后来，当时在北京政府任职的父亲，为他在农商部谋

---

① 刘明逵、唐玉良：《中国工人运动史》第二卷，广东人民出版社1998年版，第229页。

② 邓中夏：《中国职工运动简史（1919—1926）》，人民出版社1949年版，第17、15页。

了一个待遇优厚的差事，并替他接受了委任状。但邓中夏知道后却坚决要父亲把委任状退回，说："现在政治腐败，当官的对老百姓敲骨吸髓，你叫我去当这样的官有什么意思？……我要为广大民众谋利益，绝不为个人自私自利，单独发财。"[1]俩人不欢而散，父亲一气之下不再给他提供生活费，但这丝毫不能动摇他做一个无产阶级职业革命家的决心。

北京党组织的实践证明，创办面向工人的通俗刊物、工人补习学校等是马克思主义与中国工人运动相结合的有效方法。这样做，可以把革命思想灌输到工人群众中去，有效提高工人的阶级觉悟，并在工人群众中发现和培养积极分子，再通过他们把广大工人组织起来，奠定建立工会和领导工人进行斗争的基础。因此，面向工人办刊物、办学校的方法，不仅很快在全国各地党组织中推广开来，而且成为后来党在领导工人运动中经常采用的行之有效的特有方式。

---

[1] 中共北京市委组织部、中共北京市委党史研究室编：《向榜样学习》，北京出版社2016年版，第8页。

第二节　北京成为北方工人运动中心

党的一大宣告中国共产党正式成立，并通过了中国共产党第一个决议，确定党成立后的中心任务是组织工人阶级斗争，领导工人运动。《1921年关于中国共产党的第一个决议》指出："本党的基本任务是成立工会"，把工人组织起来。当时中国共产党处于秘密状态，党的一大闭幕后，为了贯彻党的决议，广泛开展全国工人运动，需要有一个公开的中央机构领导这项工作。

1921年8月11日，为加强对工人运动的统一领导，中央局在上海成立了中国劳动组合书记部，以合法组织的名义进行活动，领导各地党组织迅速开展工人运动。中国劳动组合书记部由张国焘任书记部主任，李启汉任秘书，李震瀛等任干事。中国劳动组合书记部是中国共产党第一个公开领导全国工人运动的总机构，也是中华全国总工会的前身。

当时，很多人看到上海公共租界北成都路19号（今成都北路899号）的门前挂出了一块木牌，上面写着"中国劳动组合书记部"9个大字，心中疑惑不解：这是个什么场所呢？

之所以叫这个名称，还有历史原因。

这是因为，当时的中国工人阶级受到帝国主义、封建势力、资产阶级三重剥削和压迫，与其他国家的工人相比处境更为痛苦，过着血泪斑斑的悲惨生活。中国工人的劳动时间特别长，劳动条件极为恶劣，工资收入却相当微薄。同时，在中外资本家工矿企业中，普遍存在残酷的包工制、把头制、监工制等资本主义与封建势力相结合的剥削形式。

对此，1920年8月，陈独秀在《劳动界》第2期发表了《真的工人团体》的短文，文中说："工人要想改进自己的境遇，不结团体固然是不行。但是像上海的工人团体，就再结一万个也都是不行的。新的工会一大半是下流政客在那里出风头，旧的公会公所一大半是店东工头在那里包办。觉悟的工人呵！赶快另外自己联合起来，组织真的工人团体呵！"①

正因为当时中国工人中间已有许多"招牌工会"，为了与这些鱼龙混杂的旧式组织有所区别，根据共产国际代表马林的建议，中国共产党在成立这个机构时采用了日语译名，"劳动组合"是工会的意思，"书记部"则是办事机构的意思。

1921年出版的《共产党》月刊第6号刊登了《中国劳动组合书记部宣言》，阐述了工人阶级的产生及其根源，指出组织产业工会对工人阶级的重要性，号召全国工人阶级团结起来，并采用产业联合的形式联合成劳动组合。8月20日，中国劳动组合书记部出版机关刊物《劳动周刊》，张国焘任编辑主任，编辑有李启汉、李震瀛、包惠僧等。

1921年9月，中央局第一次扩大会议在上海召开，专门讨论如何开展工人运动的问题。北京的罗章龙、邓培和各地代表共10余人参加了会议。会后，中国劳动组合书记部北方分部在北京成立，罗章龙为主任，王尽美为副主任，京奉路唐山制造厂党组织书记邓培、长辛店工会主席史文彬、正太铁路总工会主席孙云鹏、津浦铁路②工会主席王荷波等人参加北方分部的工作。中国劳动组合书记部北方分部，负责领导直隶③、山东、河南、山西、热河④、察哈尔⑤、绥远⑥、陕西、甘肃及东北三省等北方地区12个省、16个大中城市和

---

① 《陈独秀著作选》第二卷，上海人民出版社1993年版，第152页。
② 津浦铁路北起天津总站（今天津北站），南至南京浦口火车站，全长1009千米。始建于1908年，1912年全线通车。现为京沪铁路一段。
③ 旧省名。1928年改名河北省，所辖地包括今北京、天津及河北省大部。
④ 旧省名。1914年设热河特别区。1928年改设省。1955年撤销，所辖地分别划入河北、辽宁两省和内蒙古自治区。
⑤ 旧省名。1914年设察哈尔特别区。1928年改设省。1952年撤销，所辖地分别划入河北、山西两省。
⑥ 旧省名。1914年设绥远特别区。1928年改设省。1954年撤销，所辖地划入内蒙古自治区。

京汉、京绥、津浦等铁路沿线的工人斗争。

中国劳动组合书记部北方分部的工作，是在李大钊的直接领导下进行的。根据这一地区幅员辽阔、情况复杂的特点，北方分部制定了工人运动的斗争方案，其要点是：以工人通俗刊物为阵地，加大宣传、教育工人群众和指导工人运动的力度；在长辛店、唐山、南口和丰台等处，各设立几个工人学校，向工人灌输革命道理，讲授罢工斗争知识；在铁路、矿山建立党与团的组织；筹办工人运动讲习班，训练工会工作人员；激发工人的斗争意志，有计划地推动与组织工人群众的经济斗争和政治斗争。

鉴于中国劳动组合书记部北方分部的工作任务十分繁重，北京党组织决定发动一批青年知识分子特别是青年学生从事工人运动。但遇到了不少思想障碍，有的学生怕耽误学业，而且认为做工人运动工作没有出息；工人们则对学生心存疑惑，很不信任。为此，党组织做了大量艰苦细致的思想工作，多次召开辩论会，引导学生和工人讨论中国革命的方向问题，并针对一些实际问题做具体深入的工作，才逐渐消除了学生与工人之间的隔阂，统一了认识，壮大了力量。在此情况下，中国劳动组合书记部北方分部向各条铁路、重要厂矿和城市派遣了特派员，京绥路为何孟雄、张汉清等；京汉路为吴汝铭等；陇海路为游天祥、王忠秀等；胶济路为郭恒祥等；道清路为童昌荣；正太路为袁子贞等；开滦五矿为李昌兴；天津为安幸生等；唐山为李树彝等；济南为李味农等。他们在各地深入工人群众，宣传马克思主义，启发工人觉悟，发挥了重要作用。

1921年下半年，中共北京地方委员会（简称"中共北京地委"）成立，直属中共中央领导，机关设在沙滩北京大学红楼。这是建党以后在北京设置的第一个党的地方组织。中共北京地委由4名委员组成，李大钊任书记，罗章龙任组织委员，高君宇任宣传委员，李梅羹任财务委员。

中共北京地委建立后，加强了对在北京建立党、团组织和开展学生运动、工人运动的领导，先后建立了4个党支部：以北京大学的党员为主组成的中共东城支部，由邓中夏任书记；以北京女子高等师范学校和北京高等师范学校的党员为主组成的中共西城支部，由缪伯英任书记；以中法大学的党员为主组成的中共西山支部，由萧明任书记；以长辛店工人为主组成的中共长辛店机车厂支部，由史文彬任书记。同时，北京党组织还派人到天津、张家口、唐山、保定、徐州等地开展工作，发展党员，建立中共支部。

中国劳动组合书记部北方分部的成立，以及北方各地党组织的不断完善壮大，为开展北方工人运动提供了坚强领导和组织保证。

第三节　指导北方各地成立工会组织

北京长辛店工人俱乐部是我国最早的现代工会之一，也是马克思主义者与工人阶级相结合的最早尝试，为中国共产党开展工人运动打下了良好的组织基础。

1921年5月1日，在北京的共产党早期组织指导下，长辛店工人以及从天津、保定来的工人共1000多人，举行庆祝国际劳动节群众大会，会上宣布成立京汉路长辛店铁路工人会。工会采取代议制，由厂里每科选出来的代表组织一个代表会。工会所有事务，都由这个代表会议决，再由代表会选出几个干事去执行议决的事项。代表会每两个星期开一次常务会，有问题就讨论问题，没有问题就自由谈话。

长辛店铁路工会成立后，火车房工友在火车头前留影

9月,中国劳动组合书记部北方分部成立后,继续加强长辛店铁路工会的工作,考虑到先前的工会里工人和工头都可以参加,必须进行整顿,于是就派邓中夏来到长辛店,先后发展了工人积极分子史文彬、王俊、杨宝昆、康景星为中共党员,成为工会的骨干力量。

10月20日,长辛店铁路工会召开由机器厂、修车厂、工务厂50名代表参加的联席会议。北京党组织派邓中夏等4人参加会议。为区别于先前有工头参加的工会,联席会议决定将工会名称改为"京汉路长辛店工人俱乐部",制定《长辛店工人俱乐部简章》,健全工人俱乐部内部机构,选出史文彬、康景星等为工人俱乐部委员,史文彬为委员长。工人俱乐部下设交际、教育、会计等部,成立工人纠察队、讲演团和调查团。

从此,长辛店工人俱乐部成为一个组织严密、战斗力很强的工会团体,具有很好的示范作用。当时,全国各地工人特别是北方工人代表,纷纷到长辛店参观学习,吸取长辛店创办劳动补习学校、组织工会和成立工人俱乐部的经验,以它们为榜样组织自己的工会或举办劳动补习学校,从而使"北方各铁路开始都有了工会组织的萌芽"。

1921年7月党的一大召开后,按照中央局通告提出的"以全力组织全国铁道工会,上海、北京、武汉、长沙、广州、济南、唐山、南京、天津、郑州、杭州、长辛店诸同志,都要尽力于此计划"的要求,北京党组织以北方的铁路工人和开滦煤矿工人为工作重点,分派许多同志到南口、康庄、长辛店、宣化、张家口、唐山、石家庄、徐州等地做工人运动的发动和组织工作,并多次派人到天津、唐山、太原等地指导开展工运活动、建立工会,在指导北方各地成立工会组织中发挥了中心作用。

在唐山:北京党组织"特别重视唐山地区,因为它是中国的一个最大的工业中心"①,这里有京奉铁路唐山制造厂、启新洋灰厂和

---

① 张太雷:《在共产国际第三次代表大会上的报告》,《中央档案馆丛刊》编辑部编:《中央档案馆丛刊》1987年第5期。

开滦煤矿等大型企业。1920年冬，中共北京支部成员罗章龙到唐山，与唐山制造厂工人邓培等探讨组织工会的问题。不久，张国焘也来到唐山，他们一起研究在唐山制造厂组织工会的问题。1920年底，成立了唐山第一个现代产业工会——京奉铁路唐山制造厂同人联合会，邓培被选为工会委员会委员长。工会与开滦煤矿、启新洋灰厂和京奉路沿线的工人组织建立了联系，邓培等人经常到各工厂开展教育和组织工作。1921年冬，他们在唐山创办铁路工人补习学校，聘请李树彝担任教员。1922年1月，北方分部创办唐山工人图书馆、工人夜校，向工人传播马克思主义阶级斗争的理论和团结起来组织工会的道理。到1922年初，唐山工会会员增加到二三百人，工会积极分子邓培、梁鹏万、李树彝、阮章、许作彬和田玉珍等先后被发展为中共党员。

在张家口：1922年初，北方分部派何孟雄前往张家口、康庄等地，领导京绥铁路工人运动。他在铁路工人中宣传中国共产党的主张，组织工人夜校、工人文化补习班等，把进步刊物介绍给工人。很快，京绥路机务工人"精业研究所"建立，得到工人拥护，"各站机务工人相继加入"，"南口机器厂工匠多人，全体加入，计全路各站会员现已达600余人"[①]。同年七八月间，何孟雄又领导车务工人把"精业研究所"改组为"车务工人同人会"。总会设在张家口，设有西直门、南口、康庄、张家口、大同、平地泉、归绥、包头8个分会。京绥路全线60个车站，有1500余名车务工人参加。[②]

在石家庄、阳泉、太原：1921年秋，北方分部派张昆弟[③]到正太

---

① 《民国日报》（上海）1922年2月12日。

② 刘明逵、唐玉良：《中国工人运动史》第二卷，广东人民出版社1998年版，第268页。

③ 张昆弟（1894—1932），湖南益阳人。1913年考入湖南省立第一师范学校。1918年成为毛泽东领导的新民学会第一批会员和骨干。1919年赴法国勤工俭学。1922年在北京加入中国共产党；7月任中共北京地委委员。1923年参与领导京汉铁路工人大罢工。曾任中共顺直省委工委书记、中共中央北方局工委书记等。1932年在鄂西洪湖地区壮烈牺牲。

铁路开展工作。他在石家庄正太铁路机器工厂工人中宣传十月革命和马克思主义，受到热烈欢迎，并培养了孙云鹏、施恒清、赵永庆等一批工人积极分子。后来，北方分部又派贾玉清到石家庄，帮助成立工会。1922年9月3日，石家庄正太铁路机器厂决议成立工会组织，由于受到当局的阻挠，工人们把工会取名为"石家庄正太铁路工业研究会传习所"，并于10月8日正式召开成立大会。不久，阳泉、太原也相继成立了工会组织，三地工会代表在石家庄开会，决定联合成立统一的"正太铁路总工会"，选举宋栋臣、滕邦忠为正、副会长，孙云鹏为秘书，贾玉清担任总工会的指导员，同时将三地的传习所改为分会。[①]在工会组织下，正太铁路沿线的铁路工人团结起来，许多优秀工人被发展成为中共党员。

在山东：1922年6月，成立了中国劳动组合书记部山东支部，王尽美任主任。7月，创办《山东劳动周刊》。10月，王尽美调北方分部任副主任兼秘书、京奉路工会特派员。王尽美、王翔千、邓恩铭等人分赴济南、青岛、淄博等工人相对比较集中的地区宣传革命、开展工人运动，成立了一系列行业工会，如济南的理发业工会、山东铁路工会、纺织工会以及淄博的矿业研究所等。工会组织的建立，推动了山东地区工人运动的蓬勃发展。

1922年四五月间，北京政局发生变化，在直奉战争中获胜的直系军阀吴佩孚控制了北洋政府。为收买人心，他们通电发表四大政治主张，其中之一就是所谓"保护劳工"。李大钊通过吴佩孚的重要幕僚白坚武[②]，经北洋政府交通总长高恩洪允许，向每条铁路派一名密

[①] 刘明逵、唐玉良：《中国工人运动史》第二卷，广东人民出版社1998年版，第268页。

[②] 白坚武（1886—1937），字颠云，河北交河人。1907年考入天津法政专门学校，与李大钊是同学。先后追随军阀李纯、吴佩孚，后来投靠日本人策划伪华北国，1937年被国民党军队以"汉奸首领"罪处决。

查员。经李大钊推荐,张昆弟、安体诚①、陈为人、何孟雄、包惠僧、袁子贞6名共产党员,分别担任津浦路、京奉路、正太路、京绥路、京汉路和陇海路的密查员。他们名义上是北洋政府交通部的密查员,实际上是劳动组合书记部领导铁路工人运动的秘密特派员。邓中夏后来在《中国职工运动简史(1919—1926)》一书中说:"共产党员得着护符,不仅不怕人而且使人怕,得以往来各路,通行无阻……这样一来,我们在铁路上的工作得到顺利的发展,差不多六条铁路都建立了相当的基础,特别是京汉铁路都成立了工人俱乐部,共计十六个之多。"与此同时,北京党组织还组织北京印刷工人联合会、北京大学工友夜校等。组织起来的工人积极声援香港海员大罢工,并参加集资修建胶济铁路等反帝爱国运动。

1922年5月初,由中国劳动组合书记部发起并召集的第一次全国大会在广州召开。北京工人代表出席大会,并在会上提出"全国总工会组织原则案",要求"凡能采用产业组合法的,所有各种产业组合和职业组合的工会,结合为地方劳动联合会,将来由各地方联合会组成全国总工会","在全国总工会未成立以前,先设一个全国总通讯处,委托中国劳动组合书记部担任"。这反映出工人阶级要求在中国共产党领导下最大范围组织起来的愿望。

在中国劳动组合书记部北方分部的组织指导和北京工会组织的示范引领下,北方各地工会组织纷纷成立,成为北方工人运动的坚强领导中心。

---

① 安体诚(1896—1927),河北丰润人。1917年毕业于天津法政专门学校,后赴日本留学。1922年加入中国共产党。曾任中国劳动组合书记部北方分部领导成员兼天津特派员、中共北京区委委员。1927年5月在上海龙华英勇就义。

第四节　推动北方工人运动首掀高潮

党的一大以后,北京党组织集中力量,以铁路工人运动为工作重点,领导和发动了一系列北方工人运动。

1922年1月12日至3月8日,香港海员大罢工直接推动和促成了全国第一次工人运动高潮。在这次罢工过程中,长辛店工人首先发起组织"北方香港海员罢工后援会",得到京汉、京奉、京绥、津浦等各路工人的热烈响应。

1922年7月,党的二大通过《关于"工会运动与共产党"的决议案》,为进一步发展中国工人运动制定了各项原则和方针政策。8月,中国劳动组合书记部由上海迁至北京,加强了对北方地区工人运动的领导,北京党组织主办的《工人周刊》成为中国劳动组合书记部的机关刊物。同月,中国共产党利用北洋政府重开国会、制定宪法之机,由在北京的中国劳动组合书记部提出劳动立法四项原则和"劳动法大纲",并动员全国工人广泛开展劳动立法运动。劳动立法四项原则包括:保护工人政治上的自由,改良经济生活,参加劳动管理,对工人实行劳动补习教育。"劳动法大纲"共19条,包括承认劳动者有集会结社、同盟罢工、缔结团体契约等权利,实行8小时工作制,保护女工、童工,保障劳动者的最低工资,等。"劳动法大纲"在国会中当然无望通过,但它的公布得到了全国工人的热烈拥护,成为指导工人运动的具体行动纲领。

由此,中国劳动组合书记部的威望大大提高,北京在领导全国工人运动中的地位更加重要,作用更加突出。

1922年8月,长辛店铁路工人大罢工,是北方铁路工人大罢工的起点。早在6月间,长辛店工人俱乐部就根据广大工人的迫切要求,向北京铁路局局长递交呈文,提出增加工资、为工人盖宿舍、病假期间发工资等8项改善生活待遇的要求,但迟迟未得到当局答复。

8月23日,工人俱乐部请示北京党组织后,决定立即举行罢工。

邓中夏从北京赶来,直接领导这次罢工斗争。当晚,他在工人骨干分子会议上做了罢工动员报告,并宣布了罢工命令。24日,罢工开始,3000多名工人齐集在长辛店娘娘宫前,举行罢工誓师大会,随后断绝南北往来交通。尽管当局派军队前来镇压,但工人们毫不畏惧。罢工坚持两天后,京汉铁路当局被迫让步,同意工人们提出的开除压迫工人的总管、工头,承认工人俱乐部有推荐工人的权利,增加工人工资等8项要求,罢工取得全面胜利。在27日召开的庆祝罢工胜利大会上,邓中夏总结说:这次胜利显示了我们团结的力量,我们不能满足,我们只是走了第一步,第二步还没有走。我们要更加团结向前迈进。①会后,3000多名工人举行了声势浩大的游行示威。在复工后开往武汉的第一辆火车的车头上,工人们挂上了一面"庆祝长辛店罢工胜利"的大红旗,一路飘扬到汉口。长辛店铁路工人大罢工的胜利,对当时全国工运的发展产生了巨大影响,大大鼓舞了铁路工人的斗志。京奉路、京绥路、正太路等北方各条铁路干线的工人都举行了罢工斗争。

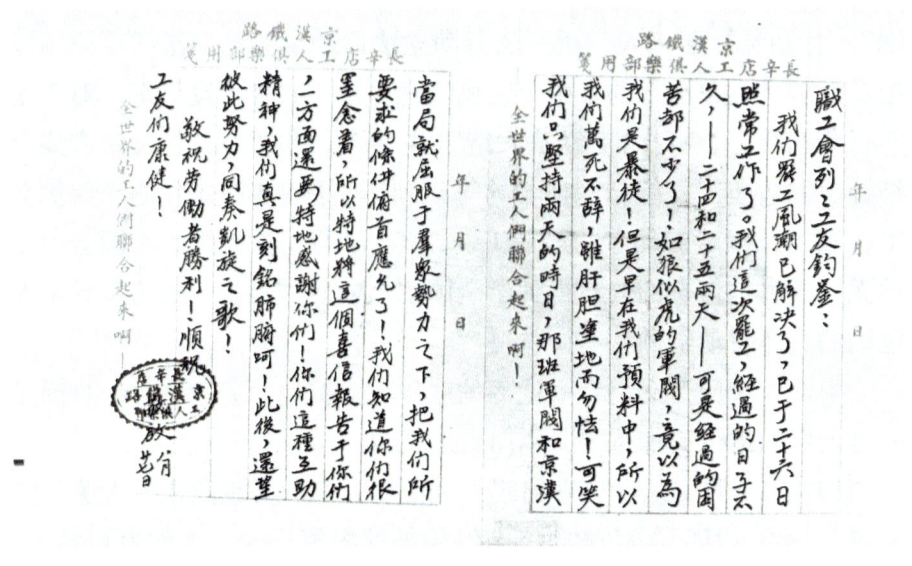

党发动并领导了长辛店铁路工人大罢工。图为长辛店工人俱乐部致罢工工友的信

---

① 中华全国总工会工运史研究室等编:《二七大罢工资料选编》,工人出版社1983年版,第680页。

在此之后，北方地区规模最大、最有影响的一次罢工斗争——开滦五矿工人大罢工爆发了。此时，帝国主义者和封建军阀对全国工人运动的迅猛发展极为仇视，罢工遭到了英帝国主义者和封建军阀的联合镇压。

开滦五矿包括唐山、赵各庄、林西、马家沟和唐家庄5个矿区，矿工共约3万人，年产煤400余万吨，约占全国产量的20%，是当时中国规模最大和最早采用新式技术开采的煤矿。

开滦五矿原由中国官僚资本兴办，后用英国贷款，改为中英合办，实际上完全由英帝国主义者控制。就是在这样一个设备比较先进的煤矿里，矿工们却过着人间地狱般的生活：工资很低，每天要劳动16个小时以上，工作环境恶劣，矿井缺乏起码的安全设施，以致塌顶、起火、中毒、瓦斯爆炸等事故频发。

1921年冬，中共北京地委制订《唐山地区同盟罢工计划》。1922年初，北京地委成员、中国劳动组合书记部北方分部主任罗章龙和王尽美、李梅羹、王仲一等人，先后到唐山和开滦煤矿调查煤矿工人的劳动生活状况，在矿山工人中进行宣传、教育和组织工会的工作。1922年8月底，中国劳动组合书记部主任邓中夏到开滦煤矿考察工人运动，深入矿井、工棚、锅炉房等地，和工人谈心，启迪阶级觉悟，同工人群众结下了深厚友谊。

在共产党员和北方分部成员的共同努力下，1922年9月间，开滦五矿先后成立工会。10月16日，在开滦五矿工人联合会的组织下，唐山矿、林西矿、赵各庄矿和秦皇岛码头工人的8位代表，向矿务局递交请愿书，提出增加工资、改善待遇等6项要求，遭到矿务局的无理拒绝。10月19日，在中国劳动组合书记部和中共唐山地委的领导下，成立了罢工领导机构——开滦五矿同盟罢工委员会，委员会由罗章龙、王尽美、邓培等人和各矿工人代表20多人组成。

开滦矿务局对工人提出的要求采取"一手持棍，一手持糖"的两面策略，企图用武装威胁和小恩小惠诱骗工人的办法，实现破坏和扼杀罢工的目的。10月22日，当工人俱乐部正在召开各矿代表会议讨论罢工具体问题时,林西矿6名工人代表在请愿时被矿方无理扣留。

开滦五矿工人对此感到极大的愤怒,决定从10月23日起,举行五矿同盟大罢工。10月23日晨6时,唐山矿、林西矿、唐家庄矿、赵各庄矿、马家沟和秦皇岛码头的工人同时宣布罢工,一场声势浩大的反帝大罢工在开滦煤矿全面爆发了。随后,唐山启新洋灰厂、华新纺纱厂和马家沟矿的工人举行同情罢工。罢工开始后,五矿工人俱乐部向全国各界发表总罢工宣言,控诉英国资本家虐待工人的行径,诉说工人的悲惨生活,呼吁全国工人和社会各界对罢工予以声援和支持。各地工会纷纷发表通电,对这次罢工予以声援。

矿务局勾结军阀政府,急调军警3000多人实行武力镇压。英帝国主义派出康克斯来复枪枪队参与镇压。10月26日,反动军警悍然向罢工工人开枪,打死打伤工人60多人,造成流血惨案。惨案发生后,罢工指挥部立即召集矿工代表会议,议决向矿方提出赔偿、医疗、谢罪、撤退保安警察等要求。同时,以开滦五矿工人俱乐部名义发表了第二次宣言,呼吁全国各界同胞主持公道,给予援助。全国各地各界纷纷谴责英帝国主义和军阀屠杀工人的罪行,捐款捐物支援五矿工人。

11月5日晚,警察搜查了五矿工人俱乐部,查封了工会,罢工领导人有的被逮捕,有的受到监视。但工人们毫不惧怕中外反动派的联合镇压,无一人私自复工。11月15日,开滦矿务局在罢工斗争的巨大压力下,终于放弃强硬手段,宣布给月工资低于百元以下的工人增加工资10%,罢工期间发给7日工资。此后,各矿工人陆续复工。

开滦五矿工人大罢工,打击了帝国主义者和军阀政府,推动了开滦五矿工人的觉醒,标志着开滦工人运动进入新的阶段,掀起了北方工人大罢工高潮,推动了全国工人运动的发展。但是,罢工的大部分目的未能实现,标志着帝国主义和封建军阀以血腥手段镇压工人运动的开始,表明中国工人运动高潮开始出现转折。

在这个过程中,以北京为中心组织发动的北方地区铁路工人大罢工和开滦煤矿工人大罢工,都是全国工人运动发展极快和成效显著的罢工之一,起到了重要的探索引领和示范带动作用。

第五节　发起和指导京汉铁路工人大罢工

在中国共产党领导的第一次工人运动高潮中，铁路工人是一支主要的力量。1922年11月，中共中央《对于目前实际问题之计划》中指出，在中国工人阶级中，铁路工人、海员、矿工是"三个有力的分子"，在全国总工会成立以前，要先成立这3个产业的联合组织，作为工会运动的中坚。在党组织的铁路工人运动中，最有影响的是京汉铁路工人大罢工。

京汉铁路工人大罢工是因成立全路总工会而引发的。京汉铁路总工会的筹建工作，早在1922年春即已着手进行。

4月9日，受香港海员大罢工胜利的影响，在中国劳动组合书记部北方分部的领导下，由长辛店工人俱乐部发起，第一次京汉铁路总工会筹备会议在北京长辛店召开，中国劳动组合书记部主任邓中夏主持会议。这次会议决定临时组成京汉铁路总工会筹备会，以整顿和统一全路工会组织。

8月10日，在中国劳动组合书记部北方分部和武汉分部的领导下，第二次京汉铁路总工会筹备会议在郑州召开，中共中央委员张国焘、中共北京地委委员包惠僧等到会指导筹建工作。这次会议决定成立京汉铁路总工会筹备委员会，推选杨德甫为委员长，史文彬、凌楚藩为副委员长，李震瀛为秘书长，项德隆为总干事，吴汝铭为副总干事。会议还决定各站工人俱乐部改组为京汉铁路总工会分工会，并起草《京汉铁路总工会章程草案》，使工会具有鲜明的阶级性、革命性和强烈的战斗性。

至1923年初，京汉铁路沿线的长辛店、琉璃河、高碑店、保定、正定（石家庄）、顺德（邢台）、彰德（安阳）、新乡、黄河（黄河南岸）、郑州、许昌、郾城（漯河）、驻马店、信阳、广水、江岸16个站都成立了工人俱乐部，并改组为京汉铁路总工会分工会。在这种形势下，广大工人更加迫切地要求建立全路统一的工会组织，实现全路工人大团结的条件业已成熟。

1923年1月5日，第三次京汉铁路总工会筹备会议在郑州召开，决定于1923年2月1日在郑州召开全路代表大会，正式成立京汉铁路总工会。

当时，因成立总工会未涉及劳资间的具体经济问题，加之未料到吴佩孚会在全国人民面前采取公开的屠杀手段，所以相关工作都是公开进行的，大会的宗旨、召开日期等都在京津沪汉等地各报上公布，并且向京汉铁路局局长赵继贤呈文做了报告。赵继贤采取了阴险的两面政策：表面上同意成立总工会，暗地里却密电军阀吴佩孚，请求以武力制止工人召开成立大会。

由于京汉铁路纵贯直隶、河南、湖北三省，是连接华北和华中的交通命脉，有重要的经济、政治和军事意义，而且京汉铁路的运营收入是军阀吴佩孚军饷的主要来源之一，因此，当工人运动日益高涨，威胁到其利益时，吴佩孚便撕下"保护劳工"的假面具，以"军事区域，岂能开会"为借口，下令禁止在郑州召开京汉铁路总工会成立大会，并派出大批军警准备对成立大会进行阻挠和破坏。

1923年2月1日，在隆冬的寒风中，郑州全城紧急戒严，军警荷枪实弹。前来参加会议的共产党代表张国焘、陈潭秋、罗章龙、包惠僧、林育南等，京汉铁路各工会分会代表和前来祝贺的各地区工团代表，北京、武汉的学生代表和新闻界人士，共计300多名代表和来宾，面对军警的武力恫吓，毫不畏惧，按照原定计划于上午10时整队前往成立大会会场——郑州普乐园剧场。郑州的2000多名铁路工人，从普乐园剧场整队出来迎接。代表们手执红旗和浩浩荡荡的工人队伍一起，不顾生死，冲破军警的重重包围进入会场，立即举行大会，宣布京汉铁路总工会成立。与会者情绪激昂，高呼"京汉铁路总工会万岁""劳动阶级胜利万岁"等口号。这时，武装军警已将会场严密包围起来，反动当局限令大会5分钟内自行解散。工人们纷纷怒斥，坚持继续开会。由于反动当局的持续干扰，会议持续到下午4时，被迫结束。就这样，京汉铁路总工会成立大会被军阀破坏了。

代表们冲破重围离开会场，回到住宿的五洲大旅馆后又被包围。反动军警强行捣毁总工会和郑州分会会所，并勒令全部代表立即离开郑州。代表们受此凌辱，十分愤怒。2月1日晚，京汉铁路总工会执委会召开秘密会议，决定全路举行总罢工，并在通过的罢工决议中号召全路工人"为争自由作战，争人权作战，只有前进，决无后退"①，同时决定从2月3日起总工会移至汉口江岸，成立总工会临时办事处。

2月4日，震惊中外的京汉铁路工人大罢工全线展开。遵照总工会规定的时间，上午9时，郑州开始罢工；10时，汉口江岸开始罢工；11时，北京长辛店开始罢工。短短3个小时，全路3万多工人全部罢工，长达1200多千米的京汉铁路顿时瘫痪。这在中国工人运动的历史上是空前的有纪律、有组织的表现。

2月4日，何孟雄、罗章龙、高君宇等坚守在北京前门火车站，密切关注长辛店、郑州及汉口工人斗争情况，联络协调统一行动。在长辛店，分工会委员长史文彬按照总工会规定的时间下达罢工命令之后，3000多名工人从机务大厂、机务小厂、火车房、车站、电报房齐集娘娘宫广场，召开罢工誓师大会。史文彬登上高台，首先向工人们宣布总工会关于罢工的决定和要求条件，接着高声说道："军阀破坏总工会成立大会，侵犯我们的自由，剥夺我们的权利，我们要与封建军阀作战！不自由，毋宁死！不实现罢工条件，决不上工！"工人们对军阀的迫害，愤恨无比，群情激愤，齐声高呼："坚持罢工到底！不得总工会的命令决不复工！"②

会后，长辛店分工会给政府当局及全国各工团和社会各界发出两则通电，说明京汉铁路总工会被铁路当局诬为不法团体、破坏总工会成立大会、侵犯与会代表人身自由等情况后，庄严宣告："我们要争我们的自由，争我们的人格，我们与侵犯我们自由的人宣战！"同

---

① 《中国职工运动简史》(1919—1926年)，《邓中夏文集》，人民出版社1983年版，第502页。
② 刘明逵、唐玉良：《中国工人运动史》第二卷，广东人民出版社1998年版，第544页。

日下午，工人纠察队拦截了6列旅客列车，宣传队员在向旅客说明罢工情由的同时，尽力设法帮助旅客解决困难。待所有旅客纷纷下了车，宣传队员对待旅客极为尊敬礼貌，"男子则为代雇车马，妇女则延至工人家住宿，次日派人护送至京。当时社会人士对罢工工人均表好感"[①]。

京汉铁路工人大罢工的爆发引起外国列强的恐慌，它们直接出面进行干涉和破坏。各帝国主义国家驻北京公使团召开紧急会议，要求北洋军阀政府尽快用武力镇压。英国驻汉口总领事也召集湖北省督军代表和外国资本家举行秘密会议，策划镇压罢工的办法。

2月5日晨，吴佩孚密令对罢工要严厉处置，京汉铁路局局长赵继贤发出布告威胁工人，限令12小时复工，否则将严加惩办。当晚，6个营的反动军队进驻长辛店，6日下午更增至8个营。2月6日，长辛店工会感到形势严峻，为进一步向社会各界揭露军阀的罪行，争取同情和援助，再次发表宣言表示："停工之后，我们本全路一致的精神，各分会什么条件都不提起，专听江岸总工会的命令。总工会叫我们怎么办，我们就怎么办。"表明了全路工人大罢工的坚定决心。

到6日晚，罢工已经3天，造成当局100多万元的损失，但当局仍未答应工人条件。为把罢工斗争的烈火扩大到各条铁路，实现罢工要求，根据总工会安排，京汉铁路总工会实施同情罢工策略，于当晚发表《致全国各铁路工友书》，呼吁各铁路工人给予"经济的援助"和"实力的援助"，准备迎接更大的战斗。

面对罢工潮的蔓延，吴佩孚调动2万多军警在京汉铁路沿线主要车站进行血腥镇压，制造了二七惨案，其中最严重的是长辛店、江岸两地。

在长辛店，2月6日夜间，军警开始大搜捕，抓走罢工负责人史文彬、吴汝铭等11人。2月7日晨，3000多名工人在纠察队的率领

---

① 《中国职工运动简史》(1919—1926年)，《邓中夏文集》，人民出版社1983年版，第505页。

下，打着"要求释放被捕工人"的大旗，高呼"还我们的工友""还我们的自由"等口号，聚集在火神庙警察局门前，要求释放被捕的工人。这时，敌人的枪声响了，接着马队又开始轮番践踏。在工人纠察队的率领下，工友们英勇自卫，奋力夺枪，在枪林弹雨中毫不退却。工人纠察队副队长葛树贵被打倒在地上，还尽力高喊："上呀！上呀！"但是，手无寸铁的工人终究抵挡不住全副武装的军警。葛树贵、杨诗田等6人遇难，28人身负重伤，32人被捕。军警屠杀工人后，又以重兵包围工人住宅区，使死者无法安葬，伤者无从救治。2月8日，北京《晨报》刊登了长辛店工会于腥风血雨中发出的《宣言》，控诉军阀罪行："军警似此横暴，不独身受之工人悲愤难堪，谅各界同胞，亦不能目睹军阀如此横行，人民如此被难，坐视不救。"同时，还刊登中国劳动组合书记部为京汉铁路局局长赵继贤惨杀长辛店工人事通电，号召工人阶级"及早奋起，以与此残民之军阀作最后之奋斗！"①

在江岸，2月6日下午，全副武装的军警包围工会，杀害工人纠察队副团长曾玉良等36人，打伤200多人，逮捕60多人。当晚，被捕的几十名工人都被捆在车站站台灯柱上，其中有江岸分会委员长林祥谦。他威武不屈，严词拒绝当局要求复工的命令。2月7日，林祥谦终被杀害，时年31岁。京汉铁路总工会法律顾问、共产党员施洋也被捕，2月15日在武昌英勇就义，时年34岁。

与此同时，军阀政府派遣军警，在京汉铁路沿线其他各站进行镇压。据统计，全路工人先后被杀52人，伤300余人，被捕工会骨干60余人，开除或被迫外逃1000多人。这就是震惊中外的二七惨案。

二七惨案发生后，中共中央立即发表《为吴佩孚惨杀京汉路工告工人阶级与国民书》，指出"这个惨杀凶手吴佩孚不仅是工人阶级

---

① 刘明逵、唐玉良：《中国工人运动史》第二卷，广东人民出版社1998年版，第552页。

的敌人,乃是全国争自由的人民的敌人"①,号召全国人民和工人阶级团结起来,打倒一切压迫工人的军阀。中国劳动组合书记部也向全国各工团发出通电,号召全国工人向军阀"作最后之奋斗";又在《警告国民书》中向全国人民指出:"工人们能以热血争自己的自由,他们一定也能以热血争全国人民之自由,从事反抗军阀政治,反抗外国侵略之战争,他们是我们的先锋啊!"进而号召全国人民迅速行动起来,"以援助此先锋为自己的责任"②。

在中国共产党和中国劳动组合书记部的号召和推动下,全国各地迅速掀起声势浩大的声讨军阀、援助工人的运动。

2月7日,北京社会主义青年团、北京学生联合会等团体召开紧急会议,讨论援助工人的办法,决定全北京的学生行动起来,组织集会和游行,控诉军阀的暴行,表达青年们的义愤。2月9日,抗议集会分别在女高师和北大两校同时召开。虽然时值寒假期间,但各校同学赴会仍十分踊跃,到会者达数千人之多。会上展示了受害者的血衣,长辛店工人及家属代表登台控诉军阀屠杀工人的罪行。与会者当场决定游行示威,以示民意。城区东北及西南两处的学生汇集在一起,加上沿途加入的工人及市民,示威的人流浩浩荡荡共有万人以上。游行队伍以数面大旗为先导,上面大书"打倒军阀""援助工人"。愤怒的人群包围了总统府,吓得当局没有一个人敢出来。这次集会示威,是自五四运动以来北京最大的一次群众游行。

3月2日和22日,在共产党的领导下,北京民众又先后举行了提灯游行和"施洋、林祥谦及二七诸烈士追悼大会",在追悼会会场上摆满了社会各界、各团体送的花圈、挽联。中国共产党敬献的花圈上写着:"自由是我们被压迫人民共同的需要,军阀是我们被压迫人民共同的仇人。"在追悼会上,何孟雄介绍了施洋烈士的生平及品格,沉痛地表示要完成他的工作。"他最大本领是能够领数万工人与军阀

---

① 中央档案馆编:《中共中央文件选集》(第一册),中共中央党校出版社1989年版,第130页。

② 文虎:《京汉工人流血记》,北京工人周刊社1923年版。

宣战，我们也应该团结起来与军阀宣战"，"我们以后的革命工作，非和平所可成功，要继续诸烈士之志方可"①。各种声援活动，使北京广大群众进一步认清了军阀政府的虚伪和残暴，坚定了各阶层人民反帝反封建的决心。

为救济受难工友和家属，中共北京地委组织人员，在北京、天津城内及长辛店、丰台等地，分别设立了失业工人、流亡家属住宿站。用各地汇来的捐款，解决工人的困难，坚定了工人们今后斗争的信心和勇气。

京汉铁路工人的英勇斗争，不仅振奋了全中国，得到全国人民的声援，而且震撼了全世界，得到了共产国际和赤色职工国际的支援。

海外侨胞纷纷拍回电报，声援京汉铁路工人的英勇斗争。侨居苏联远东地区的中国工人举行集会，悼念在二七斗争中牺牲的烈士。为了抚恤二七烈士家属和救济二七失业工人，他们每人捐献一天的工资，寄给了中国劳动组合书记部。南洋华侨总联合会、南洋华侨学生联合会等组织相继发表通电，呼吁祖国人民"速起奋斗"，共同打倒封建军阀，打倒帝国主义。

列宁领导的共产国际也发表宣言，坚决支持中国工人阶级反抗封建军阀的革命斗争。正在出席赤色职工国际第四次代表大会的50多个国家的无产阶级代表通电世界各国工人，呼吁"不论站在哪一国、哪一城、哪一工厂、哪一矿区"，"必须从行动上反对中国的反革命和它的帝国主义同盟者，来保护中国的劳工民众"。朝鲜、日本和苏联②等国的工人阶级响应共产国际和赤色职工国际的号召，致电中国工人阶级表示坚决的声援。国际工人阶级的声援鼓舞了京汉铁路工人的革命斗志。

二七惨案后，军阀政府下令通缉中国劳动组合书记部的工作人员，

---

① 中共北京市委党史研究室：《中国共产党北京历史》第一卷，北京出版社2011年版，第71页。

② 1922年12月30日，由俄罗斯联邦、南高加索联邦、乌克兰和白俄罗斯4个苏维埃社会主义共和国组成苏维埃社会主义共和国联盟，简称苏联。

书记部被迫由北京迁往上海。京汉铁路工人大罢工坚持到2月9日,为了保存革命力量,总工会忍痛下令复工。北方工人运动随后转入低潮。

当失败不可避免时,失败也是伟大的。

京汉铁路工人大罢工虽然失败了,但在中国共产党的领导下,以1922年1月香港海员罢工为起点,1923年2月京汉铁路工人大罢工为终点,掀起了中国工人运动的第一个高潮。在持续13个月的时间里,全国发生大小罢工100余次,参加人数在30万以上。这些工人运动,显示了中国工人阶级坚定的革命性和坚强的战斗力,扩大了作为工人阶级先锋队的中国共产党在全国的政治影响,为党建立同其他革命力量的合作、掀起全国规模的大革命准备了一定的条件。孙中山正是从这些斗争中,认识到中国共产党是一支新兴的、生机勃勃的革命力量,因而下决心同它进行合作。

这个时期的斗争也为年轻的中国共产党提供了一些重要的教训:第一,中国革命的敌人是异常强大的。为了战胜强大的敌人,仅仅依靠工人阶级的孤军奋斗是不够的,必须利用一切可能的机会,争取一切可能的同盟者。第二,在半殖民地半封建的中国,工人不能享受起码的民主权利,所有规模较大的工人斗争都受到反动军警的镇压。因此,没有革命的武装斗争,仅仅依靠罢工这个武器,主要进行合法斗争,要取得革命胜利是不行的。中国劳动组合书记部在二七惨案以后发表的文告中指出:"劳动者能有武器,岂能任他们如此杀戮?"[①]年幼的中国共产党正是带着这些经验教训,进入了以国共合作为基础的大革命时期。

在中国工人运动的第一个高潮中,长辛店铁路工人大罢工是北方铁路工人大罢工的起点,扩大了北京党组织在全国的政治影响。北京的革命底色,在这次波澜壮阔的中国工人运动高潮中,被二七英烈们的热血浸染得更加鲜红!

---

① 中国劳动组合书记部:《二七大屠杀的经过》(1923年2月27日),中华全国总工会工运史研究室等合编:《二七大罢工资料选编》,工人出版社1983年版,第206页。

第六章

红色星火，点燃北方半壁江山

北京，是北方革命运动的指挥部。

党的一大后，北京是中国劳动组合书记部北方分部和中共北方区委、共青团北方区委、中共中央北方局等重要领导机关的所在地，承担着指导和推动北方革命运动的重要责任，见证了中国共产党初创发展的艰辛之路。

以李大钊为代表的共产党人，积极推动北方党的地方组织建设，创办党的机关刊物和北方区委党校，使北方地区成为中共领导下的反帝反封建的重要阵地；抓住国共合作契机，恢复和发展北方工农运动，掀起工农运动的高潮；重视和加强党的自身建设，大胆开创党的巡视制度等，开启了党的建设的伟大探索，为推动第一次国共合作和大革命在北方的发展充实了领导力量，打牢了组织基础。在中国共产党领导下，以北京为中心，革命星火点燃了中国北方半壁江山。

第一节　从中共北京地委到北方区委

1921年中共北京地方委员会成立后，以北京为中心，许多共产党人沿铁路线分赴各地宣传马克思主义，领导工人运动，发展和建立党、团组织。中共北京地委和中国劳动组合书记部北方分部先后在京汉铁路沿线的长辛店、保定、石家庄、郑州、安阳，津浦铁路沿线的天津、济南、徐州、浦口，京奉铁路沿线的唐山、山海关、沈阳，中东路沿线的大连、长春、哈尔滨，陇海铁路[①]沿线的洛阳、郑州、开封、徐州，京绥铁路[②]沿线的南口、康庄、张家口、大同等地建立党的组织，开展工人运动，使北方地区的革命形势有了迅速的发展。

1923年6月，党的三大做出了国共合作的方针和办法的决定。为贯彻大会的决议，促进国共合作的早日实现，大会根据北方地区形势及党组织的发展情况，决定李大钊任中共中央驻北京委员会委员，贯彻党的政策和国共合作的方针。李大钊回到北京后，根据党的三大精神，改组中共北京地委，成立中共北京区执行委员会（简称"中共北京区委"）。中共北京区委成立后，根据党章规定，中共北京地委与北京区委合并，称中共北京区执行委员会兼北京地方执行委员会（简称"中共北京区委兼北京地委"），何孟雄任委员长。

1923年10月，中共北京区委兼北京地委进行改组，范鸿劼任委员长，设立组织部和宣传部。当时中共北京区委工作的范围主要在黄河以北的北京、天津、直隶、山西、绥远、热河、察哈尔、奉天（今辽宁）、吉林、黑龙江及河南等地，同时还与中国劳动组合书记部北

[①] 陇海铁路，原为陇（甘肃）秦（陕西）豫（河南）海（海州）铁路的简称，后定名为陇海铁路，是中国东西向的主要铁路干线之一。

[②] 京绥铁路，东起北京、西至包头，由京张铁路展筑而成，建于1905年至1923年间。京张铁路通车前，清政府决定延建张家口至归绥（今呼和浩特）段。1916年京张、张绥两路合并，改称京绥铁路。1921年通车至归绥，1923年通车至包头。干线全长817.9千米。历史上曾称平绥铁路。

方分部联合派干部到京奉、京绥、京汉、正太、陇海、津浦、胶济、株萍、粤汉等铁路沿线及开滦五矿开展党的工作,组织工人运动,扩大马克思主义传播,并以国共合作的北方国民党各级党部名义,发展中共党员,建立中共基层组织。

为实现北方的国共合作及对国民革命运动的领导,1924年3月8日,中共北京区委兼北京地委改组,增设国民运动委员会和职工运动委员会;由李大钊、蔡和森、张昆弟、何孟雄、范鸿劼5人组成新的中共北京区委兼北京地委,李大钊任委员长,蔡和森任区委秘书并负责日常工作,张昆弟负责劳动运动委员会,何孟雄任国民运动委员会秘书,范鸿劼任会计负责筹集经费。北京区委兼北京地委改组后,"北京地方情形比前略好之处:为内部精神之一致;同志皆努力工作;委员会能管理并指挥一切行动"[1]。改组后的中共北京区委兼北京地委加强对北方民众运动的领导,派出大批党员、团员及革命青年到东北、西北、绥远、热河、察哈尔、山西、河南、直隶、天津等地开展党的工作,组织发动工农运动,帮助各地建立党、团和工会组织。

1924年5月,张国焘在北京被捕后,秘密供出部分党员,组织暴露。中共北京区委主要领导人李大钊、蔡和森、张昆弟、范鸿劼等先后离开北京,党、团组织联合成立临时委员会。6月,中共北京区委兼北京地委恢复,何孟雄任委员长。10月,冯玉祥[2]发动北京政变,北京政局发生变化,李大钊在出席共产国际第五次代表大会后,回到北京。同年秋,根据李大钊的要求,中共中央任命由苏联回国的赵

---

[1] 中央档案馆编:《中共中央文件选集》(第一册),中共中央党校出版社1989年版,第274页。

[2] 冯玉祥(1882—1948),字焕章,原籍安徽巢县(今巢湖市),生于直隶(今河北)青县。1911年辛亥革命爆发后,参与发动滦州起义。1924年第二次直奉战争中发动北京政变,推翻直系军阀政府,驱逐清逊帝溥仪出宫,并电请孙中山北上主持大计。1926年在五原誓师,任国民军联军总司令,参加国民革命。1930年举兵反蒋,爆发中原大战。1948年因轮船失火遇难。

世炎①任中共北京区委兼北京地委委员长（1925年1月中共四大后改称书记）。区委机关进行调整，下设组织部、宣传部、农工部、国民运动委员会和秘书。范鸿劼任组织部主任（1925年1月主任均改称部长），高君宇任宣传部主任，陈为人任农工部主任，彭桂生（彭健华）任地委技术书记（即秘书），李国暄任国民运动委员会书记。随后，共青团北京组织也进行了改组，刘伯庄②任共青团北京地委书记，李渤海任宣传部部长，何资深任组织部部长。

　　1924年12月7日，中共中央、团中央和共产国际代表联席会决定成立"常设性""享有全权"的中共中央北方局，由李大钊任书记，谭平山为副书记，领导直隶、山西、山东、河南、内蒙古、满洲（即辽宁、吉林、黑龙江）等地党的工作。③中共中央北方局成员有李大钊、谭平山、王荷波、张国焘、高君宇、赵世炎、瞿秋白，并确定李大钊、高君宇、张国焘、赵世炎常驻北京。④北方局作为中共中央的派出机构，代表中央领导北方地区党的工作，"可以决定一切细小的，不那么重要的，无须等待中央决定的问题"，它的"行动只须经中央同意"⑤。不久，中央撤销北方局，北方地区工作继续由中共北京

---

　　① 赵世炎（1901—1927），字琴生，号国富，重庆酉阳人。1919年被选为北京高等师范学校附属中学学生会干事长，组织学生参加五四运动，后加入少年中国学会，并创办、主编《平民周刊》《少年》《工读》等进步刊物。1920年赴法国勤工俭学。1921年与张申府等发起成立旅法中共早期组织。1922年与周恩来等发起成立旅欧中国少年共产党，任中央执委会书记。1924年任中共北京区委兼北京地委委员长。1927年7月19日在上海英勇就义。

　　② 刘伯庄（1895—1947），四川南充人。1919年考入北京大学。1920年赴法国勤工俭学。1924年受团中央派遣到北京主持团的工作，组织北京团地委筹委会，完成对团员的审查和登记工作。1926年任中共北京地委书记。1927年任中共北京市委书记。后因参加托派组织被开除党籍。1947年在重庆逝世。

　　③《中共中央北方局》资料丛书编审委员会：《中共中央北方局》（综合卷），中共党史出版社2002年版，第2页。

　　④《中共中央北方局》资料丛书编审委员会：《中共中央北方局》（北方区委时期卷），中共党史出版社2000年版，第4—5页。

　　⑤《中共中央北方局》资料丛书编审委员会：《中共中央北方局》（北方区委时期卷），中共党史出版社2000年版，第671页。

区委领导。

1925年春，中共北京区委兼北京地委宣传部部长高君宇病逝，赵世炎改任宣传部部长。中共中央任命陈乔年担任中共北京区委兼北京地委书记。北京区委兼北京地委领导成员做了调整，撤销农工部，再次设立职工运动委员会。

在中共北京区委兼北京地委领导下，北方国共合作和革命运动迅速发展，党的组织不断扩大，到1925年9月底，即中共中央北京扩大会议前，中共北京区委兼北京地委已下辖天津、唐山、乐亭、张家口、郑州、洛阳、信阳等地方执行委员会，热河、察哈尔、绥远、包头等工作委员会，在直隶、山西、河南、东北、西北等地区建立了百余个独立支部（或特支），有党员近千名。①

1925年10月，中共第四届中央执行委员会第二次扩大会议在北京召开。会议听取了陈独秀所做的政治报告和京区、粤区、湘区、河南、山东、湖北等地代表的工作报告，确定了党在革命高潮中领导工农运动的方针：继续同国民党合作，不断扩大国民党左派的势力，但是我们不能代替国民党左派；发动农民群众参加革命，在乡村发展党的组织，并注意建立农民协会和农民自卫军；大力发展党的组织，使中国共产党成为群众的党。

大会通过的《组织问题议决案》指出：在民族革命运动高潮面前，重要的任务是扩大自己的党，大力吸收无产阶级及先进的知识分子，在统一战线中，还要"特别注意形成我们党的组织，才能扩大这一联合战线巩固与国民党左派的合作"。会议对北方地区党组织的工作做了肯定，认为："北方工作日见重要……扩大会议后，北京市地委应立即组织，不由区委兼任，以使区委能够注意全区的工作。"②

会后，北京区委兼北京地委根据中共中央的指示进行改组，成立

---

① 《中共中央北方局》资料丛书编审委员会：《中共中央北方局》（北方区委时期卷），中共党史出版社2000年版，第5页。

② 中央档案馆编：《中共中央文件选集》（第一册），中共中央党校出版社1989年版，第475、497页。

了中共北方区执行委员会，负责北方地区党的工作。李大钊任书记，陈乔年任组织部部长，赵世炎任宣传部部长。区委下设职工运动委员会、国民运动委员会、妇女运动委员会、军事运动委员会和农民运动委员会，加强了对北方地区工农运动及国共合作的领导。同时，加强对冯玉祥国民军的工作，在国民军中发展共产党的组织。中共北京地委由赵世炎兼任书记，1926年1月，调刘伯庄任书记。中共北京地委组建后，加强了对北京市区国民革命运动的领导和党组织的建设，在市区先后建立了东部、西部、南部和西郊部4个委员会以及一些直属党支部。

中共北方区委成立后，管辖范围较北京区委有所变更，起初只负责北京、天津、直隶、山西及热河、察哈尔、绥远等地区党的工作，很快又恢复了对东北三省和陕北及甘肃等地区党组织的领导。

1925年，中共豫陕区执行委员会成立，原由北京区委领导的河南、陕西地方党组织及其工作，转归豫陕区委领导，但仍与北方区委保持一定的联系。特别是河南的党组织，因为其主要领导人，大都是北京区委派去的，与北京的关系较为密切，同时由于交通方便，再加上李大钊和北方区委与驻河南省境内的国民军第二军有紧密联系，所以河南省的党组织仍和中共北方区委联系较多。直到1926年2月，国民军第二军退出河南，直系军阀再次控制京汉铁路，河南省党组织才逐渐减少与北方区委的联系，直至6月与北方区委的联系基本中断。

由于北方区委管辖范围太大，同时奉系军阀入关后，北方区委与东北地区联系困难。中共中央于1926年10月决定东北奉天、吉林、黑龙江三省的党组织由中央直辖。任命中共北满地委书记吴丽石为东北三省特派员。吴丽石等北满地委领导人与北方区委关系密切，因此，东三省虽划归中央领导，可仍与北方区委有联系。

1927年2月，中共中央决定成立陕甘区委。原由北方区委领导的陕北、甘肃等地党组织划归陕甘区委。至此，中共北方区委所辖只有北京、天津、直隶、山西和绥远、察哈尔、热河三特区，集中于华北地区。①

中共北方区委对所属各地组织的指导,大体上可分为巡视、发布通告通信、派人担任书记或负责人、调干部来京当面加以指导等方式。比如,王若飞于1925年3月回国后曾任中共北方区委巡视员。据不完全统计,由区委直接派人巡视一共8次。去过两次以上的是天津、唐山、太原、汾阳、保定、正定、石家庄7地;去过一次的是南口、张家口、宣化、榆次、榆林、宜川、绥德、大连、长辛店9地。未派人去过的地委有乐亭、哈尔滨、大同3处,特别支部有柳林、霍县、闻喜、定路、晋县、元氏、隆平、行唐、滦县、固上、丰台、邢台、饶阳、吉林、奉天、瓦房店、佳县、定远、丰镇、包头、归绥等处。北方区委还向奉天、哈尔滨、包头、归绥、大同5地派出了书记。②

中共北方区委的这些实践,大胆探索开创了包括巡视制度在内的新的党的领导管理方式,对推进党的建设具有深远的指导意义。

在中共北方区委领导下,北方各地的工作进展顺利,北方各省市党的组织得到巩固和发展,党员从1924年5月的75人发展到1926年12月的2069人。其中,工人占63.7%,农民占2.4%,知识分子及其他成分占33.8%。③北京市党员人数从1926年3月的300多人发展到1927年2月的1000多人。党在北方地区形成严密的组织系统,形成了坚强的领导力量。

社会主义青年团北京地方组织是在北京党组织的直接领导下建立和发展起来的,在历次学生运动和工人运动中曾发挥重要的作用。但是,由于有些团干部只注意组织的发展,忽视"主义的教育",为了

---

① 《中共中央北方局》资料丛书编审委员会:《中共中央北方局》(北方区委时期卷),中共党史出版社2000年版,第8—9页。

② 《中共中央北方局》资料丛书编审委员会:《中共中央北方局》(北方区委时期卷),中共党史出版社2000年版,第313—314页。

③ 《中共中央北方局》资料丛书编审委员会:《中共中央北方局》(北方区委时期卷),中共党史出版社2000年版,第390—392页。

与国民党右派争夺群众而成批地发展团员，有些团员甚至有些团干部把大批和自己关系较好的同学、同乡拉入团组织，并把派系带入团内，以致造成团组织严重不纯，思想混乱，组织松散。团组织在1923年至1924年初虽多次改组，但效果不理想。

在改组后的中共北京区委领导下，1924年5月31日，北京团地委决定组织秘密审查委员会，将团员分别注册报告地委，通报团中央。7月初，团中央决定公开解散北京青年团组织，在中共北京区委的帮助下重新秘密登记团员，建立支部，成立新的团地委，同时加强对青年团员的思想政治教育工作。9月，团中央决定派旅欧回国的刘伯庄到北京主持团的工作。刘伯庄在中共北京区委的指导下组织北京团地委筹委会，加速对团员的审查和登记工作。10月中下旬审查登记工作基本完成，并上报团中央审批。

在冯玉祥发动北京政变后，11月初，团地委筹委会宣布各有关单位立即组建支部，投入工作。11月30日，在中共北京区委的领导下，筹委会召开北京青年团改组大会，到会者143人。刘伯庄在会上做了重新登记团员经过的报告；中共北京区委兼北京地委书记赵世炎做了政治报告，阐述了中国共产党的政治主张；团中央代表邓中夏做了如何进行革命工作的报告，讲述了党的有关方针政策，提出了当前革命斗争的任务。大会最后选举刘伯庄、黄日葵、于国桢、杨善南、李渤海为共青团北京地委正式委员，屈武、卓恺泽、游宇为候补委员，刘伯庄任秘书（即团地委书记）。这次大会以后，北京团的工作走入正轨，对后来一系列革命运动的开展起了很大的作用，许多团员经过革命实践的锻炼，提高了觉悟，要求转入党组织。1925年底至1926年1月，有300多名团员分两批转为中国共产党党员。

中共北方区委在北京的成立，为发展和扩大北方各地基层组织，推动北方国共合作进一步发展，提供了坚强的领导核心。

由于革命形势的发展和工作需要，党在北京的组织机构发生了多次调整变化，但这并不影响北京在北方革命斗争和党组织建设中作为指挥部所发挥的重要作用。

第二节　探索开展党员教育培训工作

党员教育培训工作是党的建设的一项基础性工程，对于切实提高党员特别是党员领导干部的思想理论水平和组织能力，全面加强党员队伍素质能力建设，推动广大党员发挥先锋模范作用，具有至关重要的作用。

中国共产党成立之后，高度重视对党员的宣传教育和干部培训工作。在李大钊的领导下，中共北方组织先后创办党的机关刊物《政治生活》和北方区委党校，不仅首开党的教育培训的先河，积累了宝贵的经验，而且为党培养了一批高素质干部，在加强党的建设方面发挥了重要的示范引领作用，走在了全国党建工作的前列。

1924年4月，为适应组织扩大和革命形势迅速发展的客观需要，进一步加强反帝反封建的舆论宣传工作，加强对党员和革命群众的思想政治教育，中共北京区委兼北京地委创办《政治生活》周刊，作为党的机关刊物。该刊"发刊词"开宗明义，表达了创办的初衷：

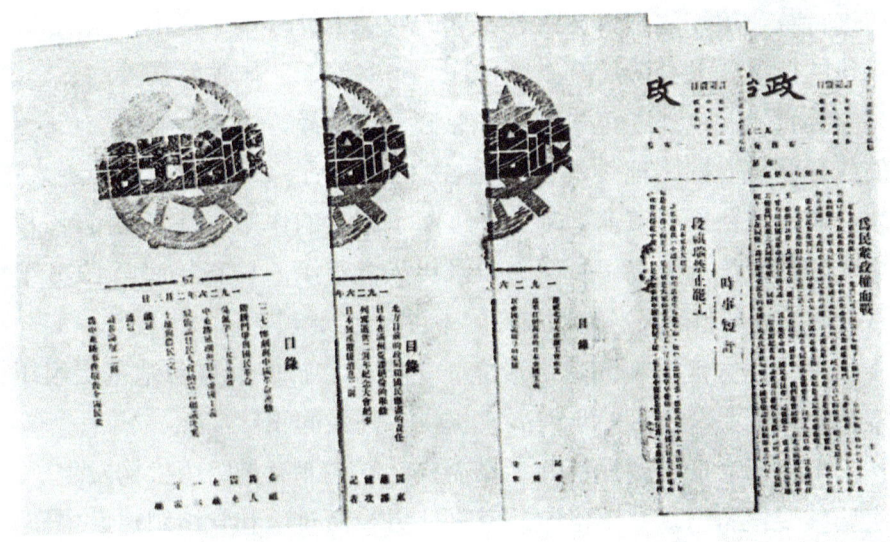

《政治生活》

近一二年来，不谈政治的风气确实转移过来了。什么力量把这种风气转移的呢？我们可以说，既不是由于一二政论家；也不是由于少数觉悟者；而是由于实际的政治生活逼着大家不得不注意政治。

现世的政治不良，但是谁能逃出现世政治的支配？中国的政治不良，但是谁人能逃出外力与军阀的宰割？世外桃源是寻不出的，超乎政治以外的生活也是没有的；无论你是商人也罢，工人也罢，学生教员也罢，锄土挖木头的也罢，职业尽管不同，而实际政治的影响是同样逃不了的。

既然逃不了实际政治的影响，然则还是向他投降，还是向他奋斗呢？还是拥护他，还是反抗他呢？话分两头：投降拥护的也有；奋斗反抗的也有。前者是一般猪狗政客习惯的政治生活；后者是一般被宰割的国民应有的政治生活。

本刊的使命，便是要领导全国国民向奋斗反抗的政治生活走！①

创刊号上发表了蔡和森的文章《外国帝国主义最近进攻之一览》，揭露北洋军阀政府勾结帝国主义，"一面严重吮吸华人血汗，一面企图绝灭华人的民族思想与反抗精神"的丑恶行径，以事实说明帝国主义和封建军阀是全国人民的共同敌人，全国人民应团结一致共讨之。②

在严重的白色恐怖下，《政治生活》旗帜鲜明地表达了自己的政治主张，一诞生便以反帝反封建的姿态进入北京地区的政治生活，因而受到广大民众的欢迎，第1期在京销售达千份，供不应求，又重印了2000份。《政治生活》最初由刘仁静主编，1924年赵世炎担任中共北京区委兼北京地委委员长后，由于宣传部部长高君宇身体不好，改

---

① 《政治生活》第1期，1924年4月27日。
② 《政治生活》第1期，1924年4月27日。

由赵世炎任主编。作为党的机关刊物,中共北京区委兼北京地委、青年团北京地委经常在该刊上发表署名的宣言、文告、声明、评述,及时地把党的声音传达到党员和群众中去,统一党员的思想认识。北京党组织的领导人李大钊、赵世炎、陈为人、高君宇、范鸿劼等经常在《政治生活》上发表文章,分析形势,指导群众的革命斗争。由于对时事反应快捷而准确,受到北京知识界和老百姓的欢迎,很快在北京的舆论界站稳了脚跟,创刊后共出版80余期,并不断扩大发行。当然也因此遭到北洋军阀及其舆论喉舌的记恨,百般压制,公开禁止,该刊于1926年7月被迫停刊。

中共北京区委兼北京地委等领导机关在创办和发行《政治生活》的同时,还翻印中共中央、团中央的机关刊物《向导》《中国青年》,这些刊物成为党、团员和革命群众学习理论、领会方针政策的好教材,对于提高共产党员的理论水平和工作能力起了重要的作用。通过进步刊物的宣传和发行,传播了中国共产党的思想理论和政治主张,激发了青年的反帝爱国热情。

与此同时,随着中国北方革命形势的迅速发展,李大钊敏锐地注意到这一时期需要大批干部到各地开展工作,而许多干部却没有系统学习过马克思主义基本理论,不能适应组织发展和革命斗争的需要,所以深感培训干部的重要性和紧迫性。为改变这种状况,1924年秋,李大钊与赵世炎、彭健华等北京党的负责人讨论成立一所党校,并向党中央做了汇报。

对于加强党内教育、创办党校以及培训干部的重要性,中共中央十分重视。1924年5月在党的三届一次中央执行委员会上海扩大会议上,就通过了《党内组织及宣传教育议决案》,提出重视"党内教育的问题","要急于设立党校养成指导人才"。1925年初,党的第四次全国代表大会再次强调"设立党校有系统地教育党员"的必要性。10月初,在北京召开的中共第四届中央执行委员会扩大会议更是明确指出,开办各地党校是一项重要的工作。这一系列指导性决策成为北方区委党校创办的政策依据。

1925年10月，中共中央批准中共北方区委创办党校的计划，由罗亦农①任校长。罗亦农是早期中共党内最具马克思主义理论素养的领导者之一，在党内享有很高的声望。1924年下半年，罗亦农曾与出席共产国际第五次代表大会的李大钊有密切接触，两人在一起探讨理论与中国革命的实际问题。罗亦农的这些经历，使得他成为中共第一所党校校长的最佳人选。1925年3月，罗亦农奉中央之命回国后，在广东担任中共中央驻粤临时委员会委员、中共广东区委宣传部部长；10月出席在北京召开的中共第四届中央执行委员会扩大会议，会后留在北京，主持北方区委党校工作。

1925年10月，中共北方区委在北京创办北方区委党校。这是担任党校校长的罗亦农

北方区委党校筹备工作由赵世炎、彭健华等负责。据彭健华回忆，他们在鼓楼北大街西边一条偏僻的胡同（即蒋养房胡同）里租定了一所相当宽敞的四合院作为校址。②四合院南屋正厅3间房为教室，东耳房一间为校长罗亦农的办公室兼宿舍，西耳房为文书室和图书室，东西厢房各3间为学员宿舍。当时考虑到几十个人住在一所房子里，几个月的集体生活，很容易引起外界的注意和怀疑。为了安全起见，便由赵世炎起草文书，以"北京职业补习学校"的名义向北京市

---

① 罗亦农（1902—1928），湖南湘潭人。1920年参加中国社会主义青年团。1921年赴苏俄入莫斯科东方劳动者共产主义大学学习，同年冬转为中国共产党党员。1925年3月回国，后任中共广东区委宣传部部长、中共北方区委党校校长等职。1926年11月至1927年3月，先后与赵世炎、周恩来等组织领导上海工人三次武装起义，任上海临时政府委员。1928年4月21日在上海龙华英勇就义。

② 陆兵：《寻找北方区委党校》，《北京党史》2000年第3期；周进、丁伟：《关于中共北方区委党校的一则海外资料》，《中共党史研究》2011年第6期。

教育局申请注册。还从天津调来一位党员任名义上的校长、实际上的事务主任，负责教学用具和学员膳宿等工作。罗亦农是实际的校长，对外名义则是教务主任。①

10月，中共北方区委党校正式开学。②开学仪式上，李大钊发表了重要演说，阐述革命的形势和党校的任务，勉励学员们抓紧时间，努力学习革命本领，以备结业后奔赴火热的战场，为党的事业做出贡献。赵世炎在讲话中，简要讲述党校筹办经过，阐述了学员守则，着重指出环境恶劣，大家务必严守校规，在校期间一律不得外出，希望大家珍惜时间，尽可能多地学习理论知识，多吸取实际工作经验，提高认识，增长能力，以便将来在实践中做出贡献。最后，罗亦农介绍了教学计划和课程安排，强调了学习马克思主义理论知识的重要性，指出掌握理论知识愈丰富，分析问题、解决问题的能力就愈强；马克思主义不是教条，而是革命行动的指南，唯有通过革命的实际行动，才能真正领会马克思主义的深刻道理。③

中共北方区委党校第1期学员主要是来自北京和北方各省市的党、团组织骨干，约200人。根据各地委工作的需要，确定了各地学员人数，规定了选派学员的条件，即有一定的工作能力、学习心切、有培养前途的党、团员。学员需自带行李和日用品来北京向区委报到。

党校的课程和教学计划由罗亦农、李大钊、赵世炎3人共同商量拟订。学员的辅导工作主要由罗亦农负责。

第1期党校的学习时间虽然只有3个多月，但是学习的内容十分丰富。讲课的教员除了罗亦农、赵世炎、陈乔年外，团的北方区委书记萧子暲、北京地委书记刘伯庄等都做过专题报告。各门课程和讲授人如下表。

---

① 《中共中央北方局》资料丛书编审委员会：《中共中央北方局》（北方区委时期卷），中共党史出版社2000年版，第523—524页。

② 金再及：《北方区委党校创办时间考》，《北京党史资料通讯》1985年第26期。

③ 《中共中央北方局》资料丛书编审委员会：《中共中央北方局》（北方区委时期卷），中共党史出版社2000年版，第526—527页。

中共北方区委党校授课表			
讲授人	授课内容	讲授人	授课内容
罗亦农	政治经济学常识	赵世炎	农民运动
罗亦农	历史唯物主义	陈乔年	马克思主义阶级斗争理论
罗亦农	世界革命史	陈乔年	党的建设
赵世炎	列宁主义	陈乔年	世界革命形势和国际共产主义运动概况
赵世炎	殖民地半殖民地民族解放斗争	萧子暲	关于共青团的任务和学生运动
赵世炎	共产党在民主革命阶段的任务	刘伯庄	关于党的国共合作统一战线问题
赵世炎	职工运动		

党校一开学就向学员明确宣布学期安排，教学计划安排得非常紧张，上午和下午上课或听报告，空余时间和夜晚自修、整理笔记。每10人分为一组，推选一位组长，组织召开小组会，对学习的体会和心得进行讨论。每周将学习笔记和讨论记录汇齐交教务处审阅。学校订有几种报刊，搜集了一些参考书，供学员阅读。学员对授课内容如有不解或疑问，可随时提出。这样的教学安排和学习方式促使学员学习热情高涨，收到了很好的效果。

1925年12月，第1期学员顺利毕业，陆续返回原地区或被派往其他地方工作，不少学员担任了党或团的基层领导干部，对革命事业做出了很大贡献。如北京地委派出的学员尹才一、邓鹤皋、陶永立、唐从周，均是北京的大学生、党的积极分子。参加党校学习后，他们离开大学，专门从事党和团的组织工作。尹才一担任共青团北方区委委员，天津纱厂大罢工时，随赵世炎去领导纱厂罢工斗争，并赴唐山、大连等地视察，推动团的工作。邓鹤皋任共青团北京地委委员，后来被派到大连开展党的工作。陶永立被调到北方区委组织部工作，唐从周任共青团北京地委书记。

中共北方区委党校第1期培训结束后，中共北方区委原计划继续办，但由于政治形势日趋恶化，校长罗亦农被调往上海，没有合适的人选接任，所以没有能够继续办学。

中共北方区委党校虽只存在了短短的3个月，仅培训了一期学员，但是作为中国共产党创办较早的党校之一，积累了宝贵的经验，更为北方地区培养了一批急需的党、团干部骨干，对北方各地党、团组织的建设和革命活动的开展发挥了重要作用。

第三节　推动北方中共组织加速发展

中共北京区委成立后，工作范围进一步扩大，负责黄河以北的北京、天津、直隶、山西、绥远、热河、察哈尔、奉天、吉林、黑龙江、陕北、甘肃及河南等地中共组织的建立发展。在此过程中，作为党的主要领导人之一的李大钊率先注意在少数民族中开展党的组织建设。

1923年，李大钊指示在北京蒙藏学校①发展党、团员，培养少数民族干部，还建议在北京地委内设置民族工作委员会，专门负责少数民族工作。这是中共最早开展的民族工作之一。

1923年4月，经中共北京地委委员韩麟符②、中共热察绥特别组织负责人李渤海③介绍，蒙古族学生荣耀先④加入中国共产党，成为蒙藏学校，也是蒙古族第一位共产党员。李大钊曾特别指示荣耀先，利用暑假返回绥远的机会，动员蒙古族青年来蒙藏学校学习。荣耀先克

---

① 北京蒙藏学校位于北京西城区小石虎胡同33号，是蒙藏院于1912年创办、旨在供蒙藏等少数民族子弟就读的民族学校。始办时只有中学班，学生主要是蒙古族。后设专科，亦称北京蒙藏专科学校。五四运动后由于经费困难而停办。几经周折，于1923年复学。

② 韩麟符（1900—1934），山西榆次人。1919年参加五四运动，任天津学生联合会副会长；9月，与方舟等人组成新生社；后创办向明学会，出版《向明》杂志。1920年加入天津社会主义青年团。1921年入北京大学文学系学习。1923年加入中国共产党，后参加中共北京地委工作；同年受李大钊委派到北京蒙藏学校开展工作。1928年被开除党籍。1934年9月被刺身亡。

③ 李渤海（1900—1961），山东蓬莱人。1919年参加五四运动。1920年入北京大学学习。1923年加入中国共产党。1924年任中国社会主义青年团直晋区执行委员、北京地委委员，参加全国铁路总工会工作。1925年秋，调至中共北方区委和中共北京地委工作，曾任国民运动委员会书记、宣传部部长。1927年10月被捕后叛变，后长期在国民党政府和军队中任职。1961年去世。

④ 荣耀先（1896—1927），蒙古族，内蒙古土默特左旗人。1918年夏入北京蒙藏学校学习。1919年参加五四运动。1923年加入中国共产党。1927年在北伐战争中壮烈牺牲。

服困难，共动员云泽①、奎璧②、吉雅泰③、多松年④、李裕智⑤等20多名蒙古族青年来校学习，出色地完成了任务。

1923年秋天，这批蒙古族青年离开家乡，怀着为民族的前途而求知的愿望，奔赴北京蒙藏学校。这些正在觉醒的蒙古族青年的入学，使北京蒙藏学校显现出勃勃生机。开学后，学生们如饥似渴地学习文化知识，积极参加社会活动。

这批蒙古族青年学生进入蒙藏学校后，李大钊领导的北方地区党组织立即给予极大的关注，多次深入学校开展革命活动和培养工作。开学不久，中共北方党组织即派邓中夏等人来到蒙藏学校，了解蒙古族青年学生的思想状况，送给他们《新青年》《向导》《共产党宣言》等革命书刊，向他们宣传马克思主义，给他们讲革命形势和中国共产党的主张，启发他们的革命觉悟。后来，李大钊还亲自到学校同他们交谈，给他们讲革命道理，讲蒙古民族受压迫和日渐贫困、衰落的

---

① 云泽（1906—1988），又名乌兰夫，蒙古族，内蒙古土默特左旗人。1923年入北京蒙藏学校学习，投身进步学生运动，后加入中国社会主义青年团。1925年9月转为中国共产党党员，后赴苏联莫斯科中山大学学习。1929年回国开展革命活动。新中国成立后，任中央人民政府委员会委员、政务院民族事务委员会副主任委员兼中央民族学院院长，内蒙古军区司令员兼政治委员。1983年6月至1988年4月任中华人民共和国副主席。1988年12月8日在北京逝世。

② 奎璧（1903—1986），蒙古族，内蒙古土默特左旗人。1923年入北京蒙藏学校学习。1924年加入中国社会主义青年团。次年转入中国共产党。1925年至1927年在蒙古人民共和国学习。回国后在内蒙古地区开展革命活动。1986年在呼和浩特逝世。

③ 吉雅泰（1901—1968），蒙古族，又名吉亚太，内蒙古土默特左旗人。1923年入北京蒙藏学校学习，后加入中国社会主义青年团。1925年转入中国共产党；10月，在张家口召开的内蒙古人民革命党第一次代表大会上被选为领导人。曾任中共内蒙古工委书记。1968年在呼和浩特逝世。

④ 多松年（1905—1927），蒙古族，内蒙古土默特左旗人。1923年入北京蒙藏学校学习，后加入中国共产党，与乌兰夫、奎璧等组成党的第一个少数民族支部。1925年11月任农工兵大同盟机关报《农工兵》编辑。1926年任中共察哈尔工委书记。1927年壮烈牺牲。

⑤ 李裕智（1901—1927），蒙古族，内蒙古土默特左旗人。1923年入北京蒙藏学校学习。1924年加入中国社会主义青年团。1925年转入中国共产党；10月在张家口召开的内蒙古人民革命党第一次代表大会上被选为领导人。1927年壮烈牺牲。

原因。

经过党组织的教育和培养，这批青年学生的思想觉悟迅速提高。1923年底，一批进步青年在北京纷纷加入社会主义青年团。1925年前后又陆续加入了中国共产党，成为最早的一批蒙古族党员。这其中有乌兰夫、奎璧、吉雅泰、多松年、李裕智等人，由他们组织建立了蒙古族第一个党支部。从此，北京蒙藏学校的学生在党的领导下，积极参加北京的各项政治斗争，在实践中提高锻炼，党的组织不断扩大。

1923年11月，绥远蒙族旅京学生与在京供职人员在蒙藏学校合影。前排左二为多松年，左五为云泽（乌兰夫）；二排右一为吉雅泰；三排左五为奎璧

1925年春，中共北京区委兼北京地委领导人邓中夏向在蒙藏学校学习的乌兰夫建议创办一份刊物，以便向内蒙古各族人民宣传革命思想。乌兰夫、多松年、奎璧也认为内蒙古地处偏远，消息闭塞，如能办一份革命刊物散发到那里，一定会唤醒更多的蒙汉同胞。1925

年4月28日,蒙古民族的第一份革命刊物——《蒙古农民》诞生了。《蒙古农民》的办刊宗旨是结合内蒙古的实际,宣传中国共产党反帝反封建的民族民主革命纲领。李大钊、赵世炎对《蒙古农民》的出版大加赞扬,要求它成为内蒙古人民宣传马克思主义、中共政治主张及民族革命斗争的向导。《蒙古农民》设了《政论》《诉苦》《醒人录》《好主意》《蒙古曲》《外蒙古人民的生活》等栏目。在第1期"蒙古曲"一栏中有这样一首诗:"天光光,地光光,军阀不倒民遭殃!天光光,地光光,王公不倒民悲伤!天光光,地光光,列强欺压哭断肠!"①乌兰夫他们几个青年人就是用这样鲜明的态度、通俗的语言、活泼的形式,向群众宣传要过幸福的日子,就得自己起来打倒军阀、王公和帝国主义的道理。这个刊物在内蒙古各地的散发,就像一盏明灯,照亮了广大农民的心,像草原上的春雷,唤醒了内蒙古大地。《蒙古农民》的出版发行,对唤起各族人民团结、推动内蒙古地区的革命,起到了极其重要的启蒙作用。

由蒙藏学校开始,一批经过党组织培养和锻炼的蒙古族先进青年登上了中国革命和内蒙古民族解放斗争的舞台,逐渐成为中国共产党开辟内蒙古工作的骨干力量。

在国共合作的形势下,中国共产党注意争取少数民族地区的国民党组织及国民军的工作,中共北京区委兼北京地委培养出的一批蒙古族干部被派回内蒙古各地开展革命活动,组织了广泛的统一战线,开展了发动农牧民群众的各项工作。到1925年,在中共北方组织的领导下,以张家口为中心,在内蒙古许多地区建立了党、团组织,并协助孙中山组建了由中共党员实际负责的国民党热河、察哈尔、绥远和蒙古(包头)4个党部。1925年3月,党组织派韩麟符到热河,张良翰到察哈尔,于树德、李裕智、吉雅泰到绥远地区开展工作,并以国民党党部的名义,建立中共的工作委员会。吉雅泰和李裕智相继在武川、萨拉齐、和林格尔、归绥、土默特左旗等旗县建立了党的工作委

---

① 《乌兰夫传》编写组:《乌兰夫传》,中央文献出版社2007年版,第19页。

员会，领导内蒙古的革命活动。

1925年中共北方区委成立后，设立了中共北京地方执行委员会。赵世炎任北京地委书记，陈为人任组织部部长，李国暄任宣传部部长，陈毅①任国民运动委员会书记。1925年底，为指导基层党组织，地委下设东、西、南部3个委员会，分别领导附近支部的工作。

东部委员会由3名委员组成，陈居玺任书记，辖北京大学、朝阳大学、清明中学、故宫博物院、沙滩街道、汇文中学、艺文中学等约30个支部。

西部委员会由3名委员组成，乐天宇②任书记，辖中法大学、国立北京工业大学、北京女子师范大学、北京美术专门学校、北京蒙藏学校、中国大学、西直门火车站、农业大学等十几个支部或特别支部。

南部委员会由3名委员组成，刘伯钧任书记，辖北京师范大学、广东会馆、宝庆五邑会馆、电话总局等10多个支部。

与此同时，1925年11月，成立中共南口特支，下设3个党小组。为加强对南口党组织的领导，中共北方区委于12月初派党校学员纪廷梓任南口特支书记。经过工人运动推动，南口党、团组织不断发展。1926年1月，经中共北方区委同意成立中共南口地方执行委员会，纪廷梓任书记兼管组织工作，下设7个党支部，有40余名党员。③

---

① 陈毅（1901—1972），四川乐至人。1919年赴法国勤工俭学。1921年因参加中国留法学生爱国运动被驱逐回国。1922年加入中国社会主义青年团。1923年入北京中法大学读书，同年加入中国共产党。1924年任北京学生总会党团书记、中国国民党北京市党部中共代表。1925年从中法大学毕业后，先后在北京、重庆、武汉等地从事党的工作。中华人民共和国成立后，曾任上海市市长、国务院副总理、中共中央军委副主席等职。1972年1月6日在北京逝世。

② 乐天宇（1901—1984），湖南宁远人。1921年入北京农业专门学校学习。1922年任北京农业专门学校团支部书记。1924年转为中共党员，并任农大党支部书记。1925年毕业后，先后在北京、察哈尔、湖南、湖北、河南、安徽等地从事革命工作，历任中共北京西郊区委书记、张家口地委农委书记等职。1984年逝世。

③ 中共北京市委组织部、中共北京市委党史资料征集委员会、北京市档案馆：《中国共产党北京市组织史资料1921—1987》，人民出版社1992年版，第39—44页。

1926年1月，中共北方区委考虑赵世炎兼职太多，决定调北京团地委书记刘伯庄任中共北京地委书记，地委领导成员做了调整。增设学生运动委员会和妇女运动委员会等工作机构，并在国民党北京市党部、北京学联等统战组织和群众团体中建立了党、团组织。

1926年段祺瑞政府制造三一八惨案。惨案后，许多党员被迫离开北京，一部分到广东参加国民革命军，一部分被派往外地开展工人运动，发展整顿党组织。1926年夏，根据西郊党组织发展情况和离市区较远的实际情况，北京地委决定成立西郊部委员会，戌之桐任书记，辖清华大学、燕京大学、香山慈幼院和慈幼院学生等支部。同年秋，北京党员发展到400多名。1927年初，北京地委所辖支部恢复到50余个，还建立了丰台、廊房（今廊坊）、门头沟、全国学联、通州潞河中学、海甸（今海淀）、罗道庄等直属支部或特别支部，共有党员1000余名。①

在抓好北京地区党组织建设的基础上，李大钊高度重视北方各地党组织建设工作。他时常向北京区委兼北京地委的同志们强调：北方地区范围很广，现在有的地方还没有建立党的组织。有些地方虽建立了党组织，有党员活动，但力量还很薄弱。我们北京的党组织，应把活动的视野放宽，不应仅限于北京市区。对北方各地还没有党组织或组织力量还很薄弱的重要城市，要想尽方法调派干部做好开展工作，要把革命的种子撒遍北方各地，使它遍地开花，扩大党的力量和影响。这是我们北京全体党员应尽的责任。他还指示要利用各种社会关系，以教书或其他职业做掩护，进行宣传和组织活动。

中共北京区委成立后，在天津、山西、热河、察哈尔、绥远、黑龙江、奉天等地建立和扩大中共基层组织，并在吉林、陕西、甘肃等地为党组织的建立做筹备工作。到1925年9月，在中共北京区委领导下，已有天津、唐山、乐亭、张家口、郑州、洛阳、信阳等地方执

---

① 中共北京市委组织部、中共北京市委党史资料征集委员会、北京市档案馆：《中国共产党北京市组织史资料1921—1987》，人民出版社1992年版，第37—38页。

行委员会，热河、察哈尔、绥远、包头4个工作委员会①，在直隶、山西、河南、东北、西北等地区建立了百余个独立支部（或特支），有党员近千名。

尽管帝国主义和封建军阀实行残酷统治，环境恶劣，但北方区委领导人李大钊、范鸿劼、陈乔年、陈为人等仍坚持在北方领导秘密组织群众，宣传党的方针，各项工作继续开展，党的组织不断壮大。到1926年初，中共北方地区直属组织已有地方执行委员会10余个、特别支部或独立支部几十个，拥有党员2000余名，同时还建立起共青团北方区委。

1926年，北伐战争开始。至1927年春，在北方区委领导和帮助下，北方先后建有中共北京、南口、天津、唐山、乐亭、保定、正定、张家口、顺德、大名、饶阳、太原、榆次、临汾、汾阳、晋城、绥德、榆林、大连、北满等地方执行委员会，以及甘肃、兰州、萨拉齐、毕克齐、不塔气、生盖营、香山、廊房、柏卿等近百个独立特支或支部，党员发展到3000余人（不包括大批南下广州等地的党员）。

由此，北京成为北方地区反帝反封建革命运动的指挥部，发挥着核心领导作用。

值得强调的是，大革命时期，中国南北方的革命力量发展并不是很均衡。在南方，以广州为中心，孙中山领导建立了一块革命根据地，控制着富饶的珠江三角洲和广东中部地区，高举着国民革命的大旗。在北方，北洋军阀仍占据着统治地位，正是在以李大钊为代表的共产党人的不懈努力下，才建立起了以北京为中心的北方党、团组织，发展壮大了革命力量，形成了南北呼应之势。从这个全局角度看，北京在这场轰轰烈烈的民族民主革命中的重要地位和巨大作用，就体现得更为明显。

---

① 1925年10月前直属北京区委，10月后归属张家口地委。

第四节　领导北方工农运动再掀高潮

大革命时期，中国共产党在北方地区的活动完全处于秘密状态，开展工作的难度很大。随着第一次国共合作统一战线的形成，特别是国民党一大后，在国民党北京执行部的工人、农民、妇女各部中，都有中共党员担任要职，这为工农运动的恢复和发展创造了有利条件。中共北京党组织吸取经验教训，根据形势的发展，充分利用国民党这面合法旗帜，把工农运动与各革命阶级参与的国民革命统一起来，使得北方工人运动逐步走出1923年京汉铁路工人大罢工失败后的沉寂状态，得到恢复和发展。

1924年2月7日至10日，全国铁路工人第一次代表大会在北京秘密召开。来自9条铁路的代表20余人出席，他们代表着全国有组织的铁路工人44800多人。[1]大会制定了《全国铁路总工会简章》，通过了《全国铁路总工会成立宣言》，选举产生全国铁路总工会执行委员会，孙云鹏任委员长，张国焘任总干事。这次大会的召开和全国铁路总工会(简称"铁总")的成立，是二七惨案以后全国工人运动的重大事件。铁总是中国共产党直接领导建立的第一个全国性产业工人组织，它的成立不仅促进了铁路工运，被誉为"简直是我全体铁路工友于痛苦不堪中，得着一颗光芒万丈的救星"[2]，而且成为全国工人运动恢复的潮头。

然而，工人运动形势一波三折。

1924年5月，军阀政府破获湖北汉口的国民党组织后，北京、天津、石家庄、保定、郑州、胶济铁路等地工会负责人，被拘捕、通缉、开除者有40余人。北方铁路工人运动恢复的势头可谓乍暖还寒。

1924年夏，北京服装业工人组织了北京成衣工会。11月，北京

---

[1] 刘明逵、唐玉良：《中国工人运动史》第三卷，广东人民出版社1998年版，第46页。

[2] 《全国铁路总工会成立》，《新民国》第1卷第4期，1924年2月20日。

财政部印刷局工人2000多人，为反对当局拖欠工资举行罢工，斗争坚持了一个多月。

10月，冯玉祥发动北京政变，推翻了直系军阀在北洋政府中的统治。中共北方党组织利用北京政权更迭的有利时机，积极营救京汉铁路工人大罢工以后被捕入狱的同志。经过李大钊同国民军第二军积极交涉，长辛店工会领袖史文彬等11人于11月被释放出狱。随后，京津、正太、陇海、胶济、京绥、京奉各路工会，或全部或部分得到恢复，北方工人运动首先在国民军的辖区内复兴起来。

1925年2月7日，中国共产党领导下的全国铁路总工会在郑州召开第二次代表大会。全国13条铁路（段）工会代表41人出席会议。大会确定今后的工作方针是：恢复工会，统一工会，确立工会经济基础，解决救济及失业问题，力争从前已得的条件，谋工人切身利益，继续争自由，训练工友，加入国民会议，实行国际的联合。[1]这些方针的制定，正确地把握了铁路工人运动发展的方向，规定了发展组织，开展政治、经济斗争的基本原则。大会选举组成新的全国铁路总工会执行委员会，王荷波为委员长，张昆弟任总干事。

大会开幕当天，李大钊发表《吴佩孚压迫京汉劳工运动的原因》一文，指出"工人阶级是国民革命运动中最勇猛、最有力的先锋队"，只有工人阶级"能够在国民革命运动中形成一种纪律紧严、勇力雄厚的中坚势力"。他号召工人阶级"更要奋勇万倍的高扬着鲜红的旗帜，踏着先烈的血路，向帝国主义者和军阀进攻！"[2]

在中共北京区委兼北京地委的领导下，北方工人运动以各种形式开展起来。

在北京，随着北京政变后中央政权更迭动荡和国民会议运动的兴起，北京工人大罢工斗争接连不断，"呈空前未有之现象"。1924年底，有煤铺、毯行、棚行、油行的工人大罢工。1925年1月，有电车

---

[1] 《本会目前进行方针报告及决议》，《中国工运史料》（第1—8期）下册，第54—56页。

[2] 《李大钊全集》第五卷，人民出版社2006年版，第41页。

工人的罢工。2月，有砖窑工人的罢工。3月，有财政部印刷局1800多名工人的大罢工，以及日新、永华、同益、日益等印刷局3000多名排字工人的同盟罢工，这次罢工使北京25家大小报刊停刊。4月，6000余名瓦作工人大罢工。这些罢工主要要求都是增加工资、改善待遇。①

在天津，1924年底天津工会会员有1430人，其中主要是纺织工人；到1925年5月，印刷工会会员有150余人，联系业界工人群众3000多人。

在直隶，唐山华新纱厂1924年上半年爆发700名童工罢工，1925年2月爆发1500余名工人大罢工，唐山制造厂工人于1924年11月发起反裁员斗争。

在山东，以胶济铁路为全省工人运动的重点，1925年2月青岛四方机厂工人大罢工并成立胶济铁路总工会，成为山东工人运动恢复的标志。受此鼓励，青岛大康、内外棉、隆兴等日商纱厂在中共领导下成立工会组织，并于四五月间陆续爆发罢工斗争，历经22天取得胜利。济南工人大罢工率先在理发和印刷工人中展开。

在奉天，大连沙河口工场（属日资南满铁道株式会社）于1923年底成立华人工学会（1924年更名为大连中华工学会），这是大连第一个工人组织，它的成立是东北地区工人运动恢复的标志。以此为基础，1924年4月成立大连中华印刷职工联合会，出版了油印小报《曙光》，并创办大连印刷工余学校。1925年2月成立南满铁路工会。②

1925年1月中共四大后，全国工人运动迅速发展，预示着全国革命高潮即将到来。为了指导和推进全国工人运动，实现全国工人运动的统一和团结，扩展并巩固工人阶级的力量，1925年5月1日至6日，中国共产党在广州领导召开第二次全国劳动大会，选举成立中华全国总工会。大会通过的《工人阶级与政治斗争的决议案》《工农兵大联

---

① 邓中夏：《中国职工运动简史（1919—1926）》，《邓中夏文集》，人民出版社1983年版，第530页。

② 刘功成：《大连工人运动史》，辽宁人民出版社1989年版，第75—114页。

合决议案》《组织问题的决议案》等决议，明确了在国民革命中开展工人运动的方针、策略和组织原则。中华全国总工会的诞生，标志着全国工人阶级在中国共产党领导下，经过4年来的英勇斗争和流血牺牲，正式实现了在政治上、组织上的团结统一，揭开了中国工人运动新的篇章。

1925年5月，在上海爆发震惊中外的五卅运动，掀起了全国范围的大革命高潮，也推动了北京的工人运动和国民革命运动高潮。5月15日，上海内外棉七厂的日本资本家枪杀工人顾正红。事件发生后，按照中共中央紧急会议的决定，5月30日，上海工人、学生到租界内举行大规模的反帝示威活动。租界的英国巡捕在南京路上突然开枪，打死工人、学生13人，伤数十人，制造了震惊全国的五卅惨案，激起了全中国人民的极大愤怒。反对帝国主义的民族革命浪潮迅速席卷全国。上海五卅惨案前夕的1925年5月29日，山东军阀张宗昌顺应日本帝国主义的旨意，在青岛对日商大康、隆兴、内外棉纱厂工人大罢工进行了血腥镇压，制造了青岛惨案。

五卅惨案发生后，在中共北京区委和北京地委的领导下，北方各大中城市先后成立了"沪案后援会"，组织民众游行募捐支援上海工人，掀起了轰轰烈烈的反帝爱国运动。

1925年6月5日，北京学界、工界、商界、新闻界等480多个团体的600多名代表，在中央公园召开"北京各界对英、日帝国主义惨杀同胞雪耻大会"发起会。此后，在中国共产党领导下，雪耻会成为当时北方各阶层人民群众反帝爱国运动的重要指挥机关。

6月8日，中共北京区委发表《为反帝国主义浩大战斗与赤化问题檄告国民书》，深刻指出："上海与青岛的外人屠杀中国工人学生商人事件是最老辣的英国帝国主义，与最离近的日本帝国主义，对于中国民族由经济侵略政策，进而为压迫屠杀政策的公开行使。"庄严宣告"半殖民地的中国民族现在开始对帝国主义举行总战斗了"，号召全国人民"要勇敢的站起来，以全副精力战斗，而做到将外国人在中国的不平等条约，租界租借地，领事裁判权，关税管理权，驻兵与航行权，资本的进攻，宗教的传播，文化的侵略——'从殖民地滚开去'！"①

6月10日，北京各界数万民众齐集天安门前召开国民大会，四郊农民也赶来参加。在上海工界代表报告英、日巡捕惨杀同胞的经过时，与会者高呼："为死难同胞报仇！报仇！报仇！"并连声高呼"救国"，使大会气氛达到了高潮。大会通过了要求政府派军赴上海收回英日租界、驱逐英日公使出境，废除中国与英日间一切不平等条约等21项提案。会后，与会群众举行游行示威。由天安门起，经煤市街南口、西珠市口、正阳门大街、户部街、东长安街、崇文门、西总布胡同、外交部街，直至铁狮子胡同（今张自忠路3号）的执政府，行途21余千米。尽管天下起了雨，但游行群众斗志昂扬，路旁群众脱帽高呼，表示敬意，充分显示了北京市民高昂的反帝爱国热情。②

北京各界群众在天安门前召开国民大会

---

① 《政治生活》第42期，1925年6月10日。
② 中共北京市委党史研究室：《中国共产党北京历史》第一卷，北京出版社2011年版，第119—120页。

6月11日，北京复兴铁工厂等43家工厂的工人举行政治罢工，到外交部请愿，抗议帝国主义的暴行。14日，长辛店5000多名铁路工人到天安门开演讲大会，提出严惩凶手、赔偿损失、抚恤死者家属、颁布工会条例及保护劳工条例等要求。北京自来水厂工人、人力车工人等也参加了反帝示威。华田汽水工厂、利华织袜厂等一些工厂的工人还要求厂主停止使用日货，对帝国主义者实行经济绝交。

6月25日是全国总示威日，中共北方党组织与国民党北京执行部、北京各界雪耻大会、全国妇女联合会、电车工人雪耻会等200多个团体数万人，在天安门前再度举行悼念大会。参加大会的工人最多，市民、小商小贩、农民及各界爱国人士同工人一道，勇敢地投入战斗。会后，举行"各界总示威"活动，从而使北京的援助运动达到高潮。①

经过五卅运动，北京各厂、各行业工会之间的联系和团结日益加强。在中共北京党组织指导下，1925年10月成立了北京总工会筹备会，10月25日发表了第一次对时局的宣言。1926年1月1日，北京总工会正式成立，有会员五六千人。

中共北京党组织在着力领导北京地区工人运动的恢复和发展的同时，李大钊还派赵世炎、刘仁静等人到北方各地，指导发动声援五卅运动的工人大罢工和群众革命运动。

在天津，1925年七八月间，爆发纱厂工人和海员工人的大罢工、大示威。

在直隶，1925年9月13日，开滦赵各庄煤矿工人举行罢工。

在山东，1925年6月16日起，民众游行示威、工人大罢工、商人罢市。

在郑州，1925年6月25日，开封罢工、罢市、罢课一天，加入全国总示威；30日，郑州举行罢工、罢市和游行示威，京汉、陇海铁路中断行车，人力车夫也加入罢工行列。7月，焦作英国福公司所属煤

---

① 《晨报》1925年6月11日、26日。

矿爆发工人大罢工，坚持8个月之久，最终取得胜利。这是五卅反帝斗争的一项重大成果。

在奉天，1925年6月4日起，陆续爆发奉天制麻株式会社（俗称麻袋厂）罢工、英美烟公司罢工、铁岭西关日商织布厂罢工、营口太古洋行宜昌号船员罢工，以及大连中华工学会、中华青年会、印刷职工联合会等团体举行的游行示威和募捐活动。

在吉林，1925年6月21日，长春学生联合会组织全市学生在商埠公园为五卅惨案死难同胞举行追悼大会，控诉英日帝国主义的罪行。

在山西，成立太原市沪案后援会，统一领导声援上海人民斗争的事宜。6月10日，后援会组织3万余人集会，公祭五卅死难烈士。

在内蒙古地区，1925年6月中旬组织各族学生2000多人，联合工人、市民在归绥旧城席力图召举行各族各界声援五卅惨案蒙难者、响应五卅运动群众大会。

在陕西，成立"陕北各界反对英日惨杀同胞会"和"各界救国办事处"，组织学生和商人市民罢课罢市，抵制英货日货，还筹建"国民救国军"做国民武力后盾，并筹集银圆，支援上海工人，运动一直持续到1925年10月底。

五卅运动前后，李大钊还将相当大的一部分精力放在农民运动的组织和发动上。

五卅运动中，在北京农业大学中共党组织的指导下，西郊罗道庄、卢沟桥附近的大井、小井等二三十个村庄建立了外交后援会，组织农民进城游行示威，声援上海的工人斗争。当时英帝国主义在广安门外羊坊店、什坊院、北蜂窝一带强占农民土地修路盖别墅，激起农民的强烈不满。后援会组织农民开展了阻止英帝国主义修路盖房的斗争，提高了农民的觉悟。

在五卅运动后期，西郊公主坟、羊坊店、卢沟桥、香山、温泉等地几十个村庄，在外交后援会的基础上成立了农民协会。西郊地区农民协会的建立，对京郊各县的农民运动起了很大的推动作用。1925年11月，昌平南口附近的农民在南口铁路工厂工人的帮助下开展抗杂捐的斗争，并组建了农民协会。年底，南郊黄土岗、北郊德胜门外朱辛庄建立了农民协会。

京东顺义县农民反抗鸡蛋捐的斗争，是大革命时期京郊一次规模较大的农民反压迫斗争。当时在残酷的封建剥削下，京郊农民生活十分困苦，绝大多数农户养几只鸡，以蛋换取一点生活用品，也有少数贫苦农民从事贩蛋生意，赚点辛苦钱贴补生活。蛋厂资本家为获得高额利润，每到鸡蛋旺季就把蛋价压得很低，而县分署为了盘剥农民血汗，对鸡蛋捐税采取招商定税办理。曹福田等3人以每月200块银圆包了鸡蛋税，在县城内设了蛋捐局，强令每副鸡蛋挑子每月交税1元，一个月可白白榨取600多块银圆。

1925年3月，曹福田无理扣押顺义县大杏落村6名贩卖鸡蛋的农民，强迫他们交税，激起了广大蛋贩的不满。在北京大学当工友的大杏落村的董其官和向阳村的李刚探亲返城，将这一消息带回了北京大学。北京大学党支部获悉后，立即派党员马荣堃等人去顺义县组织发动农民进行抗捐斗争，并将此事报告了中共北京区委和李大钊。

中共北京区委专门开会研究，派农工部李怀才到顺义县了解情况并领导这场斗争，随后又派陈为人、王斐然、安志诚、左智、李昆等人到顺义，共同组织发动农民抗捐斗争。他们召集村民宣传演讲，揭露帝国主义政治侵略和经济掠夺的罪行，号召农民不要把鸡蛋卖给外国资本家，不交鸡蛋税，并组织蛋贩运蛋到北京去卖，掐断了外国洋商开设的天津蛋厂的蛋源。

洋商勾结县衙，指示蛋捐局在蛋贩向北京运蛋的路上增设税卡，加重税收，禁止向北京贩运鸡蛋。陈为人、李怀才等人召集当地农民积极分子研究对策，决定发动组织蛋贩并联系京东平谷、三河、通县、密云等县的同行联合起来与反动派斗争。1925年11月16日，京东各县蛋贩子500余人手举扁担到顺义县城游行示威，沿街不少赶集的农民和蛋贩也加入游行行列，游行队伍很快扩大到800余人。农民们高呼口号，砸毁了蛋捐局，痛打了曹福田。陈为人代表农民群众，向县知事宣读了呈状，要求取消蛋捐，撤销税卡，惩办包商。县知事秦辅三在群众的压力下同意撤销蛋捐局，并贴告示取消税卡、取消蛋捐，还扣押了曹福田。

反蛋捐斗争胜利后，李怀才等人又在大杏落村及附近的村落建立了农民协会，会员很快发展至千余人。12月，决定在县城西门里戏楼召开全县农民协会成立大会，但因反动当局事先得知消息，加强了对农民运动的镇压，领导人李怀才、王斐然、安志诚、马荣堃等7名党员和一些农民协会骨干被捕，顺义县农协未能成立。1926年1月，李大钊指派江浩，通过关系将7名党员营救出狱。

顺义县反蛋捐的斗争，扩大了党在农民群众中的影响，推动了京郊农民反压迫斗争的发展。1926年春，怀柔县农民在顺义县反蛋捐斗争的影响下掀起反压迫斗争，200余人冲进怀柔县城，砸毁钱粮局，夺回大批粮食和银圆。同年秋，顺义县石匠进行抗税斗争，并组织成立了石匠工会。昌平县200余个村庄的农民也进行了反对封建军阀残酷迫害和地主豪绅索取杂捐的斗争。

中共北方区委和李大钊对北方农民运动的兴起给予极大的关注，并及时总结斗争实践经验。1925年底至1926年初，李大钊发表了《土地与农民》一文，用大量的历史和现实材料，论述了农民在中国革命中的重要地位，提出"耕地农有"，强调解决土地问题是农民革命的中心内容，指出"第一要紧的工作，是唤起贫农阶级组织农民协会"，还提出了组织农民武装的思想。他科学地预言："中国的浩大的农民群众，如果能够组织起来，参加国民革命，中国国民革命的成功就不远了。"[①]这些思想，对中国新民主主义革命理论的形成，做出了宝贵的贡献。

中共北方区委、北京地委在北方群众运动不能公开进行的情况下，派干部深入基层，整顿和巩固群众组织，推动工农运动发展。

在学生运动方面，把北京学生总会改组为北京学生联合会，统一了北京的学生组织。

---

① 《李大钊全集》第五卷，人民出版社2006年版，第84—85页。

在工人运动方面，采取分行业、分组开会的办法，组织工人参加秘密工会。到1927年2月，参加秘密工会的机器工人和手工业工人有1300余人。

在农民运动方面，选派40多名农运干部到毛泽东主持的广州农民运动讲习所学习，结业后绝大多数人回到北方各地领导农民运动，还在西郊办起了6所农民学校。到1926年6月，察哈尔、热河、山东、山西、直隶已有农民协会50多个，会员2万多人。

在统一战线方面，中共北方区委在军阀的四面包围之中，仍然继续坚持联合战线，积极开展反抗帝国主义和封建军阀的斗争。1926年10月，中共北京地委和左派团体实践社，共同发起建立了统战性质的北京左派联席会议，参加的左派团体有实践社、新军社、四川革命青年社、新滇社、琼崖协进会、琼岛魂社、中山学社、革新社、新中学会等，共有成员1130余人。其中有6个团体完全由中共掌握和领导。

伟大的五卅运动，揭开了中国第一次大革命高潮的序幕，对中华民族的觉醒和国民革命运动的发展起了巨大的推动作用。中共北京区委在这场具有伟大历史意义的反帝斗争中采取了正确的策略，北方民众在斗争中表现出前所未有的政治热情，工农商学各界群众在运动中结成了广泛的统一战线。这场反帝风暴，不仅提高了群众的觉悟和工人阶级的威信，密切了党同工人阶级及广大群众的联系，而且巩固了第一次国共合作的基础，推动国民革命运动深入发展。

第七章

联合战线，推动国共首次合作

北京，是推动首次国共合作的策源地。

中国共产党创建后，面对异常强大的敌人和自身力量比较薄弱的实际情况，在共产国际的推动下，采取积极的步骤联合孙中山领导的中国国民党，实现了国共第一次合作，从而在中国大地上爆发了一场轰轰烈烈的反对帝国主义、反对封建军阀的国民革命运动。这是中国共产党统一战线政策的首次成功实践，对中国革命的进程产生了深远影响。

李大钊是中国共产党早期提出和阐述建立革命统一战线策略的领导人之一，参与党的国共合作政策的制定，第一个以个人身份加入国民党，并帮助改组国民党，为促成第一次国共合作做出突出贡献。在李大钊领导下，北京党组织积极帮助国民党发展北方组织，促进国民革命在北方的发展；主动团结国民党左派力量，同国民党右派为争夺革命的领导权展开了坚决斗争；组织领导北方工人支援国民革命军北伐，促进北方党组织在配合南方革命中不断壮大。

面对蓬勃发展的大革命形势，帝国主义分化革命阵营，造成国共合作分裂。李大钊等革命志士在国民党反革命政变中壮烈牺牲，但其革命精神如同红花的种子，播在了一代代共产党人的血脉之中，成为中国共产党的红色基因。

第一节　积极推动国共合作的实现

20世纪20年代初，西方列强在第一次世界大战结束后，加紧了对中国的掠夺；同时，在列强操纵下，军阀割据、连年混战的局面日趋严重，中国社会面临内忧外患、四分五裂。中国人民面对沉重的苛捐杂税，已经难以承受，人们强烈呼唤着一场改变现状的大革命。

此时，孙中山领导的中国国民党，虽然已在中国南方建立了一块革命根据地，欲从广东北伐，实现国家统一，却陷入了内部分裂、组织涣散、日趋腐败的状态。孙中山深感中国革命必须改弦易辙，寻找救国救民的新方略。

此时，成立不久的中国共产党，仍处于秘密状态，虽然很快掀起了中国工人运动的第一个高潮，农民运动也初步开展，但京汉铁路工人大罢工中二七惨案的发生，导致全国工人运动暂时转入低潮。从失败的教训中，年轻的中国共产党人认识到，如果仅仅依靠工人阶级的孤军奋斗，不团结一切可以团结的力量，结成最广泛的统一战线，就不可能把中国革命引向胜利。

此时，列宁领导的共产国际，把世界革命的希望寄托于远东殖民地半殖民地国家无产阶级民族解放运动，并基于其地缘政治利益，愿意支援中国革命。

这3方面的原因，促成了第一次国共合作。然而，其过程却并非一帆风顺，经历了从反对合作到赞成合作，从主张党外联合到接受党内合作的曲折过程。

中国共产党成立之初，早期共产主义者由于缺乏实际斗争经验，对中国国情的复杂性和中国革命的曲折性还没有深刻认识，没有把反帝反封建的民族民主革命同消灭一切剥削、消灭私有制的社会主义革命区别开来，以为在半殖民地半封建社会的中国，可以直接进行社会主义革命，建立无产阶级专政。因此，在斗争策略上，1921年7月党的一大通过的决议中说，中国共产党"不同其他党派建立任何相互关系，以维护无产阶级的利益"。

然而，当中国共产党人抱着为推翻反动阶级的黑暗统治、实现社会主义而奋斗的信念，深入到实际斗争中去的时候，他们很快发现，在半殖民地半封建的条件下，中国革命不首先进行反对帝国主义侵略、反对封建军阀统治的斗争，国家就不能独立，人民就不能解放，也就谈不上实现社会主义、共产主义的理想。"打倒列强，除军阀"，是当时绝大多数中国人的共同愿望。但是，帝国主义和封建军阀是异常强大的力量，如果只靠少数人孤军奋斗，或是几种力量分散地各自为战，都难以把它打倒，因此自然地产生了对联合和合作的需要。

在中国共产党内，李大钊是统一战线理论的最早探索者。

早在1919年12月28日，李大钊就在《大联合》一文中提出了"小组织，大联合"的思想，他说："我很盼望全国各种职业各种团体，都有小组织，都有大联合，立下真正民治的基础。"①1920年1月15日，李大钊发表《由纵的组织向横的组织》一文，把"小组织，大联合"思想进一步阐发为"横向联合"，指出："现在劳力者阶级联合起来，为横的组织，以反抗劳心者阶级，野人阶级反抗君子阶级，女性阶级反抗男性阶级。"②并强调，"横向联合"是通达理想社会的途径。1920年8月，李大钊在《要自由集合的国民大会》一文中，更是坚定地指出："无论任何人，应该认识民众势力的伟大……民众的势力，是现代社会上一切构造的唯一的基础。"为此，他号召广大民众："望大家愤起，把已有的职业团体改造起来，没有团体的职业也该迅速联合同业，组织起来。"③在这里，李大钊从民众势力的角度强调了民众"大联合"的重要性。

在实践方面，1920年，在中国共产党成立的前夜，根据列宁在《民族和殖民地问题（提纲）初稿》中所提出的相对落后国家的共产党可以同资产阶级民主派结成联盟的思想，按照共产国际"联吴"的

---

① 《李大钊全集》第三卷，人民出版社2006年版，第140页。
② 《李大钊全集》第三卷，人民出版社2006年版，第167页。
③ 《李大钊全集》第三卷，人民出版社2006年版，第209、211页。

决策，以李大钊为代表的中国共产党人曾采取过联合吴佩孚的策略。虽然后来由于吴佩孚对京汉铁路罢工工人的血腥镇压而导致失败，但这是以李大钊为代表的中国共产党人为了中国革命胜利联合其他力量、建立统一战线的初次尝试。

1921年12月，李大钊曾介绍共产国际代表马林会见孙中山。在北京党组织成员张太雷的陪同下，马林从上海出发，辗转武汉、长沙，前往桂林拜会孙中山，并与孙中山进行了3次长谈。马林认为，孙中山是真正的民族主义者，国民党是一个多阶级联合的松散组织，比较容易在其内部促成重视群众运动的思想，甚至有可能推行共产党的主张，开展反帝反封建的革命群众运动。因此，在中国开展民族民主运动能够真正与共产党合作的，是孙中山领导的国民党。关于联合国民党的问题，后来马林与李大钊、张太雷等人交换意见，并取得了李大钊等人的同意。

孙中山会见李大钊（於俊杰　绘）

马林遵循列宁和共产国际指示，并依据他在印度尼西亚取得的成功经验，主张共产党人应该放弃对国民党的排斥态度，并在保持独立的前提下，中共党员可以个人身份加入国民党，通过国民党组织接近和联系群众，宣传革命思想，和国民党人一起开展反帝斗争。

然而，这个建议一提出，便遭到中共中央书记局书记陈独秀及党内大多数人的激烈反对。陈独秀认为，国民党不重视发动民众，而企图依靠军阀进行联甲倒乙、联丙倒甲的军事冒险。

1922年初，列宁在远东各国共产党及民族革命团体第一次代表大会期间，抱病接见了中国共产党代表张国焘、中国国民党代表张秋白和铁路工人邓培。在亲切交谈中，列宁询问张秋白：中国国民党和中国共产党是否可以合作？在得到"一定可以很好地合作"的回答后，他又问张国焘，中国共产党和中国国民党是否可以合作？并希望张国焘告诉他一些有关中国的情形。张国焘表示，在中国民族和民主革命中，国共两党应当而且可以密切合作；在两党合作的进程中可能发生若干困难，不过这些困难是可以克服的；中国共产党当努力促进各反帝国主义的革命势力的团结。列宁听后频频点头，表示满意。

列宁的亲切接见和对中国革命的宝贵指示，对于中国共产党制定正确的革命纲领具有重要的意义，对于推动中国国民党走上与中国共产党合作的革命道路，也产生了积极作用。

陈独秀等中共领导人了解了列宁建议中国共产党与国民党实行联合，以及共产国际关于建立革命统一战线的策略后，对这一问题的看法有所变化。

1922年6月初，李大钊与邓中夏、黄日葵等少年中国学会北京分会的部分成员，向在杭州召开的学会第三次年会提交了一份题为《为革命的德谟克拉西》的提案，提出"绝不相信军阀能实现民主政治"，"唯一解除"中国人民苦厄的办法，是"引导被压民众为有目的的政治斗争"，应该"共同认定一联合的战线，用革命的手段，以实现民主主义为前提"的主张；同时，还对孙中山领导的国民党做了评述，指出："中国的国民党，抱民主主义的思想，十余年来与恶势力奋斗，始终不为军阀的威力所屈服","从今以后我们要扶助他们，再不可取旁观的态度"①。由此可见，北京党组织是中国共产党内较早明确提出国共合作的建议者。

1922年6月15日，中共中央发表了《中国共产党对时局的主张》，指出："无产阶级在目前最切要的工作"，是"联络民主派共同对封建式的军阀革命，以达到军阀覆灭能够建设民主政治为止"②，使中国人民从帝国主义和封建军阀的残酷压迫下解放出来；对现有的资产阶级政党，不应该采取"攻击、排斥"的态度，而是应该联合，以共同对付主要敌人。

7月，党的二大通过了《关于"民主的联合战线"的决议案》，明确指出"我们共产党应该出来联合全国革新党派，组织民主的联合战线，以扫清封建军阀推翻帝国主义的压迫，建设真正民主政治的独立国家为职志"③，决定邀请国民党等革命团体举行联席会议，共议改造中国之策。这是中国共产党最早明确提出与国民党合作的思想。

党的二大虽然确定了同国民党实行合作的原则，但是并没有解决国共两党采取什么形式进行合作的问题。

中国共产党在党的二大上提出的"民主的联合战线"，是以"党外合作"的方式建立的。也就是说，国共两党在地位平等、各自独立的基础上合作推进革命。

但在当时的国民党看来，国共两党力量对比悬殊。共产党是一个刚成立一年多、只有几百名党员、处于秘密活动状态的小党，而国民党则是建党28年、拥有几十万名党员、辛亥革命后在全国有广泛影响的大党。因此，国民党不可能与共产党实行"平起平坐"的党外合作，共产党员只能以个人身份加入国民党，实行党内合作。

---

① 《少年中国》第3卷第11期，1922年6月1日。
② 中央档案馆编：《中共中央文件选集》（第一册），中共中央党校出版社1989年版，第45页。
③ 中央档案馆编：《中共中央文件选集》（第一册），中共中央党校出版社1989年版，第66页。

这样，国共两党一开始时就在合作方式上出现了分歧。

1922年8月，共产国际代表马林带来了共产国际的有关指示，认为共产党员以个人身份加入国民党是实现联合战线的"可行途径"。

为了统一对国共合作问题的认识，1922年8月29日至30日，中共中央在杭州西湖举行了特别会议，专门讨论以什么形式实行国共合作的问题。陈独秀、李大钊、蔡和森、张国焘、高君宇、张太雷和共产国际代表马林参加了会议。这是中国共产党在国共合作问题上具有转折意义的一次决策性会议。

会前，李大钊曾会见孙中山。会上，马林提出中共党员以个人身份加入国民党，实现国共两党合作的意见。对马林的建议，李大钊、张太雷态度坚决，明确表示同意，多数中央委员开始时则表示反对。陈独秀言辞激烈，强调国民党主要是一个资产阶级的政党，不能因为国民党内包容了一些非资产阶级分子，便否认它资产阶级的基本性质。他认为，共产党员加入国民党后，会引起许多复杂而不易解决的问题，其结果将有害于革命力量的团结。张国焘认为，中共党员加入国民党会丧失自己的独立性，而与国民党建立党外联合战线是可以做到的。

就在会议代表争执不下、陷入僵局的时候，李大钊提出了一个新的建议，即共产党员有条件地加入国民党，并以少数领导人的率先加入作为两党实现合作的桥梁。这个意见化解了争论双方的尖锐矛盾，使原本气氛紧张的会议由此出现转机。随后，李大钊具体分析说：

第一，国民党是一个"松懈的组织"，共产党员很容易加入进去，从内部去改造国民党。他举例说，无政府主义者加入国民党已经多年，他们名义上是国民党员，而实际上仍然进行无政府主义的宣传，并未受到任何约束。就是那些单纯的国民党员也抱有各种不同的政见，不少人从事着单独的政治活动。中共党员加入国民党，同样不会受到约束。

第二，共产党员以个人身份加入国民党的方式，是实现联合战线易于行通的办法。李大钊赞同陈独秀提出的应取消国民党入党时要打手模、宣誓服从孙中山的原有入党办法,"根据民主主义原则改组国民党";也赞同张国焘关于中国共产党与国民党合作后应保持自己独立性的主张。李大钊认为,中共党员加入国民党,不但应该保持自己的组织和报纸,并应继续在工人中建立自己的活动和组织中心。

在李大钊的深刻分析和耐心说服下,与会代表经过进一步协商,终于统一了认识,达成了一致意见。会议决定在保持共产党政治、组织独立性的前提下,共产党员及青年团员以个人身份加入国民党,同孙中山领导的国民党实行党内合作,建立各民主阶级的统一战线。

西湖会议的顺利召开,成为中国共产党的国共合作政策由党外合作到党内合作的转折点。

就这样,中国共产党的创建人与中国国民党的创建人,历史性地走到了一起,成为革命的盟友。

1922年9月,李大钊回到北京,发表《十月革命与中国人民》一文,呼吁"像中国这样的被压迫的民族国家的全体人民,都应该很深刻觉悟他们自己的责任,应该赶快地不踌躇地联结一个'民主的联合阵线',建设一个人民的政府,抵抗国际的资本主义,这也算是世界革命的一部分工作"[①],进一步阐明了中共关于建立民主联合战线的主张。

1923年1月,共产国际做出《关于中国共产党与中国国民党关系的决议》,认为:中国"独立的工人运动尚不强大",工人阶级"尚未完全形成独立的社会力量";国民党是"中国唯一重大的民族革命集团",中国共产党在民主革命中同国民党合作是必要的,它的党员应该"留在国民党内",但"不能与它合并","也绝对不能在这些运动中卷起自己原来的旗帜",要保持自己在政治上的独立性。[②]这个决议传到中国后,对促进国共合作起了重要作用。

---

① 《李大钊全集》第四卷,人民出版社2006年版,第99页。
② 中国社会科学院近代史研究所翻译室编译:《共产国际有关中国革命的文献资料(1919—1928)》第一辑,中国社会科学出版社1981年版,第76—77页。

同月，苏联特命全权大使越飞①在上海与孙中山会晤，并发表《孙文与越飞联合宣言》，重申苏联政府放弃沙俄强加于中国的不平等条约，表明了对中国革命的支持，也表明了孙中山放弃对帝国主义列强的幻想，寻求国际革命力量联合的愿望。与联俄政策相应的是国民党的容共政策，孙中山主张容纳共产党人参加国民党，为国民党增加新鲜血液，改变国民党的成分与组织，实现革命力量的大联合，推进国民革命。

李大钊根据共产国际的指示精神和建立民主联合战线的实际需要，在党内外做了大量的宣传组织工作。1923年初，李大钊在苏联大使馆约集北京党组织负责人范鸿劼、何孟雄、张昆弟、安体诚、包惠僧等人，讨论国共两党的联合战线问题。当时，有部分党员认为，国民党是资产阶级政党，没有基层群众，而且里面有不少政客，缺乏革命的因素，假如同他们联合，会失掉无产阶级的立场和纯洁性。李大钊认为，这种看法是片面的，与国民党建立统一战线，既有必要也有可能。他强调："今天革命事业中的客观形势，是需要发动反帝反封建的民主革命，这种革命任务不是现在那样的国民党所担当得了的，必须加入新血液"；目前"国民党的缺点很多，无组织无纪律无群众是显而易见的"，"只要国民党有改造的可能，孙中山有改造国民党的决心，国共两党建立联合战线是有可能的"②。经过李大钊的思想引导，北京党组织内的认识逐步趋于统一。

1923年4月，李大钊发表《普遍全国的国民党》一文，继续阐发与国民党建立联合战线的思想，指出"中国现在很需要一个普遍全国的国民党"作为"反抗军阀的大本营"，又批评国民党"轻蔑了宣传和组织的功夫，只顾去以武力抵抗武力，不大看重民众运动的势力"，强调"一个政治革命的党，必须看重普遍的国民的运动"，目前国民

---

① 越飞（1883—1927），俄国克里米亚人。1917年加入俄国社会民主工党（布尔什维克）。在俄共（布）六大上当选为中央委员，后在苏俄政府从事外交工作。1922年8月以苏俄密使身份来中国。回国后于1927年11月7日自杀身亡。

② 宋柏：《北京现代革命史》，中国人民大学出版社1988年版，第48页。

党要与工人、学生、农民及商人集合起来,"结成一个向军阀与外国帝国主义作战的联合战线"①。这篇文章对推动国民党改组,促成国共两党合作起了积极作用。

此时,正值中国工人运动转入低潮。特别是二七惨案的发生,彻底暴露了军阀仇视民众的真面目,也使中国共产党人认识到工人阶级绝不能孤军奋斗,必须团结一切可以团结的力量。

随着党内思想认识的逐步统一和中国革命形势发展变化,国共合作的时机已经完全成熟。

1923年6月,中国共产党在广州召开第三次全国代表大会,中心议题是国共合作问题。大会通过了《中国共产党党纲草案》《中国共产党第一次修正章程》《关于国民运动及国民党问题的决议案》等7个决议,决定全体共产党员以个人名义加入国民党,以建立各民主阶级的统一战线,同时保持共产党在政治上、组织上的独立。在党的三大上,李大钊当选为中共中央执行委员;毛泽东当选为中共中央执行委员、中央局(相当于后来的政治局)委员、中央局秘书,第一次进入了中国共产党的领导核心。

中共三大的召开,标志着党关于国共合作的方针和办法的正式确立。这一政策是非常正确的,它不仅有利于中国共产党公开或半公开地发动和组织群众,壮大自身力量,同时也有利于国民党本身的改造,使它重获新生。

1923年10月,李大钊赴上海与孙中山会晤,表示愿以共产党人的身份同孙中山合作,并"讨论振兴国民党以振兴中国之问题"。李大钊比孙中山年轻23岁,可是李大钊儒雅谦逊的风度,对中国社会各阶级的分析,对中国社会经济基础和上层建筑的论说,对国民党当前状况和改革方向的见解,以及国共两党合作的现实可能性与存在困难的预测,等等,都使孙中山顿感找到了知音。李大钊与孙中山的

---

① 中共北京市委党史研究室:《第一次国共合作在北京》,北京出版社1989年版,第40—41页。

会晤十分愉快,他曾回忆说,孙中山"与我畅论其建国方略,亘数时间"。孙中山也认为与李大钊的谈话"畅谈不厌,几乎忘食"①。当孙中山诚恳地邀请李大钊加入国民党时,李大钊坦率地说自己是第三国际的党员,加入国民党可以,但不能脱去共产党。孙中山诚恳地说:"这不打紧,你尽管一面作第三国际的党员,一面加入本党帮助我"②。于是,李大钊由孙中山亲自主盟,以个人名义加入了中国国民党,成为最早加入国民党的中共党员。

  回顾第一次国共合作的艰辛历程,不难看出,以李大钊为代表的北京党组织,为推进和促成第一次国共合作发挥了关键性作用,历史功绩不可磨灭。

---

① 《李大钊全集》第五卷,人民出版社2006年版,第227页。
② 汪精卫:《中国国民党第二次全国代表大会政治报告》,《政治周报》1925年第5期,第12页。

第二节　有力促进国民革命在北方发展

中共三大以后，国共合作的步伐逐渐加快。党的各级组织特别是北京党组织做了许多工作，动员共产党员和进步青年加入国民党，积极推进国民革命运动。

1923年9月，李大钊同王法勤、丁惟汾、李石曾等国民党负责人在北京重建国民党组织，与一些表面挂名国民党员而实际上为军阀效劳的政客断绝关系，转而吸收许多先进青年加入国民党。至11月，北京的国民党员已达1000人以上，其中中共党员、社会主义青年团员约占1/3。

为使国民党尽快适应国民革命运动发展的需要，加快改组进程。1923年10月，应孙中山邀请，苏联政府代表鲍罗廷①到达广州。鲍罗廷同中共中央和青年团中央共同商议帮助国民党改组的办法，决定力促孙中山召集改组会议。10月19日，孙中山任命李大钊为国民党改组委员，与廖仲恺等4人负责办理国民党改组事宜，并召李大钊赴沪商讨国民党改组事宜。25日，孙中山在广州召开中国国民党改组特别会议。28日，国民党临时中央执行委员会正式成立，孙中山委任廖仲恺、胡汉民和共产党员谭平山等9人为国民党临时中央执行委员，李大钊等5人为候补执行委员。

在上海期间，李大钊参加了11月24日、25日召开的中共三届一次中央执行委员会会议，汇报了北京地区国民运动及国共合作的进展情况，并强调国民运动是当前党的全部工作。会后，中共中央发出《中央通告第十三号》，指出中央当前最紧要的工作是积极参加国民党改组，要求"有国民党组织之地方，同志们立时全体加入"；在没有国民党组织的地方，要着手恢复和建立。还要求各地党组织在即将召

---

① 鲍罗廷（1884—1951），俄国人。1903年加入俄国社会民主工党。1919年出席共产国际第一次代表大会。1923年10月，作为共产国际驻中国代表、苏联派驻中国国民党代表到达广州。1951年5月29日死于伊尔库茨克附近的劳动营。

开的国民党第一次全国代表大会中,争取做到"每省至少当选一人"为国民党代表。①

与此同时,在李大钊等共产党人的积极推动下,11月底至12月初,孙中山连续发表演说,阐明国民党改组的意义和必要,强调"吾党此次改组,乃以苏俄为模范",采用"党员协同军队来奋斗",以便达到革命成功。11月29日,国民党临时中央执行委员会发表《中国国民党改组宣言》,指出中国"今日政治不修,经济破产","欲起沉疴,必赖乎有主义有组织有训练之政治团体",而过去国民党"久而不能成功者,则以组织未备,训练未周之故",并据此提出改组国民党的必要。②

1923年12月中旬,李大钊回到北京后,立即着手协商和选举北京地区参加国民党一大的代表。12月底,李大钊主持了北京中共党员大会,说明中共党员加入国民党,将推动国民运动前进;出席国民党大会的中共代表仍可坚持自己的立场,并用自己的主张影响国民党。

1924年1月4日,李大钊主持了在京国民党党员大会,推选出许宝驹、张国焘、谭克敏3人,加上孙中山指派的李大钊、谭熙鸿、石瑛,共6人作为出席国民党第一次全国代表大会的北京代表。

经过国共双方的共同努力,1924年1月20日,国民党第一次全国代表大会在广州高等师范学校礼堂开幕,到会代表共165人,其中有共产党员20多人。这些代表一半是孙中山指派的,一半是由各省推选的。在指派代表中,有李大钊、谭平山、陈独秀等共产党员;在推选的代表中,有毛泽东、林祖涵、王尽美、李立三等共产党员。孙中山以国民党总理的身份担任大会主席。他指定李大钊、胡汉民、汪精卫、林森等人组成主席团,帮助他领导大会的工作。李大钊还被指定担任大会宣言的审查委员、国民党章程审查委员和宣传问题审查委

---

① 中央档案馆编:《中共中央文件选集》(第一册),中共中央党校出版社1989年版,第211页。

② 《孙中山选集》(下),人民出版社2011年版,第558—559页。

员，参加宣言和党章的最后审定工作。

孙中山在大会开幕词中指出："此次国民党改组，有两件事：第一件是改组国民党，要把国民党再来组织成为一个有力量的政党；第二件就是用政党力量去改造国家。"①大会接受了中国共产党反帝反封建的主张，确认了中国共产党党员和社会主义青年团员以个人名义加入国民党，确定了"联俄、联共、扶助农工"的三大政策。

大会通过的《中国国民党第一次全国代表大会宣言》对三民主义做出了顺应时代潮流的新解释：民族主义，一是"中国民族自求解放"，使中华民族"得自由独立于世界"，"免除帝国主义之侵略"；二是"中国境内各民族一律平等"，反对民族压迫。民权主义，以实行普遍平等的民权为主要内容，人民"不但有选举权，且兼有创制、复决、罢官诸权"。民生主义，最重要的原则"一曰平均地权，二曰节制资本"，规定"农民之缺乏田地沦为佃户者，国家当给以土地，资其耕作"②；反对土地权为少数人所操纵。不久，他又提出"耕者有其田"的口号；还规定具有独占性质的大企业"由国家经营管理之"，反对私人资本操纵国民之生计。

具有反帝反封建内容和三大政策的新三民主义，同中国共产党在民主革命阶段的政治纲领的若干基本原则是一致的，因而成为第一次国共合作的政治基础。

会议期间，围绕着建立国共合作统一战线问题的斗争非常激烈。当会议讨论国民党章程审查报告时，广州特别区代表方瑞麟提出"本党党员不得加入他党，应有明文规定"，企图以此来拒绝共产党人加入国民党。当时附议者在10人以上。

面对挑战，李大钊立即在会上发言，并且印发了《北京代表李大钊意见书》。他说："兄弟深不愿在本党③改造的新运中，潜植下猜疑与不安的种子，所以不能不就我个人及一班青年同志们加入本党的理

---

① 《孙中山全集》第一卷，中华书局1982年版，第95—98页。
② 《孙中山选集》（下），人民出版社2011年版，第614—616页。
③ 指国民党。

由及其原委,并我们在本党中的工作及态度,诚恳的讲几句话。"他重申了共产党员加入国民党的目的,在半殖民地的中国,"想脱除列强的帝国主义及那媚事列强的军阀的二重压迫,非依全国国民即全民族的力量去做国民革命运动不可"。"我等之加入本党,是为有所贡献于本党,以贡献于国民革命的事业而来的,断乎不是为取巧讨便宜"。对于部分人认为共产党员加入国民党后会导致党内有党的疑惑,李大钊指出"我们加入本党,是一个一个的加入的,不是把一个团体加入的,可以说我们是跨党,不能说是党内有党","本党总理孙先生亦曾允许我们仍跨第三国际在中国的组织,所以我们来参加本党而兼跨固有的党籍,是光明正大的行为,不是阴谋鬼祟的举动"。李大钊进一步说明,跨党对国民党没有害处,反而有莫大的好处。"因为现代的革命运动是国民的,同时亦是世界的,有我们在中国国民的组织与国际的组织的中间作个联络,作个连锁,使革命的运动,益能前进。"最后他说,"我们在本党中的行为与态度,当能征验我们是否尽忠于国民革命的事业"①。

李大钊真诚而有力的发言,驳斥了国民党右派的言论,消除了一部分人的疑虑,得到了国民党左派和绝大多数代表的称赞和支持。经过激烈争论,大会否决了方瑞麟的提案,通过了《中国国民党章程》,确认了共产党员以个人身份加入国民党的原则。

大会选举了24名中央执行委员和17名候补中央执行委员,共产党人李大钊、谭平山、于树德当选为国民党第一届中央执行委员,沈定一、林祖涵、毛泽东、于方舟、瞿秋白、韩麟符、张国焘当选为国民党第一届候补中央执行委员。

在大会闭幕时,孙中山满怀信心地说:"我们从前的革命因为没有好办法,所以成功与失败各有一半;从今以后拿了好办法去革命,便可一往无前,有胜无败,天天成功。"②

---

① 《李大钊全集》第四卷,人民出版社2006年版,第389—391页。
② 《孙中山全集》第九卷,中华书局2006年版,第180页。

大会闭幕后的第二天，孙中山主持召开了国民党中央执委和监委第一次全体会议，推选廖仲恺、谭平山、戴季陶为中央常务委员，并成立了国民党中央党部。在国民党中央党部各部门任重要职务的共产党员有：组织部部长谭平山、农民部部长林祖涵、宣传部代理部长毛泽东等，杨匏安、冯菊坡、彭湃等分别担任组织、工人、农民等部秘书。会议还决定在北京、上海、汉口等地建立国民党地方执行部。

中国国民党第一次全国代表大会，完成了国民党的改组，国民党由原来混杂着官僚政客的资产阶级政党，变成了工人、农民、小资产阶级和民族资产阶级参加的革命联盟。这次代表大会的圆满成功，标志着革命统一战线的形成和第一次国共合作正式开始，由此推动了轰轰烈烈的大革命。

国共合作前，国民党的组织只在广东、上海、四川、山东等少数地区和海外存在。中国共产党党员加入国民党后，在全国各地积极创立和发展国民党的组织。其中，在李大钊领导下，北京党组织大力发展北方地区国民党组织，表现十分突出。

1924年4月20日，经李大钊和国民党左派人士的共同努力，国民党北京执行部正式成立，地址设在北京织染局29号。[①]李大钊以国民党中央执行委员的身份和国民党员丁惟汾共同领导执行部的工作。北京执行部负责领导直隶、山西、山东、河南、察哈尔、热河、绥远、内蒙古、奉天、吉林、哈尔滨、黑龙江、甘肃、新疆等15省市的国民党组织和革命运动。执行部下设：组织部、宣传部、青年部、工人部、农民部、调查部、妇女部、秘书处。

国民党北京执行部的建立，为北方地区国共合作提供了重要的组织保证。李大钊依照中共中央《中央通告第十三号》的指示精神，指派于方舟、于树德等到各地去帮助建立国民党组织，发展党员。

1924年7月，在李大钊等中共党员的指导和帮助下，国民党北京市党部正式成立。市党部管辖9个区，区党部下设区分部。1925年7

---

① 1925年春迁至翠花胡同8号。

月，改称国民党北京特别市党部。特别市党部由执行委员会领导一切党务，内设秘书处、组织部、青年部、工人部、妇女部、宣传部、实业部。陈毅任市党部负责人，于树德、范鸿劼、李国暄、刘清扬等人参加各部工作。到1925年10月，北京市党部的党员已从国民党一大召开前的1000多人增加到2600多人。到1926年5月，组成区党部9个，区分部90个。[①]国民党北京特别市党部成立后，各种活动开展得有声有色，在各省市中很有影响。

1924年2月底，共产党员于方舟和江浩、李锡九等人在天津法租界普爱里19号（现胜利路义庆里40号）着手筹建国民党直隶省党部，同时在直隶各地筹建基层组织和吸收党员。1925年6月，在声援上海五卅运动的高潮中，中国国民党直隶省党部正式成立（天津市党部也同时成立）。于方舟被选为省党部的主要负责人，同时在省党部工作的有李濂祺、邓颖超、江浩、李锡九。同年七八月间，江浩组织和率领在京津读书的进步学生到玉田县开展工作，创建了国民党玉田县党部。到10月，直隶省发展党员1500多人。1926年5月，直隶省共有市、县党部53个，区党部60个，区分部244个；发行党刊7种；组织工会、农会、妇女等各种群众团体30多个；党员增加到5300多人。从省党部到大多数市、县党部均系中共党员和青年团员负责领导工作。

1925年4月，王乐平、王尽美等人在国民党北京执行部的指导下，成立了中国国民党山东省临时党部。7月，召开了国民党山东省第一次代表大会，正式成立了山东省党部，王尽美担任省党部执行委员。由于中共党员和青年团员加入国民党，山东省国民党组织迅速发展壮大。1924年全省国民党员仅有100多人，到1925年5月发展到2500多人，同年秋扩大为4200余人；建立市、县党部37个，区分部272个。国民党员的个人成分有了很大变化，截至1925年10月，山东省国民党员中，青年学生占40%，工人占25%，农民占15%，教师

---

① 《第一次国共合作在北京》，北京出版社1989年版，第275—276页。

占15%，其他成分占5%，使国民党成为名副其实的工人、农民、城市小资产阶级及民族资产阶级的联盟。

李大钊曾多次到河南视察、指导工作。1924年12月，中国国民党河南省党部在开封正式成立，共产党员冯品毅、江梦露等任执行委员。河南省党部成立后马上在全省开展党务工作，成立了19个市、县党部。1925年2月，河南全省共有国民党员200余人，到同年12月党员已达3600余人，其中，学生占70%，教职员占5%。

1925年，李大钊派共产党员乐天宇、张良翰等人去察哈尔特别区负责该区的党部筹备工作。同年10月，中国国民党察哈尔特别区党部成立，此时全区有国民党员400人，半年后发展为3200余人，并建立起6个县党部。

1925年3月，于树德、韩麟符、李裕智、吉雅泰受中共北京区委委派，到内蒙古地区开展工作。不久，吉雅泰在归绥市（今呼和浩特市）内旧城的巧尔齐召喇嘛寺内建立了中国国民党绥远省党部。该地区的党员从400人发展为3600人；建立起市、盟、旗党部11个，区党部53个，区分部284个。与此同时，中国国民党热河省党部也建立起来。

1925年秋，中共北方区委派共产党员宣侠父、钱崝泉等人以国民党员的公开身份，到冯玉祥国民军中开展工作，同时帮助国民党甘肃省临时党部筹委会整理党务。1926年春，中国国民党甘肃临时省党部和兰州市党部正式建立，宣侠父、钱崝泉等共产党员参加了省党部工作。

1924年，共产党员高君宇利用暑假到山西建立了中国国民党山西省党部筹备处，推动了山西各市、县的国民党工作。不久，全省建立了30多个市、县党部，1926年正式成立山西省党部。1926年2月，中国国民党大连市党部成立。1926年初，中国国民党吉林省党部成立。1926年夏，中国国民党哈尔滨特别市党部成立。一批共产党员参加了这些省、市党部的领导工作。

国民党北京执行部成立后，结束了国民党组织基本上局限于南方的局面。到1925年10月,国民党北京执行部所辖15省市的党员总数已达1.4万人。①党员成分也有很大改善,特别是青年学生、工人及农民的加入,改变了过去国民党仅仅周旋于政界、军界上层的做法,打破了北方国民党一派沉寂的气氛,使民党组织出现了生机。

正如中共北方区委机关刊物《政治生活》中一篇评论所指出的:"中国国民党自从C.P.、C.Y.②加入以后,已经走上了一条政治的轨道,已经有比较严密的组织与纪律,已经慢慢地取得了民众的同情与信仰,在数量和质量上都表显长足的进步,并且与帝国主义、军阀站在绝不相容的地位。"③

由此,以北京为中心,在中国北方形成了国民革命力量迅猛发展的可喜局面,为北方开展国民运动和反帝反军阀的革命斗争,奠定了坚实的组织基础和群众基础。

---

① 茅家琦等:《中国国民党史》(上卷),鹭江出版社2009年版,第303页。
② C.P.指中国共产党,C.Y.指中国共产主义青年团。
③ 《政治生活》第47期,1925年8月19日。

第三节　团结左派与国民党右派做斗争

对于建立国共合作统一战线，在国民党内部本来就存在着分歧和斗争，这在国民党第一次全国代表大会上已有所显露。这是因为国民党从成立起就是一个松散的各派联盟，里面不少头面人物是汉族地主豪绅的代表，从一开始就不同意孙中山的"平均地权"，也就是改变土地制度的主张。孙中山联俄、联共和扶助农工的政策，更是遭到国民党内许多反动势力的抵制。

1924年实行国共合作时，国民党控制的区域只有广州及其周围，连广东省都没有统一。那时的国民党要想打败北洋军阀、统一中国，需要依靠苏联援助，也离不开共产党发动的工农群众的支持。然而，共产党和工农运动一旦发展起来，触碰了不同阶级的利益，就又引发了国民党内部左派与右派之间，以及国共之间矛盾的激化。

国民党一大之后，分歧并没有消除，国民党右派一次又一次挑起事端。在北方地区，中共北京地方组织与国民党右派的斗争首先表现在争夺国民党北京执行部的领导权上。

李大钊等共产党人在国民党一大会后回到北京，立即组织力量，联合国民党左派贯彻大会的精神，积极筹建国民党北京执行部。当时北京地区没有国民党的组织，只有民治主义同志会等一些国民党右派团体。这些右派团体为了满足私欲，勾结军阀在党内大搞分裂，反对孙中山改组国民党，抵制联俄、联共、扶助农工的新三民主义，与国民党左派分庭抗礼。在筹建国民党北京执行部的过程中，以石瑛为首的右派，公开违背国民党一大精神，排斥共产党人和国民党左派进入北方国民党的领导机构。但当时他们的人数很少，势单力薄，欲夺权而又不能，所以就极力主张多吸收"北大教授入党"，在执行部各部设副部长，多留位置以培植扩大右派势力，创造夺权的条件。

中共北京地方组织联合国民党左派，针对国民党右派的阴谋，及时组织在京的国民党中央执行委员李大钊、于树德、王法勤、丁惟汾和候补中央执行委员韩麟符、于方舟、张国焘、傅汝霖等人开会研究，讨论通过了有利于左派的3项决议：一是督促部长就职；二是设副部长与否，取决于中央；三是执行委员会没有最终决定权。同时还决定：部长在执行委员会上无发言表决权；部长对于执行委员会为雇佣关系，执行委员会有权任免部长。这些措施，使国民党右派的企图被全部否定，保证了共产党员、共青团员和国民党左派在国民党北京执行部占大多数席位，绝大多数部长职位也都由共产党员和国民党左派担任，使中共及国民党左派在北京执行部的领导权有了保障。

国民党北京执行部建立以后，排除右派的干扰，派出大批中共党员、青年团员和国民党左派到北方各地发展国民党员，帮助建立各省、市党部。这些党部的领导权也大都掌握在共产党人和国民党左派手里，为北京和北方地区国民革命运动的发展奠定了坚实的组织基础。

1925年1月11日至22日，中国共产党第四次全国代表大会在上海召开。大会全面总结了党成立以来，特别是国共两党建立统一战线一年来各方面的经验教训，明确提出了无产阶级领导权问题。大会指出："中国的民族革命运动，必须最革命的无产阶级有力的参加，并且取得领导的地位，才能够得到胜利。"[1]围绕争夺国民革命领导权的问题，中国共产党同国民党右派在北京的斗争更加激烈。

早在1923年，国民党右派分子谢持、邹鲁等便在北京组织了民治主义同志会，极力阻止国民党改组。1925年1月，以冯自由为首的国民党右派在北京组织海内外同志卫党同盟，提出排斥共产党的7项条款，内容包括：国民党中央执行委员会及各执行部之共产党职员，应一律撤换；派赴各省之国民会议宣传员属共产党籍者应一律撤换；以最短的时间召集国民党第二届全国代表大会在北京开会，共产党人不得当选为代表；各地党员去年提出的弹劾共产党各案，应由纯国民党员组织特别裁

---

[1] 中央档案馆编：《中共中央文件选集》(第一册)，中共中央党校出版社1989年版，第333页。

判委员会裁判之，等等。这个纲领一出笼，就立即遭到共产党人和国民党左派及孙中山的严厉批驳，海内外同志卫党同盟也很快垮台。

在孙中山病危期间，冯自由等人又暗中勾结军阀段祺瑞在北京成立国民党同志俱乐部。1925年3月8日，俱乐部召开成立大会，到会千余人，通过了反对共产党、破坏国共合作的章程。3月10日，国民党中央执行委员会在北京召开会议，李大钊、于树德在会上陈述了右派的危害，并提醒中央执行委员会：不能轻看国民党同志俱乐部，他们的成立大会竟有千余人参加；他们的纲领是违背孙中山提出的三大政策和国民党一大会议精神的，是分裂党破坏国共合作的。在李大钊等共产党人和国民党左派的坚持下，会议决定"登报否认该俱乐部为本党同志的组织，与本党毫无关系"。4月9日，国民党中央将冯自由、马素、江伟藩等3人开除出党，并通告全国各级党部。

5月23日，国民党第一届中央执行委员会第三次会议在广州召开，通过了《关于时局之训令》（以下简称《训令》）。《训令》郑重声明，为实现孙中山的遗教，推翻帝国主义及其军阀的反动统治，建设独立自由之国家，要严明党的组织纪律，严肃处理国民党右派破坏团结、制造分裂的行为。《训令》重申："冯自由、马素、江伟藩等于总理在世之日，竟敢与军阀及帝国主义者深相结纳，受其金钱，供其奔走，捏造蜚言，诬蔑本党；又在北京组织中国国民党同志俱乐部，冒借本党名义，以淆乱社会群众之视听，希图动摇本党之基础。似此显系违背党义，破坏纪律之反革命的行动，前经本党加以除名之处分，并否认所谓中国国民党同志俱乐部。"《训令》要求全党同志："切须认清本党革命之途径，努力前驱，勿受反革命者之所惑，而徘徊于歧路。至于曾被冯自由等假冒列名同志俱乐部之同志，即应速予声明否认；其被冯自由等以欺蒙手段而列名同志俱乐部之同志，更应迅速声明脱离；否则本党纪律所在，自当加以制裁也。"[①]《训令》的

[①] 荣孟源主编：《中国国民党历次代表大会及中央全会资料》（上），光明日报出版社1985年版，第92页。

通过与发表，挫败了国民党右派的又一次分裂图谋，巩固了北京和北方地区国共合作统一战线，也促进了全国国共合作统一战线的发展。在这次斗争中，中共北方组织做出了重要贡献。

随着革命形势的迅速发展，中国共产党的影响日益扩大，更加引起了国民党右派的恐惧和仇视。除了国民党老右派竭力反对共产党外，在国民党内又出现了反映资产阶级右翼政治要求的戴季陶主义。

戴季陶当时是国民党中央执行委员。在国民党一届三中全会上，他从反对共产主义出发，提出了"建立纯正的三民主义"的主张，要求制定国民党"最高原则"。1925年6月，戴季陶发表《孙文主义之哲学的基础》，7月又发表《国民革命与中国国民党》等小册子。在这些书中，戴季陶歪曲孙中山的新三民主义和联俄、联共、扶助农工三大政策的革命内容，夸大孙中山思想中的消极因素，攻击中国共产党和工农革命运动。借宣扬"三民主义"，反对共产主义；以鼓吹所谓"仁爱"，反对无产阶级的阶级斗争；主张共产党员加入国民党应该放弃共产主义思想，脱离共产党组织。

戴季陶从思想、政治、组织等方面提出一套反动谬论，为国民党右派破坏国共合作提供了新的理论依据，为蒋介石篡夺革命领导权做了舆论准备，对国民革命具有极大的破坏作用。中国共产党对戴季陶主义进行了严肃的批判，中共北方区委机关刊物《政治生活》也连续发表文章给予有力的批驳。

然而，国民党右派并不甘心失败，在北京不断制造事端。

1925年8月15日，在国民党北京特别市党部举行换届选举大会时，国民党右派指挥少数反动分子进行破坏，扰乱会场，大打出手，这些捣乱者后被赶出会场。当天下午，国民党右派在骑河楼大中公学开会，否认国民党北京特别市党部，并决议另组国民党市党部。不久，右派主导的北京市党部在南菜园成立，与国民党北京特别市党部对抗，后又企图强行占领国民党北京执行部。

10月25日，国民党右派头目林森、邹鲁等乘共产党员和国民党左派领导人在天安门举行国民大会之机，率领四五十人，手持铁棒、木棍，公然闯入翠花胡同8号（今27号）国民党北京执行部。他们冲进办公室，把持电话，翻箱倒柜，抢走执行部一方印章和若干簿册。由于在此之前，国民党北京执行部周围常有军阀政府的便衣侦探往来梭巡，中共北京地方组织和国民党左派对复杂形势早有准备，已将重要文件和资料妥善收藏、转移，右派的阴谋因此未能得逞。

10月26日，谢持、林森、邹鲁等国民党右派又率二三十人，气势汹汹地来到国民党北京执行部，声称要召开非常会议，实际是想再次制造事端。结果又因当时国民党左派正准备去新华门示威游行，在执行部门前聚集了许多民众，他们才没敢动手。与此同时，国民党右派还对北京的国民革命运动进行了种种破坏。

针对国民党右派的猖狂进攻，中共北京地方组织给予了有力的批驳和揭露。1925年10月30日，中共北方区委和共青团北方区委在《政治生活》第57期上联名发表《致中国国民党党员书》，强调指出：为了打倒帝国主义及其走狗反动军阀，"只有提醒广大的群众，参加政治生活和引导他们参加解放运动，只有组织工人、农民、学生和城市里各种民主主义的群众"力量参加战斗，并公开号召他们组织一个"联合的临时机关"指挥战斗，才能取得最后的胜利。这就需要共产党员与国民党员紧密团结、共同工作，"巩固我们对付压迫中国工人阶级与压迫中国民众的敌人的联合战线"，不能使国民党右派和帝国主义者破坏国共合作的目的得逞。《致中国国民党党员书》的发表，进一步表明了中共北京地方组织维护团结、反对分裂的坚定革命立场，表明了中国共产党与国民党右派破坏活动坚决斗争的鲜明态度。

1925年11月23日，国民党南北右派代表人物会集在北京西山碧云寺孙中山灵前，非法召开"国民党一届四中全会"。国民党中央执行委员和监察委员邹鲁、谢持、石瑛、林森、居正、张继、傅汝霖等10多人参加了会议，会议历时43天。因为这个会议是在北京西山召开的，所以亦称"西山会议"。

这次会议以反苏、"反共"、破坏国共合作为宗旨，公开反对孙中山的三大政策，否定广东国民政府，通过了《取消共产党在本党党籍案》《顾问鲍罗廷解雇案》《开除中央执行委员之共产派谭平山、李大钊、于树德等案》《取消政治委员会案》《总理逝世后关于反对共产派被开除者应分别恢复党籍案》《中央执行委员会京沪粤执行部中央执行委员派定案》等一系列反动议案。他们冒称中央全会,但当时国民党中央执行委员和监察委员共51人,到会者不足1/4。会后他们在上海设立国民党伪中央,策划反对孙中山制定的联俄、联共、扶助农工的三大政策,公开与帝国主义、封建军阀相勾结,破坏国民革命运动。

对于西山会议派的反革命行径,李大钊一针见血地指出:西山会议派就是国民党右派。他们是站在帝国主义和军阀政府的立场上,代表大地主、大买办资产阶级的利益,是反革命派。"西山会议"是他们的一次篡夺党权、革命领导权的阴谋,全党同志必须提高革命警惕,加强团结,不能使他们的目的实现。

1926年1月,在国民党召开的第二次全国代表大会上,共产党人团结国民党左派进一步揭露了西山会议派的分裂活动,大会决定开除谢持、邹鲁等人的党籍,彻底击垮了西山会议派的进攻。1927年1月,国民党北京特别市党部进行改选,在这次改选中,中共北方区委没有理会国民党二届二中全会通过的由蒋介石等提出的、旨在限制共产党的所谓《整理党务案》的规定,提出了"党权交给左派"的口号。李大钊领导北京地方党组织和左派联席会议在群众中进行了大量的教育和组织工作。在党部人选问题上,中共与国民党左派团体共同协商,统一工作步伐,结果在当选的市党部9个执行委员中,中共党员有4人,其余也几乎都是国民党左派。在17个区党部的51个执行委员中,中共党员有37人。

正是由于北京的共产党人始终坚持以斗争促团结,从而在组织上保证了党对联合战线的领导,使北方的国民革命运动沿着正确方向发展。

第四节　掀起空前规模的倒段反奉斗争

1924年冯玉祥发动北京政变之后，段祺瑞和奉系张作霖控制了北洋政府大权。他们加紧与帝国主义勾结，排挤冯玉祥的国民军，破坏国民会议运动，对抗南方革命政府，对民众实行更残酷的压榨统治。为了加强对北方地区革命斗争的领导，1925年10月，中共中央北京特别会议决定单独建立中共北京地委。新组建的中共北京地委在改组后的中共北方区委直接领导下，与南方轰轰烈烈的革命风暴相呼应，在北方掀起空前规模的倒段反奉斗争。

1925年下半年，在中共北方区委和北京地委的领导下，以北京为中心，北方广大地区兴起了"反对关税会议、要求关税自主"的运动。

所谓关税自主运动，实际上就是要求实现中国的关税自主权和海关行政管理权，取消帝国主义强加的一切不平等条约的运动。自1842年中英签订《南京条约》后，中国的关税和海关行政管理权就逐步被帝国主义所控制。由他们派人管理中国海关，制定税率，代收关税。这不仅损害中国国家主权、民族尊严，也严重影响中国民族工商业的发展。中国人民曾多次提出增加关税税率，要求实现关税自主。1925年五卅运动爆发，在中国人民怒潮的震撼下，帝国主义被迫改变手段，同意召开关税会议，企图用微不足道的加税办法，缓和五卅运动以来的反帝情绪，打消中国人民对关税自主的要求。

1925年8月10日，由美国公使照会北京段祺瑞执政府外交部，同意召开关税特别会议，但却无理要求以禁止中国的一切反帝言论、反帝团体活动及出版物的出版作为交换条件。8月19日，段祺瑞执政府向有关帝国主义国家发出邀请，定于10月26日在北京召开关税特别会议。这样的关税会议和人民要求的关税自主是完全背离的，遭到各地民众的坚决反对。

在中共北方区委指导下，北方地区的人民坚决抵制关税会议，主

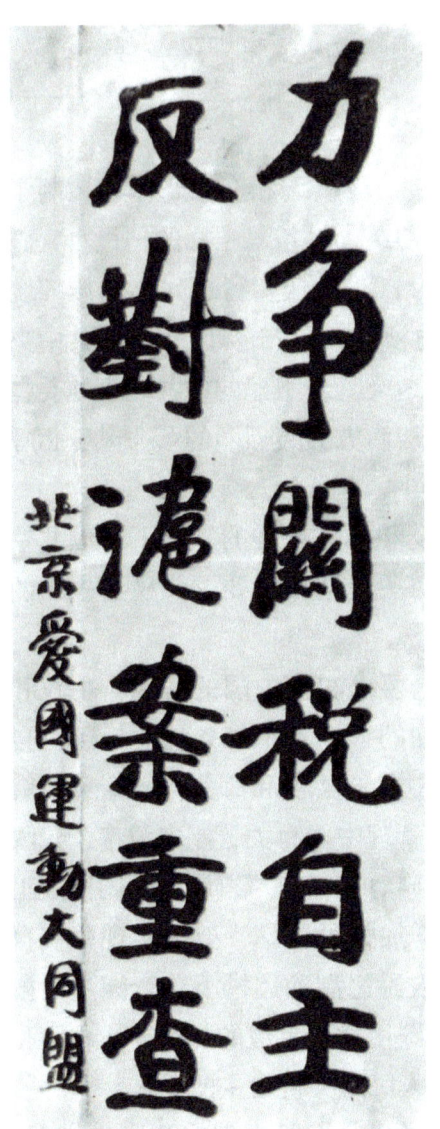

1925年10月，中共北方区委发起关税自主运动。图为北京爱国运动大同盟张贴的标语

张关税自主的革命声浪日甚一日。中共北方区委机关刊物《政治生活》连续发表文章，揭露帝国主义的侵略阴谋，引导民众认识关税会议的反动本质。在10月21日出版的《政治生活》第55期上，赵世炎著文指出："要想真能得到关税自主，只有民众以自己力量，实行革命以后，自己宣布关税自主。希望段政府能替办到关税自主，与希望段政府废除不平等条约，是同样的不可能。"[1]

10月25日，在李大钊的领导下，国共两党共同组织200多个团体3000多人，在天安门前召开反对关税会议、争取关税自主的群众大会。会后，集会群众由天安门出发，举行示威游行，沿途高呼"打倒帝国主义""取消不平等条约""反对关税会议""力主关税自主"等口号，还散发了大量传单。[2]

10月26日，段祺瑞执政府不顾全国人民反对，在北京召开关税特别会议。参加会议的有美国、英国、日本、意大利、芬兰、法

---

[1]《政治生活》第55期，1925年10月21日。
[2]《晨报》1925年10月26日。

国、比利时、葡萄牙、西班牙、挪威、瑞典、丹麦、中国等13个国家。段祺瑞到会致辞，乞求帝国主义的施舍。

当天，中共北方区委组织北京各界民众数万人，举行反对关税会议大示威。队伍行至新华门前，遭到武装警察的阻挡，并抢夺学生的旗帜。学生亦以旗杆、砖瓦英勇还击。双方激战半小时，学生受伤10余人。这次流血事件发生后，北京国民外交代表团、北京学生联合会等团体通电全国，斥责段祺瑞执政府镇压学生、群众的罪行，呼吁全国人民一致奋起反对与帝国主义妥协的关税会议。北京新闻界、各大学教授等也发起关税自主促成会，发表宣言，联络全国同行，力促关税自主。

11月19日，关税会议通过以裁撤厘金为条件的关税自主案。消息传出后，北京30多个团体发起在天安门前召开关税自主国民示威运动大会。22日，各集中点的群众冲破警察、保安队的封锁向天安门集中。在与警察的冲突中，北京大学教授马叙伦、于树德等60余人受伤被送进医院。在师范大学集结的队伍，刚出校门，也与警方发生冲突。当日，群众负伤百余人。下午3时，万余民众在天安门前集会，严厉谴责军阀政府残害民众运动，要求无条件收回关税自主权，解除一切关税条约。由于全国民众的反对，加上奉系军阀内部和冯玉祥国民军同奉系之间的战争相继爆发，特别关税会议以无任何结果而收场。

中共北方区委因势利导，把北京民众反对关税会议的斗争与倒段反奉运动紧密配合，汇成一股强大的革命洪流，向段祺瑞执政府和奉系军阀的反动统治发出有力冲击。

当时，冯玉祥已接受李大钊建议，到张家口就任西北边防督办，并在李大钊的安排下，同广州国民政府苏联总顾问鲍罗廷和苏联驻华大使加拉罕会谈，从苏联获得武器、弹药援助，积极扩充军力，对抗奉系张作霖。同奉系军阀存在着深刻矛盾的吴佩孚、孙传芳也利用人民的反奉情绪，于1925年10月发动了反奉战争。

10月，中共中央在北京召开执委扩大会议，分析五卅运动以来国民革命运动的形势,认为奉系军阀是最危险的反革命力量,应当利用国内各派军队之间的矛盾,建立革命的民主政权。10月20日,中共中央、共青团中央发表《对反奉战争宣言》,号召爱国的民众"应该站在反奉运动之主体的地位,组织人民自卫军,积极参加战争"。李大钊秘密与奉系将领郭松龄联系,促郭联冯倒奉。11月22日,郭松龄在滦州通电倒戈反奉。25日,冯玉祥致书张作霖,促其下野。

中共北方区委和李大钊分析了当时北方错综复杂的政局变化形势,在领导反对关税会议的斗争中,先后发表中共北方区委《双十节敬告工农学生军士》和中共北方区委、共青团北方区委《致中国国民党员书》,提出要"集中民众的力量,打倒南方和北方一切黑暗势力,建立革命民主政权",号召"民众在关税自主运动中,更不要忽略了民主政权的斗争"①。

这时又传来国民军要换防的消息,中共北方区委认为,可以利用国民军中的中共党员张兆丰率部入北京市区接防之机,联合国民党左派,组织发动北京革命群众,进行一次推翻段祺瑞政权的尝试。于是决定成立由赵世炎、陈乔年、邓鹤皋、陈为人等人组成的行动委员会,赵世炎任总指挥负责拟订行动计划。参加这次行动的民众分别组成工人保卫队、学生敢死队、农民自卫队、医疗救护队,各队按军队的编队秘密进行训练。

郭松龄在滦州倒戈反奉后,张作霖自顾不暇,无力支持段祺瑞,这正是一个大好时机。中共北方区委遂决定11月28日开始行动,并向各区分指挥部做了部署,确定了各自的任务和攻击目标,准备夺取段祺瑞执政府的各个要害部门,打乱段政府的指挥系统,迫使段祺瑞下台。此计划一经成功,立即召开群众大会,宣布成立北京临时国民政府和临时政府委员会,并拟定推举国民党左派徐谦为临时政府主席。

正当倒段行动即将发动之时,国民军突然改变换防计划,北京防

---

① 《政治生活》第54期,1925年10月7日。

务仍由鹿钟麟负责。11月27日，国共两党派中共党员、国民党中央执行委员于树德和北京大学教授朱家骅到鹿钟麟处联系，获得段氏卫队"必不致开枪"的承诺。此时冯玉祥虽同情国民革命，但还缺乏推翻段祺瑞执政府的决心。他27日致电鹿钟麟并派专人来，要鹿钟麟支持段祺瑞执政府。28日晨，国民党右派首领林森、邹鲁等人前往鹿钟麟处，造谣说此次运动纯系共产党指挥，共产党即刻要在北京成立工农政府，赤化中国，不可不严加预防，等等。28日上午，国共两党得知国民军的态度发生变化，再次派人到鹿处，表示"我们的运动是一定要做的"。

11月28日上午11时，一场群众性的夺取段祺瑞政权、推翻军阀政府的革命斗争在北京爆发了。北京各大中院校散发传单号召广大民众于当天下午到神武门前召开国民大会，学生敢死队、工人保卫队手持木棒向事先确定的目标发起进攻，很快占领了警察厅，并散发了大量写有"民众武装起来，团结暴动"的传单，革命气氛高涨。

下午2时，国民党、共产党和各革命团体、市民、学生、工人约5万余人齐集神武门前，参加国民大会。神武门对面的太和门前高高竖起"司令"大旗，两旁各挂一面大彩旗，分别写有"打倒军阀政府""建设国民政府"的字样。大会临时推举朱家骅为现场总指挥兼大会主席，刘清扬、于树德为副总指挥，学生敢死队负责维持秩序。参加会议的市民、学生等手持国民党党旗或写有"打倒卖国贼""扫除安福余孽""民众大暴动"的旗子，旗杆均为尖头木棒制成，可以做自卫的武器。朱家骅宣布大会宗旨和行动的目的是"打倒卖国政府，建设国民政府"①。大会发布宣言："中华民族为求民族的生存，民权的实现，民生的畅遂。推倒满清帝制，辛亥革命经十四年，外来的帝国主义者与帝制余孽之军阀，横断我发展之前途，历经袁、黎、徐、曹至段祺瑞而益厉，今我国民完全觉悟，必须以国民自己的能力

---

① 《益世报》（北京）1925年11月29日。

建设国家,始能达到共和之目的。"①会后,朱家骅宣布:现在出发,赴执政府,即迫段祺瑞下野。

集会群众按照总指挥的命令整队出发,队伍依次为总司令旗、总指挥团、学生军、工人保卫队、各校学生、各团体、市民,最后是救护队。骑自行车的交通队,来回传送信息。200名敢死队队员,手持尖头木棒,排列在群众队伍的两旁。以北京大学、中国大学为主的学生军,身着军服,头戴军帽,甚是威武。由各工厂组成的工人保卫队,臂缠红布,队伍整齐。以医科大学学生为主组成的救护队,携带药品、担架等物走在队伍的后面,时刻准备临时救护。整个游行队伍由神武门出发,一路高呼"废除一切不平等条约""无条件收回关税自主权""释放一切反帝国主义运动的被捕战士""召集真正代表国民的国民会议""建设民众政府""打倒一切帝国主义"等口号,直奔铁狮子胡同段祺瑞执政府。

游行队伍沿途散发了《中共北方区委宣言》《中国国民党政治委员会北京分会宣言》《北京总工会宣言》等几十种传单。因国民军态度转变,段祺瑞预有准备,执政府大门紧闭,戒备森严。经交涉得知段此时不在执政府,示威群众即高呼口号,前往吉兆胡同段祺瑞私宅。这里同样大门紧闭,军警林立。经多次交涉均遭拒绝,民众怒不可遏,拥向铁栅栏门要冲入段宅,一部分群众登上了段宅周围的民房,有的绕到段宅后门。为了避免同军队正面冲突,指挥部遂决定在段宅门前开群众大会,要求段祺瑞必须于29日12时前辞职。

11月29日上午10时,在中共北方区委的领导下,各团体于北京大学三院召开活动分子大会,研究部署了下一步的行动。下午,数万群众聚集天安门前召开国民革命示威运动大会。会场搭一座高台,上悬大会会标和写有"推倒军阀政府,建设国民政府"的字幅。台前还悬有段祺瑞的十大罪状。台下前排是手持尖头木棒的敢死队。下午2时,大会主席朱家骅宣布开会宗旨:"昨日之运动,即我等之革命

---

① 《京报》1925年11月29日。

运动，今日之国民大会即是国民共同讨论我国之一切问题。"①接着陈启修、顾孟余、马寅初、王一飞、赵世炎及上海工会代表在会上发表演说。最后，大会通过解除段祺瑞一切权力，由国民裁判；解散关税会议，宣布关税自主；组织国民政府临时委员会，召集国民会议；惩办卖国贼等7项会议决案，并通电全国。行动委员会试图发动武装起义，推翻段祺瑞执政府的统治，但由于承诺支持群众革命行动的国民军将领改变态度等原因，斗争最终失败。这次运动史称"首都革命"。

这次民众倒段示威行动，是自五四运动以来在北京发生的大规模群众性革命运动，但没有达到夺取段祺瑞政权、建立国民政府的目的。担任这次民众示威行动总指挥的中共北京地委书记赵世炎事后分析失败的原因：一是革命的时机尚不成熟；二是群众组织尚不完备；三是国民党右派对群众运动的背叛。②除此之外，就是冯玉祥的国民军背弃了与民众合作的诺言，使运动没有得到军队的支持。

北京民众于北伐战争前夕，开展大规模推翻段祺瑞政权、建立国民政府的斗争，是中国共产党力图依靠人民群众进行城市暴动，推翻封建军阀统治，夺取政权而进行的一次尝试。③许多共产党员站在运动的前列，积极组织和领导群众同段祺瑞执政府进行坚决的斗争。这次革命行动虽然失败了，但对反动军阀是一次沉重的打击，削弱了军阀势力对广东革命政府的压力，显示了群众的力量；同时，极大地鼓舞了全国革命群众的斗争热情，推动了革命运动的发展。

在北京民众革命运动的影响下，上海、开封、汉口、广州、长沙、南京等许多城市的市民都先后举行示威游行，响应"北京的暴动"，要求建立像广州那样的革命政府。④中共中央对这次运动给予很

---

① 《政治生活》第59期，1925年12月1日。
② 《政治生活》第59期，1925年12月1日。
③ 中共中央党史研究室：《中国共产党历史》第一卷（1921—1949）上册，中共党史出版社2011年版，第144页。
④ 魏琴：《北京十一月二十九、三十两日示威运动的意义》，《向导》第139期，1925年12月12日。

高的评价，认为"最近北京连日的民众示威暴动，已是人民夺取政权之起点"，并号召全国革命的民众团结起来，为"推倒安福卖国政府，建立全国统一的国民政府"而奋斗。①

1925年11月，正当北京民众发动"首都革命"之时，李大钊和国民党左派促使冯玉祥与奉系军阀将领郭松龄携手反奉，向关外进军，奉军节节败退，起义军直攻到奉系老巢沈阳城下，张作霖已经"准备逃亡"。冯玉祥的国民军也击败奉系张宗昌、李景林的军队而占领了天津和河北全省。

奉军的失败，使日本帝国主义坐卧不安，露出了穷凶极恶的面目，公然出兵我国东北帮助张作霖。12月，倒戈反奉的郭松龄兵败被俘，遭张作霖枪杀。为此，中共北方区委发表《告全国民众书》，揭露日本帝国主义出兵帮助张作霖杀死郭松龄的目的是要"利用张作霖的势力占据北满的中东路，使东三省全土都入其势力范围"，然后向南"入关内，占领京津"，侵入华北，打败国民军，消灭民众的革命势力。②与此同时，英帝国主义也与日本勾结起来，以大批军械援助吴佩孚从南面攻打国民军。

帝国主义这种肆无忌惮的侵略行为，激起了中国人民的极大愤怒。中共北方区委领导北京人民于1925年12月31日、1926年1月14日和31日，在天安门连续举行了3次大规模的、每次均有数万群众参加的"反日讨张"国民示威大会，支持国民军南反直系吴佩孚、北抗奉系张作霖。1926年2月27日，天安门前又举行了4万多人参加的"反英讨吴"的国民大会。瞿秋白在这次大会上发表了演说。

经过这些运动，北京的广大革命群众团结起来，对帝国主义及其走狗军阀同仇敌忾。而帝国主义和段祺瑞军阀政权，也就对革命人民更加仇恨和恐惧。

3月12日，日本派遣军舰公然掩护奉军舰队进攻天津大沽口，驻

---

① 中央档案馆编：《中共中央文件选集》（第一册），中共中央党校出版社1989年版，第529页。

② 郭德宏、张明林：《李大钊传》，红旗出版社2016年版，第282页。

守炮台的国民军以旗语令其停止，但日舰置之不理加速前进，国民军遂发空炮警告。蓄意挑起事端的日本军舰，竟炮轰大沽口炮台，国民军被迫开炮还击。当晚，中国守军向日本驻津领事提出抗议，而日本却颠倒黑白，狡称国民军先向日舰开炮。13日，日本公使为大沽口事件提出"抗议书"。16日，日本纠合英、美、法等8国公使向北洋政府发出最后通牒，以维护《辛丑条约》为名，向中国政府提出"对外国船舶不加任何干涉"等5项要求，限48小时内答复。与此同时，各帝国主义国家的20余艘军舰也云集大沽口，陈兵海上，以武力进行威胁。段祺瑞执政府对帝国主义的侵略和威胁，不但没有采取措施还击，反而屈服于8国通牒，声称中国政府遵守《辛丑条约》，对于大沽口事件及各国的要求，政府"正在竭力设法，消弭此项障碍"，恢复天津大沽口之交通。

帝国主义这种蛮横的挑衅行动，进一步激起了中国人民的无比愤怒。当时的北京，更是舆论沸腾，群情激愤。在中共北方区委的领导下，1926年3月14日，北京各界民众数万人召开"北京国民反日侵略直隶大会"，对日舰炮击大沽口炮台提出严重抗议，一致要求政府出兵抗日，号召各界民众抵制日货。"打倒日本帝国主义"的怒吼声震撼了每个人的心。

16日下午，李大钊指示中共北京地委召集活动分子会议。会议由地委书记刘伯庄主持，陈乔年、陈为人、邓鹤皋、陈毅等100余人到会。李大钊在会上指出，英、日、法、美等8国以维护《辛丑条约》为名，向中国政府提出最后通牒，是第二个"八国联军"。我们党目前的任务就是要联合国民党左派行动起来，组织大规模的抗议斗争。

18日清晨，中共北方区委和北京地委在李大钊的主持下召开紧急会议，分析了近日来群众的革命斗争情绪和段祺瑞执政府对8国通牒的态度，对当日天安门前的国民大会及会后的游行示威进行了具体安排。会后，李大钊、赵世炎、陈乔年等领导成员都去参加天安门前召开的国民大会和会后游行示威。

上午10时，北京大学、师范大学、中俄大学、清华大学、燕京大学、女子师范大学、中国大学、朝阳大学、中法大学、志成中学、清明中学、汇文中学、北平艺专等80余所大中学校的学生和北京总工会、京绥铁路总工会西直门车站分会、济难会、非基督教大同盟、北京学生总会、留日归国团、广东外交代表团、四川外交代表团、国民会议促成会等数十个团体的1万余人来到天安门前参加国民大会。会场搭有一个简易的主席台，主席台的周围挂有"废除不平等条约""驳复列强通牒""驱逐署名最后通牒的各国公使"等标语。台前竖有各团体、各学校百余面大旗。

10时许，大会开始。王一飞、陈资一、陈日新为总指挥，主席团有徐谦、顾孟余、陈启修、黄昌谷、丁惟汾、李大钊和学生会代表共8人。徐谦首先报告开会宗旨，顾孟余接着演说，指出：帝国主义向来都是与中国的反动势力互相勾结压迫中国人民，这次大沽口事件即是帝国主义与奉系张作霖勾结，所以对付帝国主义之方法，亦是团结全国各界人民，促成中国的革命运动，发展革命势力。随后，师大代表辛焕文、留日归国团代表赵晋三、广东外交代表团王一飞发表演说，报告17日向国务院和外交部请愿经过及政府卫队打伤代表的惨状，并宣读了受重伤不能到会的杨伯伦致信。杨在信中说："我为革命死，死亦无憾，望大家继续努力。"①台下群众听后高呼口号："坚持到底，誓死不屈。"会后，由2000多人组成的请愿团，由天安门出发，经东长安街、东单、米市大街、东四向铁狮子胡同段祺瑞执政府进发，一路高呼"打倒帝国主义""驳回八国无理通牒""废除《辛丑条约》"等口号，并散发了大量传单。

下午1点多，游行请愿队伍到达铁狮子胡同，在段祺瑞执政府大门前的空场上，群众高呼"打倒帝国主义""驱逐八国公使"等口号，并派代表进入国务院交涉。因政府内无人接见，游行队伍准备出发去吉兆胡同段祺瑞家。突然，卫队开枪并开始攻击，致使47人被

---

① 江长仁：《三一八惨案资料汇编》，北京出版社1985年版，第93页。

打死，199人受伤，60余人失踪。这就是历史上著名的三一八惨案，鲁迅称这一天是"民国以来最黑暗的一天"。

18日下午，李大钊在中共北方区委机关主持紧急会议，议决通电全国揭露三一八惨案真相，组织召开追悼会等活动，造成强大社会舆论，进一步揭露段祺瑞执政府的反动卖国本质。从19日起，北京各报纷纷发表文章，抨击段祺瑞执政府残杀民众的罪行。20日，中共中央发表《告全国民众书》，号召全国各界人民，不论原来持何种政见，现在都应团结起来，打倒惨杀爱国同胞的段祺瑞！肃清一切卖国军阀！取消《辛丑条约》，以雪最后通牒之耻。①

23日下午，中共北方区委、北京地委，共青团北方区委、北京地委，国民党北京特别市党部以及北京各大中学校，各群众团体数千人，在北京大学三院举行全市民众追悼烈士大会。大会主席陈毅愤怒谴责段祺瑞执政府屠杀爱国同胞的罪行，阐述了本次追悼大会的意义。死者家属和亲友、同学介绍了烈士的生前事迹，京报社社长邵飘萍发表了演说。

三一八惨案后，经李大钊和驻国民军苏俄顾问团劝说，国民军总部发出电令，召回在三一八运动中采取"不介入"态度的北京卫戍司令李鸣钟，任命国民军天津前线总指挥鹿钟麟为北京卫戍司令。鹿钟麟回师北京后，于4月9日解散了屠杀学生的段祺瑞卫队，为爱国青年伸张了正义。段祺瑞闻风逃跑，执政府宣告瓦解。4月10日，鹿钟麟通电全国，怒斥执政府制造三一八惨案，声讨段祺瑞的卖国罪行。4月20日，段祺瑞被迫通电下野。

至此，称霸一时的段祺瑞执政府灰飞烟灭。

三一八运动虽然被反动军阀镇压下去了，但正是由于北京民众英勇壮烈的倒段反奉斗争，将封建军阀的反动本质暴露无遗，使段祺瑞执政府的合法性资源丧失殆尽，使随后进行的国民革命军北伐占据了政治道义上的更大优势。

---

① 《向导》第147期，1926年3月27日。

第五节　发动北方民众策应和支援北伐

在准备北伐和北伐期间，李大钊和中共北方区委除派遣近400名干部到国民军工作外，还向南方和北方一些省区派出干部共300余人。这些干部在军事、农运等各条战线上锻炼成长，成为党的宝贵财富，成为党开辟各项革命工作的骨干力量。

1926年2月，中共中央北京特别会议要求各地党组织特别是北方各省、市，不能坐等北伐，而要积极做好迎接北伐的各项准备工作。根据中共中央北京特别会议的决定和形势发展的需要，1926年5月1日至12日，第三次全国劳动大会在广州召开，出席大会的代表502人，代表全国699个工人团体和124.1万余名有组织的工人。大会明确规定了工人阶级目前的任务是支援广州国民政府的北伐。大会通过的《中国职工运动总策略决议案》指出："工人阶级在国民政府之下，已获得相当之自由。工人阶级为保持他们已获得的自由，就必须巩固国民政府，而且全国工人都必须赞助国民政府北伐。"① 大会通过的《关于全国政治状况与社会状况报告的决议》指出："目前我们工农阶级的任务是巩固和扩大自己的组织，以全力拥护广州政府，扶助广州政府北伐。"② 第三次全国劳动大会总结了工人运动的经验和教训，制定了北伐战争形势下发展工人运动的方针和策略，为发动和组织工人阶级参加北伐、支援北伐，做了战前动员。

1926年7月9日，国民革命军在广州誓师北伐。7月25日，中华全国总工会发表《对国民政府出师宣言》，指出："广东的民众应一致努力援助国民革命军北伐，以防御帝国主义者反赤军的势力侵入广东，蹂躏各界民众。北方的民众尤应联合一致，集中各界民众的力量

---

① 中华全国总工会中国工人运动史研究室：《中国工会历次代表大会文献》第1卷，工人出版社1984年版，第106页。
② 中华全国总工会中国工人运动史研究室：《中国工会历次代表大会文献》第1卷，工人出版社1984年版，第131页。

赞助国民革命军，努力奋斗，扰乱反赤军后防，使国民革命军得到胜利，拥护中国革命根据地广东，发展中国的革命势力，进行自己的解放运动。"①北伐战争的胜利进军，极大地震撼了北洋军阀的统治。北洋军阀加强了对其统治区，特别是对华北、东北地区的控制和对国民革命军占领区的进攻，严密防范和镇压工人运动。

在中共北方区委和李大钊的领导、影响下，北方广大工人、农民，有组织地开展了反对封建军阀的政治、经济斗争，对牵制军阀部队、配合北伐起了重要作用。当北伐战争向北方地区发展时，在山东，胶济铁路工会通告全路各站工会经常做损坏机车零件等破坏工作，以配合北伐军；在天津，中共天津地委领导了北洋纱厂罢工斗争和铁路工人、印刷工人的索薪斗争，并成立天津城市工人俱乐部，召开天津总工会代表大会；在山西，榆次晋华纱厂党支部领导全体工人大罢工，罢工坚持了40天，是山西工人运动史上规模最大、坚持时间最长、影响深远的一次政治性大罢工，给予军阀阎锡山以极大震慑。在东北、西北，油业工人、印刷工人、煤矿工人、搬运工人等组织了罢工活动，积极响应国民革命军北伐。

1926年春夏，陈毅等人受中共北方区委和国民党北京特别市党部的派遣，分别赴四川、广东、河北、河南等地，组织农民起义和农民武装。

9月，李大钊派从广州农民运动讲习所学习回来的共产党员张明远和在开滦煤矿从事工人运动的共产党员杨春林，以农民运动特派员的身份，到冀东玉田县开展农民运动，恢复被迫停止活动的共产党组织。10月，成立了中共玉田县特支，张明远任书记，隶属于中共北方区委。1927年1月，张明远向中共北方区委汇报工作，李大钊对中共玉田特支的工作予以表扬，并批准建立玉田县委，指定张明远任中共玉田县县委书记。同月，中共北方区委派出特派员领导冀东农民开

---

① 《中国工会历史文献》（第一册），工人出版社1981年版，第267页。

展反对奉系军阀"旗地变民"①的斗争,涉及七八个县,持续了数月。中共北方区委派往直隶各地农村的共产党员,还在沧县、献县、故城县、庆云县、盐城县、磁县以及张家口郊区等地建立了共产党组织。

与此同时,李大钊领导北京党组织积极改造红枪会、天门会等农民自卫武装团体。

北方的河南、山东、河北、山西、陕西等省的广大农民,由于不堪忍受军阀和兵匪的压榨与骚扰,自发地组织起武装团体红枪会、天门会、白戟会等等。其中影响最大的是红枪会和天门会。红枪会分布于河南、山东、陕西的广大农村,没有统一的组织领导,各地会员人数达数十万之众。天门会的最盛时期是1926年至1927年,有会员20余万,主要分布在河南、河北和山西的30余个县。红枪会等组织,是一个农民原始自卫的自发武装组织。他们反对洋人,反对军阀,但内部人员复杂,派系繁多,组织性纪律性差,且封建迷信色彩浓重,富有破坏性而少有建设性,有的甚至被军阀和土豪劣绅所利用。但这股势力如能加以正确引导,也可以成为对革命事业有益的力量。

1926年7月,中共中央扩大执行委员会会议通过的《对于红枪会运动议决案》指出,"红枪会是军阀政治下的产物","虽然这种组织在发展以后,混入了一些游民分子参加在内,或是有些地方他的指导权落在土豪劣绅手上,然而绝不能说他纯是土匪的组织","我们必须努力引导这个力量,并要努力使这个力量不为军阀土豪利用"②。

李大钊对红枪会运动做了深入的调查研究,在1926年8月8日出版的《政治生活》第80、81期合刊上发表了《鲁豫陕等省的红枪会》一文。他精辟地分析了红枪会运动的起因和组织特点,以大量调

---

① "旗地"是清朝初年满族八旗军队用跑马圈占的方式霸占的农民土地。北洋军阀统治时期继续留置"旗地",把旗租改为官租。1926年,奉系军阀掌握北洋政府大权后,为支付连年混战的军费,强迫农民以高价买回"旗地",借"旗地变民"之名向农民敲诈勒索。

② 中央档案馆编:《中共中央文件选集》(第二册),中共中央党校出版社1989年版,第216页。

查的事实证明"概括的说起来，红枪会确是一种武装自卫的农民团体"，"是代表农民利益为防备兵匪，反抗苛捐杂税而组织的"。他号召"农村中觉悟的青年们，乡下的小学教师们，知识分子们，以及到田间去的农民运动者，你们应该赶快的加入红枪会的群众里去，开发他们，辅助他们，把现在中国农民困苦的原因和红枪会发生的必要，解释给他们听。让他们很明了的知道农民阶级在国民革命运动中的地位和责任；很明了的认识出来谁是他们的仇敌和朋友；很明了的了解红枪会的性质及其应走的道路"，从而"变旧式的红枪会而为堂堂正正的现代的武装农民自卫团，变旧式的乡村的贵族的青苗会而为新式的乡村的民主的农民协会"。只有这样，才能真正地达到"抵制暴官污吏，打倒土豪劣绅的目的"[①]。

根据李大钊的意见，中共北方区委选派党团员和农运骨干到农村去，对红枪会等组织进行工作，加强对他们的教育，指导他们联合起来，共同反对军阀的压迫，牵制了封建军阀的一部分力量。李大钊还两次亲临河南，指导改造红枪会的工作。在北伐战争中，红枪会破坏敌人交通，袭击奉军后方，有时直接参加战斗，有力地支援了北伐军作战和冯玉祥国民军的东进。

此外，李大钊还从斗争策略上积极指导各地响应北伐。

在河南：1926年7月，李大钊派彭泽湘到河南，说服张伯英成立河南自卫军，利用张伯英是辛亥革命元老的影响，提出"河南人不打河南人、河南是河南人的河南"等口号，积极响应北伐，使得吴佩孚在河南的部队被分化，坐视其在武昌的部队被歼而不能相助。

在江苏：李大钊请杨度[②]去说服张宗昌"拒杨驱孙"。杨度的特

[①]《李大钊全集》第五卷，人民出版社2006年版，第129、132—133页。
[②] 杨度（1875—1931），湖南湘潭人。早年赴日本留学，曾主张实行君主立宪。辛亥革命后，追随袁世凯，为袁世凯复辟帝制大造舆论，并与严复等人发起组织筹安会，被推为会长。1922年起，拥护孙中山提出的联俄、联共、扶助农工三大政策。1924年第一次国共合作期间结识李大钊，并参加反帝大同盟活动。1926年被聘为直鲁联军总参议。1928年由周恩来介绍加入中国共产党。1931年逝世。

别身份，使张宗昌为了个人利益，接受这一方案。拒绝杨宇霆入江苏，而且率部驱孙传芳部出江苏，导致奉系内讧，相互牵制。北伐军在江西得以避免与孙传芳、张宗昌同时作战。

在山西：李大钊提出"联阎抗奉"策略做阎锡山的工作。山西的阎锡山，既不想得罪张作霖，又不想让出绥远，也不想得罪国民革命政府和国民革命军，被张作霖推为"安国军"副总司令后，也不宣誓就职。这说明阎锡山有可争取的一面。李大钊决定做争取阎锡山的工作。阎锡山也派出代表与李大钊联系。李大钊在给中央的报告中提出"联阎抗奉""合陕甘晋绥四省打成一片（不侵犯阎的地盘），自能形成一种伟大的力量"。后来阎锡山于1927年4月5日以18个师的兵力就任国民革命军第3集团军总司令，为北伐军增加了力量。

在内蒙古：在李大钊指导下，内蒙古国民革命军建立。1926年10月18日，李大钊拟定了《北方对于三特区（内蒙）及西北军中工作的意见》。10月27日，建立了内蒙古军事政治学校，委派共产党员王秉章为校长。

在陕西、甘肃：李大钊建立陕甘区委，加强对军事工作的领导。1927年1月，李大钊为加强党对军事工作的领导，在西安建立中共陕甘区委，书记为耿炳光，委员为魏野畴、李子洲、王梦简、刘含初、刘天章，并提出在军队中建立党支部，重大军事问题要经区委决定的原则。

北伐开始时，国民革命军仅10余万人，但由于得到了中共组织发动的民众的热烈支持和北方的全力策应配合，1926年5月至9月，分别攻占通城、长沙、公安，向湖北挺进；10月，分别攻占武昌、广水、黄石港，转向河南、江西；11月，在江西战场上攻占南昌；12月不战而下福州。1927年2月，进占杭州；3月相继占领安庆、南京，并开进上海，从而占领长江以南的广大地区。

北伐战争之所以能在如此短的时间内取得如此巨大的成功，是国共两党合作结出的硕果。在此过程中，北京党组织领导发动北方民众对北伐战争的支援与策应所发挥的重要作用，应予以客观全面地评价和充分地肯定。

第六节　以伟大奋斗精神直面革命低潮

　　1926年三一八惨案发生后，直系军阀吴佩孚由反奉转而同奉系勾结，直奉联军占领津、京，国民军被迫退守南口、张家口一线，随后又败退西北。奉系军阀占据北京后，把镇压共产党作为首要任务，张贴"宣传赤化，主张共产，不分主从，一律死刑"的告示，并以"假借共产学说，啸聚群众，屡肇事端"等罪名，下令通缉李大钊等共产党人及许多国民党左派人士。在直奉军阀的残暴统治下，北方的革命形势转入低潮，白色恐怖笼罩北京乃至整个北方。

　　1926年3月底，为了避免遭受敌人迫害，在共产国际的帮助下，中共北方区委、北京地委、国民党北京特别市党部迁入东交民巷苏联大使馆西院的旧兵营内，继续领导北方人民的革命斗争。

　　4月，奉系军阀张作霖的军队开进北京，白色恐怖更加严重。4月26日，奉系军阀以"宣传赤化"罪名查封京报馆，逮捕并枪杀了该社社长邵飘萍。8月6日，《社会日报》主笔林白水因文章触犯张宗昌，也被扣上"宣传赤化"的罪名而惨遭杀害。

　　面对越来越险恶的形势，中共北方区委大批干部被派往南方参加北伐的工作，一些国民党北方负责人也纷纷弃职离京。9月，党中央写信给北方区委，要李大钊和罗章龙前往武汉，党内外许多同志和朋友也劝李大钊暂时离开北京。李大钊却总说："我不能走，我走了，北京的事谁来做？"所以，他安排罗章龙去武汉，自己带着部分同志和一家老小留守北京。后来，李大钊曾对夫人赵纫兰说："要知道现在是什么时候，这里的工作是这样的重要，哪里能离开呢？"在革命的危急关头，李大钊把危险留给自己，把安全让给同志，以对革命负责到底的大无畏精神，坚守岗位，坚持开展党的工作。

　　李大钊的表姑曾经问他："你们老搞这事，也不怕吗？人家那样厉害，兵权在手，今日赶，明日捉，把你们从这儿赶到那儿，你们不是自讨苦吃吗？"李大钊答道："他们就好比是一堵墙，我们捣来捣去，总会把这堵墙给捣垮的。"又说："怕什么！早晚我们是要胜利的。我们的主义，就像庄稼人的种子一样，到处都撒遍了，他们是破坏不了的。他们破坏了这儿，还有那儿长起来，没有关系。"①

国共两党北方领导机关秘密迁移后，许多军阀密探和帝国主义间谍千方百计地进行侦察。敌人的严密监视，使国共两党北方领导机关的活动受到很大限制。苏联大使馆门口总是停放着几辆洋车，一些密探伪装成洋车工人，大使馆有人出来就被跟踪，直至逮捕。尽管如此，仍有一些革命者化了装，躲过密探们的监视前往苏联大使馆请示汇报工作。一些进步青年以至大学教授也经常前来求教。

奉系军阀通过各种渠道，包括法、日驻华公使提供的情况，确认国共两党领导机关迁入东交民巷以后，张作霖即特派京师警察厅侦缉队监视苏联大使馆，派暗探化装打入内部，侦察各重要领导人所住房间号码，绘制成图。

1927年春，在帝国主义和国内反动势力的策划与煽动下，张作霖和蒋介石之间"南北妥协""共同反赤"的倾向日趋明显。军事连连受挫、已陷于不利处境的张作霖，主动向蒋介石"暗送秋波"，谋求妥协，发表宣言称："余之起兵非仇抗任何党派，而专为消灭过激主义，舍过激主义，皆有商量余地。"②蒋介石对张作霖的声明自然心领神会，立即桴鼓相应，密派李石曾等与奉系张作霖的代表梁士诒、孙宝琦、杨宇霆等人具体密商"南北合作"问题。③新旧军阀在反共的目标下达成妥协，开始分头对南北两地的共产党人和革命群众实行血腥镇压。

1927年4月6日，天清气朗。一早起来，李大钊夫人赵纫兰带着女儿炎华去兵营空场上散步，女儿星华坐在外间长椅上看报，李大钊在里屋伏案工作。

此时，张作霖在得到帝国主义与驻华公使团的默许和支持后，派

---

① 王洁：《李大钊北京十年：事件篇》，中央编译出版社2012年版，第334—335页。
② 《向导》第188期，1927年2月16日。
③ 《向导》第192期，1927年3月18日。

出军警、便衣侦探200多人，把东交民巷东、西、北三方围堵起来，不顾外交惯例和国际公法，强行进入大使馆界内，袭击了苏联大使馆西院以及附近的远东银行、中东铁路办事处、庚子赔款委员会等，逮捕了李大钊、范鸿劼和国民党左派邓文辉等共80余人，同时搜去国共两党的大批文件。

女儿李星华后来在回忆录里清晰记录了父亲被捕时的情景：

> "不要放走一个！"粗暴的吼声在窗外响起来，喊声未落，穿着灰制服、长筒皮靴的宪兵们，穿便衣的侦探和穿黑制服的警察就蜂拥而入，一瞬间挤满了这座小屋子……一个坏蛋立刻冲到跟前把父亲的手枪夺过去了。[1]

事件发生前，杨度从北洋政府官员汪大燮口中得知张作霖已决定包围苏联大使馆兵营，逮捕中共地下党员的消息。杨度通知国民党北京特别支部书记胡鄂公，要他转告中共组织立即撤离险境。由于当时有人不相信张作霖敢冒违反外交惯例和国际公法的风险去侵犯外国使馆，推迟了撤退时间，致使李大钊等不幸被捕。这次事件，是中国共产党建立以后、第一次国共合作期间党所受到的最为严重的损失。国共两党北方组织遭受了极大的破坏。

李大钊被军阀张作霖逮捕后，激起了北京及全国人民的极大愤慨，北京的广大工人及教育界、新闻界一致奋起营救，坚决要求政府无条件释放李大钊等人。4月9日，北京大学、师范大学等9校校长召开会议，商讨营救办法，公推北京大学校长余文灿、师范大学校长张贻惠为代表，于10日走访张学良，提出5点要求，其中有"李大钊系属文人，请交法庭依法审讯"[2]。12日，北京25所大学的校长又开会讨论营救办法，决定发表书面声明，要求将李大钊案移交法庭办

---

[1] 王洁：《李大钊北京十年：事件篇》，中央编译出版社2012年版，第336页。
[2] 《晨报》1927年4月11日。

理。①杨度利用曾在北洋政府任职的条件，会同梁士诒、罗文干于4月10日向张作霖提出"请将此案移交法庭裁判，依法办理……以彰公允"②的建议。章士钊也为营救李大钊前往张作霖的亲信杨宇霆处商讨办法。北方国民军为李大钊被捕向奉系军阀发出电报，提出警告。苏联政府向北京政府提出了严重抗议，并召回驻京代办，断绝外交关系。

　　李大钊是我国工人运动的先驱，北方工人运动特别是铁路工人运动是在他亲自关心和直接领导下开展起来的。因此，当北方铁路工人知道他被捕的消息后，提出了劫狱的计划，并组织了劫狱队。这个计划通过党组织传到狱中后，李大钊不愿工人同志做无益的牺牲，使革命力量再遭受损失，因此不同意这个行动。他认为，营救计划完全没有实现的可能，"不能再要同志们作冒险事业而耗费革命力量"。中共北方组织接受了李大钊的意见，忍痛取消了劫狱营救计划。③当党组织把李大钊的意见转告给铁路工人的时候，工人们都为自己领袖的高尚品德而感动得落泪。

　　李大钊被捕后，表现出一位彻底的唯物主义者的无私无畏的英勇气概。他态度甚从容，毫不惊慌，"俨然一共产主义领袖之气概"④；据当时4月8日的《顺天时报》报道，李大钊"精神甚为焕发，态度极为镇静，自承为马克思学术之崇信者"，"对于其他之一切行为则谓概不知之"。李大钊在狱中共22天，面对敌人的轮番审讯、威胁和利诱，他始终大义凛然、坚贞不屈，没有一句有损中国共产党的荣誉、有损革命利益的"供词"，也没有向敌人泄露中国共产党的任何机密。他"在狱二十余日，绝不提家事。当他在审讯处最后一次，也是惟一一次见到自己的妻子、女儿时，只静静地看着她们，没有对她们说

---

① 《晨报》1927年4月13日。
② 《晨报》1927年4月11日。
③ 《李大钊同志革命史略》，延安《解放日报》，1943年4月28日。
④ 《晨报》1927年4月8日。

一句话"①。

李大钊利用敌人让他"交代"的机会，写了《狱中自述》，回顾了自己革命的一生，表达了坚定的革命信念和伟大抱负，慷慨直言："钊自束发受书，即矢志努力于民族解放之事业，实践其所信，励行其所知，为功为罪，所不暇计。"②与此同时，他在两份"供词"中，几乎回答了审讯中提出的所有问题，但他的回答巧妙而机智，既有敌人大体知晓的东西，又回避了具体的活动及组织接头的方式，正如有的报刊上所说："李无确供。"

在如何处置李大钊等共产党被捕人员问题上，新老军阀沆瀣一气。据《顺天时报》报道，张作霖曾为如何处置李大钊一事电询张宗昌、韩麟春、孙传芳、吴俊升、张作相、阎锡山、吴佩孚等7人。复电结果是"五电严办、一电法办、阎无复电"。其中，张宗昌在复电中甚至说"赤党祸根"，"巨魁不除，北京终久危险"，"今既获赤党首要人物而不置诸法，何以激励士心"③。据《晨报》报道，南方某要人密电张作霖，"主张将所捕党人即行处决，以免后患"。汉口《民国日报》记者证实，此"要人"就是蒋介石。无论消息确实与否，已于4月12日在上海发动反革命政变、举起屠刀清剿共产党员的蒋介石，此时自然不会阻止张作霖杀掉李大钊。

1927年4月28日，是古都北京一个刻骨铭心的日子。由于害怕李大钊在群众中的威望，害怕人民的力量，张作霖不敢举行公开审判，于是偷偷摸摸地导演了一出"军法会审"的丑剧。上午11时，由审判长何丰林、"安国军"执法处处长颜文海和执法官傅祖舜、法官朱同善、高等法院刑厅推事王振南、北京卫戍司令部执法官周启曾、检察官杨耀等7人组成的"特别法庭"，在警察厅南院大客厅正

---

① 李星华：《回忆我的父亲李大钊》，《回忆李大钊》，人民出版社1980年版，第199页。
② 《李大钊全集》第五卷，人民出版社2006年版，第230页。
③ 朱志敏：《李大钊传》，红旗出版社2009年版，第358页。

式开庭。由于之前"大致即经商定"①，因此，整个"会审"没超过70分钟，就在装模作样进行提讯后，至中午时分宣读了判决书，"认李大钊、路友于等二十人为共产党，由审判长何丰林定死罪，执行绞刑"②。法庭给李大钊定的罪名是"赤党宣传共产，妄图扰害公安，颠覆政府"③。

当日下午，李大钊等20名革命志士就被秘密押解到西交民巷的看守所。李大钊身着棉袍，在镜头前留下了最后一张照片：头发剃去了，宽阔的额头，浓黑的双眉，两眼目光淡定，脸上泰然自若，宛如平日。只是，在他那满是皱褶的灰布棉袍之下，挂着又黑又粗的铁链。

临刑前，监刑官问李大钊，对家属有什么话要说，可缮函代为转交。李大钊回答："我是崇信共产主义者，知有主义不知有家，为主义而死分也，何函也？！"④

下午2时，李大钊视死如归，大义凛然，第一个缓步登上绞刑台，"神色未变，从容就死"。时年仅38岁。同时遇害的有范鸿劼、谭祖尧、邓文辉、谢伯俞、莫同荣、姚彦、张伯华、李银连、杨景山、谢承常、路友于、英华、张挹兰（女）、陶永立、郑培明、李崑、阎振三、吴平地、方伯务等19人。⑤

20位烈士英勇牺牲的噩耗传出，全党为之哀悼。党的机关报《向导》发表悼念文章，称李大钊是"最勇敢的战士"，他的名字将为中国人民"牢记不忘"。中共北京地下党员散发传单，号召工友、商人、市民们别丧气，共产党人是杀不完的！许多受李大钊教育影响的青年，在他的伟大精神激励下，继承他的遗志，加入到革命的行列。

---

① 《申报》1927年5月6日。
② 半粟：《中山出世后中国六十年大事记》，上海太平洋书店1930年版，第611页。
③ 《盛京时报》1927年5月3日。
④ 何隽：《李大钊殉难目睹记》，《革命人物》1985年第1期，第44页。
⑤ 《晨报》1927年4月29日。

1927年4月12日，蒋介石在上海发动反革命政变。7月15日，汪精卫在武汉召开国民党中央常务委员会扩大会议，以"分共"的名义，正式同共产党决裂，公开背叛孙中山制定的国共合作政策和反帝反封建纲领。随后，汪精卫集团对共产党员和革命群众实行大逮捕、大屠杀。南北呼应，黑云滚滚，中国革命由此转入低潮，国共合作全面破裂，国共两党合作发动的大革命宣告失败。

在北方，中共北方区委和北京地委遭受严重破坏，特别是李大钊被捕牺牲以后，北方党组织和革命人民失去了强有力的领导中枢，革命形势已经转入低潮。

1927年5月，党的五大决定撤销区委、地委的建制，各地方成立省委、市委、县委。同月，中共北京市委建立。刘伯庄、陈为人、李渤海、王光临、唐从周5人组成中共北京市委员会，刘伯庄任书记。市委隶属顺直①省委。当时担任顺直省委书记的彭述之，追随陈独秀，在党内散布了一系列右倾机会主义观点，引起了党内思想的混乱。但是，由于在李大钊主持中共北方区委工作时，已经注意到把秘密工作和公开工作分开，党所领导的革命斗争活动，尽量以国民党北京特别市党部或以各群众团体的名义进行。在李大钊等北方党的领导人被捕后，中共北方区委又始终保守党的机密，因而在大革命失败后，尽管党内有一部分不坚定分子发生动摇脱离革命，但是北京基层党组织和党员队伍仍保存着相当的力量。他们怀着对帝国主义和新老军阀的无比仇恨，踏着烈士的足迹，领导人民群众继续奋斗在古城北京！

在中国革命的紧急关头，中共中央于1927年8月7日在汉口召开了紧急会议，即八七会议。会后，中央决定成立中共中央北方局，王荷波任书记，蔡和森任秘书长，北方局下辖顺直、山东、满洲、山西及内蒙古各党部。

来到北方后，王荷波与蔡和森传达党的八七会议精神，主持领导

---

① 顺直指北京（曾名顺天府）和河北。

中共顺直省委改组，确定开展土地革命、建立工农兵苏维埃政权为工作方针。9月底10月初，华北地区发生晋奉战争，北方局决定乘奉军败退卢沟桥时，举行城市起义，建立北京苏维埃政权，阻止晋军入京。10月10日晚，中共北京市委组织全市党团员上街散发传单，张贴标语，开展"双十节广告暴动"。由于当时处于革命低潮时期，盲动主义暴露了党的力量，奉系军阀出动军警对北京共产党人和革命群众进行大搜捕，市总工会系统10余人被杀害。北京大学党支部原有党员100余人，大破坏后组织活动呈瘫痪状态，党员减少70%。市委委员李渤海叛变出卖党的组织，致使北方局、北京市委、共青团北京市委全部遭到严重破坏。北方局书记王荷波、军委书记段百川、北京市委书记王尽臣等18名领导同志相继被捕。

面对敌人的严刑拷打，王荷波始终没有暴露北方局和北京党组织的秘密。临难前，他给子女留下"绝不能走与我相反的道路"的遗言。11月11日深夜，王荷波等18人被杀害于安定门外箭楼西侧。党的机关刊物《布尔塞维克》给予王荷波高度评价："王荷波同志是中国工人中觉悟最早奋斗最力的一人……是中国共产党中一个最努力的党员和领袖……是中国工人之模范。"① 这是一次极其惨痛的教训。为此，北方局对斗争策略进行了调整。

1927年11月，中共中央决定撤销北方局，由中共顺直省委代行其职权，中共北京市委隶属顺直省委管辖，并派谭哨云、马骏②到北京恢复党组织，成立中共北京临时市委，机关设在东城盔甲厂15号。11月下旬，因叛徒出卖，临时市委遭到破坏，马骏等多数市委成员被捕。

马骏被捕后，遭受严刑拷打。张作霖还派教育总长前去劝降，对

---

① 《布尔塞维克》第11期，1927年12月26日。
② 马骏（1895—1928），回族，吉林宁安人。1919年五四运动中任天津学生联合会副会长；9月，与周恩来、邓颖超、郭隆真等发起组织觉悟社；11月，作为京津学生代表，赴上海参加全国各界联合会成立大会，被选为常务委员。1920年加入社会主义青年团。1921年（一说1920年）加入中国共产党。1928年2月15日，在北京壮烈牺牲。

马骏说:"只要你不宣传马列主义,不搞革命,大帅叫你当教育次长。不然,写一纸声明脱离共产党也行!"马骏大义凛然地回答:"只要我还有一口气,叫我不宣传马列主义,不搞革命,这比太阳从西边出来还难!"①张作霖恼羞成怒,直接判了马骏死刑。

1928年2月15日,风很大,天格外的冷,一个飘着一尺多长胡子的青年端坐在黄包车上,上衣被剥,五花大绑,四周都是扛枪的警察和手持大刀的宪兵,杀气腾腾,十分瘆人。但那青年一路不停地宣传共产党的主张,高唱《国际歌》,高呼:"只有共产党,才能救中国!"那个青年就是马骏。为了信仰,他无畏牺牲,英勇就义,时年33岁。

中共北京市委接连两次遭到严重破坏,反映出其存在着组织严重不纯的问题。在这期间,中央临时政治局于1927年11月9日至10日在上海召开扩大会议,就党的组织问题讨论通过了《最近组织问题的重要任务决议案》,要求"彻底新造各级党的指导机关"②。根据中央会议精神,中共顺直省委从1927年12月22日开始对北京党组织进行整顿。整顿采取党员重新登记的方式进行,登记一组,恢复一组;登记一区,恢复一区;登记完毕,恢复中共北京市委。至1928年1月15日,北京党员重新登记工作结束。被淘汰的有200余人,重新登记的共400余人。据当时统计,党员成分以学生为最多,占60%,工人占20%,农民占5%,职业革命者占5%,市民与自由职业者占10%。从性别看,男性为95%,女性为5%。③北京党组织经过登记、整顿,恢复了党的组织系统,在一定程度上纯洁了党的队伍,增强了党组织的战斗力。

---

① 中共北京市委组织部、中共北京市委党史研究室编:《向榜样学习》,北京出版社2016年版,第21页。

② 中央档案馆编:《中共中央文件选集》(第三册),中共中央党校出版社1989年版,第472页。

③ 《北京革命历史文件汇集(一九二八年——一九三六年)》,1991年内部出版,第17—18页。

第一次国共合作破裂以后，北京仍处于奉系军阀张作霖的独裁统治之下。1928年2月，蒋介石主持召开国民党二届四中全会，决定改组国民政府和军事委员会，蒋介石任国民革命军总司令兼军事委员会主席。蒋介石、冯玉祥、阎锡山和桂系李宗仁4派新军阀取得暂时妥协，国民党的统治也得到暂时的稳定，在全国形成国民党新军阀与奉系军阀张作霖的对抗。4月，蒋介石再次发动"北伐"。5月，国民党北伐军抵达北京外围，奉军开始从北京撤退。张作霖在回东北途中，于6月4日凌晨在沈阳皇姑屯车站被日本关东军预先埋置的炸弹炸死。6月8日，阎锡山的晋军接管北京，北洋军阀的统治宣告覆灭。6月20日，南京国民政府明令改北京为北平特别市。

为了镇压革命人民，南京政府制定了名目繁多的治罪法。1928年2月29日颁布了《暂行反革命治罪法》，规定凡"意图颠覆中国国民党及国民政府，或破坏三民主义而起暴动者"，均以"反革命罪"论处。1928年11月和1929年12月，南京政府先后颁布专为迫害共产党人制定的《共产党人自首法》和《反省院条例》，并在北平设立了"反省院"，将大批共产党人和进步人士投入监狱。1931年1月，南京政府又颁布了《危害民国紧急治罪法》，进一步强化白色恐怖统治。蒋介石把他在1927年8月开始建立的法西斯特务组织派到北平，专门从事反共反人民的特务活动。国民党还采用收买工贼、雇用流氓打手、拼凑黄色工会等手段，分裂工人队伍；对青年学生则采取欺骗与镇压并用的手段，在学校推行法西斯教育和封建伦理教育，企图禁锢学生思想，扑灭进步学生运动。所有这些，都使北平的革命斗争处于极其艰难的境地，但同时也加剧了南京政府反动统治集团与人民的矛盾，使北平人民看清了蒋介石国民党的真面目。

由于受共产国际及党内"左"倾情绪的影响，党内出现"左"倾盲动错误。1928年6月，党的六大在莫斯科召开，其基本路线是正确的，初步克服了党内"左"倾情绪。1929年2月，在刘少奇的直接指导下，中共北平市委制订了《北平市委工作计划》，提出目前党的任务是：深入群众尤其是工人群众，领导群众斗争，扩大党在群众中的政治影响，建立群众的组织基础；纠正不正确的工作方式和一切错误观念，动员所有同志为党工作，发展党的组织，等。《北平市委工作计划》的制订和贯彻落实，推进了北平人民革命斗争的恢复和发展。1929年春，北平爆发了各国立大学反对国民党西山会议派把持教育的大学区制的斗争；10月，发生了北平洋车①工人的车潮斗争，这是国民党新军阀统治北平后爆发的第一次大规模工人大罢工斗争。1930年2月，组织了援助留日被捕同胞的游行示威活动。这些斗争活动，均遭到了国民党反动当局的残酷镇压。据统计，自1927年四一二反革命政变以来，中共北京（平）革命运动遭受破坏前后达16次之多。到1931年9月，北平仅有76名共产党员。

在极端险恶的环境中，北京共产党人始终坚持共产主义崇高理想，表现出革命的乐观主义精神和不屈不挠的顽强斗志，紧紧依靠工农群众，坚持地下斗争，艰难地度过最困难的时期，为抗日救亡运动的到来保存了组织基础和骨干力量。

在血雨腥风中，一批从北京走上革命道路的早期著名共产党人先后牺牲：

1925年3月6日，因长期繁重的革命工作，高君宇病逝于北京，年仅29岁。他曾在自己的照片上题写了一首言志诗："我是宝剑，我是火花，我愿生如闪电之耀亮，我愿死如彗星之迅忽。"②这是他短暂而光辉的一生的真实写照。

1927年7月19日，赵世炎在上海被国民党反动派杀害，年仅26岁。临行前，他满怀豪情地说："志士不辞牺牲，革命种子已经布满大江南北，一定会茁壮成长起来，共产党最后必将取得胜利！"③

1927年12月12日，张太雷在指挥广州起义过程中遭伏击，中弹

---

① 即人力车。

② 中共北京市委组织部、中共北京市委党史研究室编：《向榜样学习》，北京出版社2016年版，第244页。

③ 中共北京市委组织部、中共北京市委党史研究室编：《向榜样学习》，北京出版社2016年版，第91页。

牺牲，年仅29岁。

1928年6月6日，陈乔年在上海被国民党反动派杀害，年仅26岁。

1931年，何孟雄在上海被国民党反动派杀害，年仅33岁。

……

面对困难挫折，难免有犹豫者、退缩者甚至变节者，但更多的共产党人为追求革命真理而无惧牺牲。这种不怕牺牲的伟大奋斗精神，如同红花的种子，播撒在一代代中国共产党人的血脉之中，扎根发芽，成为中国共产党的红色基因和宝贵精神财富。

结　语

20世纪初叶的北京，是五四运动的爆发地、马克思主义在中国的主要传播地、中国共产党的重要孕育地。许多党的创建者和领导人，让信仰在这里树立，留下了光耀史册的革命足迹；许多红色先驱，让生命在这里绽放，谱写了可歌可泣的华美篇章。这里一草一木、一砖一瓦，都承载着厚重的历史，诉说着革命的故事，浸润着红色的文化。

爱国主义是我们永远高扬的伟大旗帜。五四运动，是中国人民爱国热情和反帝怒火的一次集中爆发。北京各界、各阶层人民群众尤其是青年学生，把国家的命运与自己的命运紧密相连，表现出强烈的以国家安危、民族兴亡为己任的爱国主义情怀，拉开了新民主主义革命的序幕。为了反对日本灭亡中国的"二十一条"，为了声援上海工人的五卅反帝斗争，为了废除帝国主义压迫中国的一系列不平等条约，他们一次次走上街头，"救国图存、奋起抗争"，提出"外争主权、内惩国贼"的口号，用实际行动表达爱国热情，宣示民族诉求。面对北洋政府的残酷镇压，他们义无反顾、勇往直前，发出"中国的土地可以征服而不可以断送！中国的人民可以杀戮而不可以低头！"的呐喊。五四运动如同燎原之火，迅速燃遍祖国大地，汇聚成波澜壮阔的革命洪流，奏响了浩气长存的爱国主义壮歌，展现了革命斗争中的坚定性和彻底性。以爱国主义为核心的五四精神，始终是推动中国发展进步的强大动力。

探索真理是他们矢志不渝的崇高追求。以李大钊、陈独秀、胡适、鲁迅等为代表的一批先进分子，高举民主与科学两面大旗，对统治中国达两千年之久的封建礼教进行深刻批判，对阻碍中国进步的旧政治、旧道德、旧文学展开猛烈抨击，从而在20世纪初叶的中国社会掀起一场思想解放的革命潮流，为马克思主义等新思潮的传播开辟了道路，为中国共产党的创建奠定了思想基础。他们坚持求真的信念，深入研究宣传马克思学说，用真理的力量指导中国社会的改造，将马克思主义基本原理与中国革命的实际相结合，积极推动马克思主义中国化。李大钊成为马克思主义中国化的最早开拓者，他指导成立的马克思学说研究会，是中国第一个研究传播马克思主义的团体。北京早期党组织成员早在五四运动爆发前，就率先提出深入劳工阶级，发出"与劳工为伍""到民众中去"的呼声，成立平民教育讲演团，建立长辛店工人俱乐部等，使北京成为北方工人运动的中心。他们坚信"试看将来的环球，必是赤旗的世界"，使马克思主义由北京逐渐扩展传播到神州大地。这是北京早期共产党人的重大历史贡献。

牺牲奉献是他们最为绚丽的精神丰碑。救国救民的牺牲奉献精神，是北京早期共产党人最闪亮的精神特质。李大钊每个月从自己的薪金中拿出80元作为资助经费，把绝大部分薪水交给党，以致自己和家人过着拮据的生活。他英勇牺牲后，由于家里没有积蓄，丧葬费还是靠朋友资助的。中国共产党第一位女党员缪伯英，是北京早期共产党组织的成员，因革命工作积劳成疾，不幸病逝，献出了年仅30岁的生命。生命垂危之际，她与丈夫何孟雄诀别时说："既以身许党，应为党的事业牺牲，未能战死沙场，真是恨事！"工人运动领袖邓中夏，面对出国留学的机遇和国内待遇优厚的职位，依然没有动摇投身革命的决心，被捕入狱后，面对死亡毫不畏惧，喊出"骨头烧成灰，我还是共产党员"的铮铮誓言。在红色觉醒的岁月里，他们不仅是众多中国共产党人无私奉献、勇于牺牲的优秀典型代表，更是我们心中永远闪亮的一盏盏明灯。激励着我们不忘初心、砥砺前行。正像亲身经历那段血雨腥风岁月的鲁迅所说："我们从古以来，就有埋头苦干的人，有拼命硬干的人，有为民请命的人，有舍身求法的人……这就是中国的脊梁。"

　　近代以来，北京的命运始终与国家和民族的命运紧紧相连；北京的觉醒始终与国家和民族的觉醒息息相关。不忘初心，方得始终。这是对人类历史发展和政党建设经验教训的深刻总结。我们走得再远，也不能忘记过去，不能忘记为什么出发的初心。走进新时代，创造新辉煌，我们必须接过革命先辈高扬的旗帜，当好红色文化的传承者和践行者，努力在实现中华民族伟大复兴中国梦的历史进程中，让北京这座城市焕发新的青春，谱写新的华章！

后 记

根据全国文化中心建设领导小组总体部署，在中共北京市委宣传部统筹指导下，北京红色文化丛书编委会组织编写了"红色文化丛书"。丛书由原中央党史研究室副主任李忠杰担任主编，市委党史研究室主任李良及副巡视员刘岳担任执行主编，副主任陈志楣、张恒彬及原副巡视员范登生、副巡视员运子微担任执行副主编。

为打造精品力作，邀请邵维正、柳建辉、关海庭、杨凤城、王树荫、黄如军、包国俊等著名党史军史专家学者组成丛书编委会，并下设刘岳及曹楠、宋传信、方东杰、黄迎风、高俊良、王桂环、祁霄等人组成的办公室。编委会负责制定方案、确定书目、遴选主编、审订大纲及书稿。办公室负责组织联络督办工作，出台书写规范、组织作者培训等。曹楠负责丛书协调工作，宋传信负责丛书图片统筹工作，骆洪刚负责部分图片修版工作。

《北京的红色觉醒》是"红色文化丛书"之一，由国防大学联合勤务学院副教授刘晓宝撰写，主要内容为新文化运动至九一八事变前北京的红色文化，全书共8章39节。曹楠承担本书联络工作，黄迎风阅改第一至三稿，解放军原后勤指挥学院教授邵维正审改第一至三稿。赵鹏润色全书，范登生改写导语、结语。原中央党史研究室第二研究部主任郑谦审订书稿。原中央党校副校长李君如，中央党校（国家行政学院）分管日常工作的副校（院）长何毅亭、副校长谢春涛，原中央党史研究室副主任龙新民等老领导、专家学者对本书提出宝贵意见。北京出版社编辑对全书进行了严谨细致的编辑加工，在此一并表示衷心感谢。

由于时间仓促和水平有限，书中难免存在疏漏和不足之处，敬请广大读者批评指正。

中共北京市委党史研究室

2019年8月